Qualitative Research Methods:
An Ethnography of Sewol Ferry Square

질적인
문화기술연구방법론

세월호 광장에서 50일

정석환(감수) | 김선미 | 김하나 | 김효실
방희조 | 성기정 | 주희연 | 차재옥

머리말

최근의 인문사회과학의 연구 방법적 성향의 특징은 양적연구 일변도의 방법론적 편식으로부터 인간 삶의 깊이와 독특성, 다양성을 중시하는 질적연구방법을 포함한 연구의 다양성과 해석적 깊이를 심화하려는 시도에 있다. 특히 우리가 살고 있는 다양성의 사회 속에서 힘과 권위 문제에 점점 더 예민해지면서 연구 설계와 실행을 공평성과 객관성 그리고 무엇보다 중요한 누구를 위한 연구인가? 누구의 진실을 담는 연구이어야 하는가를 다시 생각하게 되었다. 전통적인 양적연구에서는 연구에서의 이런 보이지 않는 가치관과 연구유용성에 대한 결정들에 대한 최종권위가 연구자와 연구자를 지원하는 단체에 있었다. 그러나 최근의 비판연구, 페미니스트 연구, 실행연구자들은 연구목적, 연구자의 책임, 연구자−피연구자의 관계성에 대한 문제를 제기하면서 이에 도전했다.

대학에서 질적연구과목을 오랫동안 가르쳐온 필자는 질적연구의 수행과 그 방법론적 절차들을 배우는 것을 그림그리기를 배우는 과정과 유사하다고 비유한다. 먼저 거장들에 대해 공부하고, 그들의 그림 그리기의 세부적 기술과 방법을 배우고, 성실하게 연습하고, 그러한 공부들과 모방학습 등을 통해 거장들이 나에게 영향을 끼친 구체적 방향과 그 영향이 나의 세상 표현하기와 인간 읽기 방식에 얼마나 기여했는가에 대해 설명할 수 있을 정도로 충분히 알게 되었을 때, 비로소 우리는 나 자신만의 신념에 따라 세상을 보고 표현해내고 인간의 삶에 대해 "두터운 묘사"를 시도할 수 있는 기술과 방법을 창의적으로 변용시켜 나갈 수 있다.

연구(research)란 단어의 사전적 의미는 진실에 대한 조심스럽고 부지런한 찾기(search)라고 정의되어 있다. 질적연구는 여러 다른 세상을 보는 시각과 그

체험들의 밑바닥을 관통하는 진실을 조심스럽고 부지런하게 접근하되 책상에 앉아서가 아닌 체험의 "현장 속으로 들어가서" 자료를 가지고 나온다는 데에 그 독특한 매력이 있다. 따라서 질적연구는 이미 규정된 하나의 통일된 시각이나 전제를 가정하지 않고 다양한 시각과 패러다임, 진실에 접근하기 가장 최적의 상황과 기술적 방법, 구성주의적 연구 접근들 모두를 포함하는 우산과 같은 용어이다. 이처럼 질적연구방법론에 배태된 다양한 전통의 스펙트럼은 연구자 각자의 개인적 – 문화적 – 성적 차이의 역사, 강조점, 철학을 인정하며 포괄적이며 수용적이고 다양성을 전제로 하며 오늘 우리가 맞고 있는 다양한 후기 현대사회의 인간체험의 재구성과 진실추구의 도구로서 다양한 학문적인 분야에서 발달되어 왔다.

　　문화 기술지가 일찍이 구약성서의 가나안 땅을 염탐했던 12명의 염탐꾼으로부터 그 기원이 시작된다고 말할 정도로 그 뿌리가 오래되었고 서구의 선교사들의 선교지 탐방전통과 서구사회의 식민정책을 바탕으로 확산되었다는 말이 있을 정도로 뿌리 깊은 연구 전통이 있어온 것처럼 질적연구의 오래된 특성과 그 방법론적 특징을 잘 알려주는 고전적 질적연구접근법 중의 하나이다. 그만큼 질적연구방법론을 연구할 때 가장 기초적이며 입문적 형식으로서 학습하게 되는 질적연구방법론의 고유 전략 가운데 하나이다.

　　주지하다시피 서구과학은 식민정책을 통해 팽창되었고 진보해왔다. 빅토리아 시대의 후반부에는 서구문명의 확장과 발맞추어 인류학이 하나의 학문으로 발달했다. 그러나 이 '이론뿐인 인류학(arm chair anthropology)' 시기에는 학자들이 식민지 보고서, 선교사들, 탐험가 – 학자들로부터 얻은 정보로 사람들의 문화에 대한 기술을 편집했을 뿐이고 객관적 사실에 대한 객관적 묘사로서의 인류학을 모방했을 뿐이다. 1859년에 나온 다윈의 『종의 기원』에 영향을 받아 초기 인류학자들은 사회적 진화이론을 신봉하는 경향이 있었다. 이 이론은 사회적 발달을 '원시'에서부터 '문명화'에 이르는 연속체로 가정한다. 인류학자들의 임무는 충분한 정보를 수집하고 비교해서 사회적 발전 연속체를 따라서 사람들과 그들의 사회를 다른 단계에 놓는 지표를 결정하는 것이다. 이 패러다임 속에서는 유럽은 '문명'의 기준이 되고 이 인류학적인 '과학'은 종종 이후의 유럽중심주의라는 인종주의에 사용되었다. '고전적인 인류학' 시기는 1920년대에 Bronislaw Malinowski가 1914년부터 1918년까지 뉴기니와 트로비안느 제도에서 장기간의 현장작업(그는 이를 문화기술지라고 불렀다)을 수행한 이후 시작되었다.

2차 세계대전이 끝날 즈음과 세계 대부분에서 식민 통치가 끝나갈 무렵, 인류학자들은 사회적 진화이론을 버렸다. 그러나 학문분야는 식민정책과 연결성을 두고 집단적 죄의식이라는 고통을 경험하게 되었다. 이러한 죄의식의 대안으로서 시카고학파(Chicago School)라고 불렸던 시카고 대학의 사회학자들은 그들이 단순히 현장작업(fieldwork)이라고 불렀던 질적연구의 작업 착수했다. 영국으로부터의 사회적 인류학 영향을 받아 시카고학파는 참여관찰 기법을 자기 문화 내 집단들을 연구하는데 적용하기 시작했다. 이는 "삶의 방식이 존중받는" 중산층의 범위 이거나 외계에 속한 도시집단에 관한 일련의 연구를 이끌었다. Robert Park나 Ernest Burgess는 1920년과 1960년 사이에 많은 젊은 사회학자들을 매료시켰던 시카고학파 운동을 이끈 영향력 있는 두 학자였다.

사회적 맥락과 시간이 인류학자들을 변화시킨 것뿐만 아니라 인류학자들이 누구인가에도 변화가 생겼다. 문화기술지 연구자들은 남자보다는 여자가 많았고 부유층보다는 다른 사회경제적인 다양한 계층의 연구자들과 인종적이거나 성적 오리엔테이션에서 다양성을 지닌 연구자들의 성향이 지배적이 되었다. 연구자들의 다양성과 더불어 문화기술지를 하는 이유도 다양해 졌다. 초기 문화기술지 연구자들의 저작을 이끌고 중점을 두었던 중심 가치와 상관없이 새로운 문화기술지는 다양성에 기초를 두고 광범위한 삶의 체험과 현상의 경험, 그 속에 흐르는 삶의 진실이란 주제로 그 범위가 넓혀졌다.

이 책은 이러한 문화기술지의 인류학적 배경과 관심에 기초해서 수행한 질적인 문화기술지(ethnography)이다. 특히 이 책은 필자의 대학원 수업 질적연구를 수강한 학생들 가운데 5가지의 질적연구방법론적 전략 가운데 하나인 "문화기술지"조를 선택한 7명 조원들의 현장참여의 생생한 진실을 기록한 방법론적 학습의 교과서적 기록이다. 이 책의 각 장에서 보여지 듯 그들은 거장의 그림을 통해 배우듯 참여관찰 방법과 심층면담이라는 가장 기초적인 그림그리기의 기술을 현장에 적용하되 획일적 시각이 아닌 자신만의 참여관찰자적 시각을 최대한 활용하여 대한민국의 수도 한 복판 광화문 광장에서 진행되고 있던 역사의 소용돌이의 현장 "세월호 광장에서 50일"간의 기록을 담아내고 있다.

그들의 50일간의 생생한 현장기록은 때론 굵은 붓으로, 때때론 세밀한 붓놀림으로 대한민국이 겪은 아픔의 현장을 객관적으로 지켜보고 주관적으로 묘사하되 항상 현장의 체험의 목소리를 먼저 앞세우며 상호 성찰적으로 우리들을 그 현장의 진실, 대한민국이 외면해 왔고 듣지 않으려 해왔던 현장의 진실로 우리를 초대하며 그려내고 있다. 이들은 각각 자신에게 부여된 문화기술지의 연구자로서의 역할 인식과 한 시대를 함께 숨 쉬는 한 사람의 시민으로서의 의식을 문화기술지 연구라는 방법론적 용어의 특징과 해석 범주로 담아내되 단지 객관적인 한 인문-사회과학적 연구자로서의 객관적 시각만이 아닌 세월호의 사건이 던져준 대한민국에서의 삶이라는 문제의식을 끊임없이 성찰해 가며 질적용어들의 기술적 용어들을 자신들의 실존적 용어로 재해석하고 재구성하며 현장의 진실에 최대한 다가서려고 노력하고 그려내고 있다.

이 책 전반에 걸쳐 우리는 단지 세월호 광장의 50일간 무슨 일이 어떻게 진행되고 변화되었는가를 목격할 뿐 아니라 이 연구에 참여한 참여자들의 실존적 정의와 자아 인식이 어떻게 현장의 목소리를 접하며 재구성을 시도하고 변화해 왔는가를 목격할 것이다. 이들을 수업시간에 지도하고 이 책을 감수한 한 사람으로서 이들의 변화와 자의식의 변형을 이 책의 백미라 표현하고 싶다. 이것이 야말로 질적연구자가 세상을 바라보는 시각이며 진정한 질적연구의 결과물과 그 진실이 우리에게 어떻게 전달되고 그 진실이 우리를 어떻게 변화시키는가에 대한 하나의 실례라 할 수 있겠다.

이 책을 통해 발견하게 되는 질적탐구의 진면목은 타인의 삶에 대한 학문적 이해에 머물지 않고 연구자의 학문분야, 연구자의 실제 삶의 행위, 연구자 자신의 실존적 성찰로 이끄는 탐색의 과정이라는 점이다. 이 책을 읽으면서 독자들이 무엇을 찾을 수 있을지는 확신할 수는 없지만 틀림없이 탐색을 마치고는 앞으로 전진할 수 있을 것이다. 이 점에서 이 책의 연구자 7분들의 진실과 그들의 연구에 수반되었던 감정이입과 열정에 깊은 존경의 표현을 남기고 싶다. 이 책에서 보여 준대로 진정한 연구는 끝나지 않는 대신 또 다른 탐색의 길을 가르쳐 준다. 그 길 위에서 함께 동행하는 좋은 동반자로서의 질적탐구자와 이 책이 되길 기원해 본다.

2019. 2
정 석 환
연세대학교 연합신학대학원 상담코칭학 교수

차 례

01

문화기술지 소개

질적인 문화기술연구방법론

01

문화기술지 소개

김하나

"결혼 전에는 제 남편이/아내가 이런 사람인 줄 미처 몰랐어요." 라고 말하는 부부들을 어렵지 않게 볼 수 있다. 연애할 때는 보이지 않던 상대방의 모습들이 보이기 시작하면서 '내가 알던 사람이 이 사람이 맞을까? 왜 전에는 미처 몰랐지?' 하고 어리둥절해지기도 한다. 흔히 '콩깍지가 벗겨진다'는 표현을 쓰기도 한다. 결혼을 하고 나면 배우자가 달라지는 것일까? 배우자를 바라보는 나의 시각이 달라지는 것일까? 결혼을 하면, 배우자와 나 사이의 어떤 심리적, 물리적 거리가 더욱 가까워지고 부부는 '집'이라는 한 공간에서 정말로 함께 '살게' 된다. '집'이라는 물리적 공간 속에서 많은 시간을 함께 살아가며 자연스러운 환경 속에서 서로의 모습을 보게 된다. 그때는 아무리 필사적으로 감추려 노력한다 해도 감출 수 없는 서로의 사소한 습관과 생활패턴, 사고방식, 취향까지도 적나라하게 드러나게 된다. 함께 살아보지 않으면 결코 알 수 없는 한 인간의 진짜 모습을 같은 시공간에서 함께 지내면서 자연스럽게 알아가게 되는 것이다.

우리가 앞으로 다루게 될 질적연구방법론 중 하나인 '문화기술지'는 이처럼 '초'밀착된 현지조사(fieldwork)를 바탕으로 하게 된다. 일단의 사람들을 알고 이해하기 위해서는 그들의 삶 가장 깊은 곳으로 침투하여 함께 생활하며 그들의 삶에 참여하고 관계를 맺음으로써 비로소 그들의 문화를 이해할 수 있는 것이다. 관심을 갖지 않고 무심코 지나칠 때는 결코 보이지 않던 풍경이 가까이에서 관심을 갖고 지켜보면 다른 모습으로 다가오듯이, 문화기술지는 현지조사를 통해 새롭게 알게 되는 사람에 대한 연구 방법이다. 본 장에서는 질적연구란 무엇인지, 그 중에서도 문화기술지란 무엇이며 어떤 특징과 매력을 갖고 있는지 살펴보도록 하자.

문화기술지(ethnography)란?

객관성과 신뢰성을 바탕으로 하는 통계자료를 이용한 양적연구만으로는 우리가 사는 인간 사회에 대해 충분히 설명할 수 없음을 느낀 사회과학자들은 질적연구방법을 통해 인간세계의 다양한 현상들을 이해하려는 시도를 해 왔다. 질적연구방법이란 연구자가 연구대상의 일상생활에 함께 참여하거나 관찰하는 것을 통하여 연구대상이 갖고 있는 가치관과 경험 세계를 당사자의 주관적 시각으로 이해하려는 연구방식을 말한다(윤택림, 2014). 질적연구방법에서는 연구대상의 동떨어진 생활 패턴을 단지 관찰하는 것이 아니라, 연구자와 연구대상 사이의 상호작용 및 연구과정의 맥락이 연구방법에 모두 포함된다. 질적연구방법의 특징은 연구하고자 하는 연구대상과 그들이 겪고 있는 현상이 어떻게 경험되고 이해되는지에 관심을 둔다는 점에서 해석적인 연구이다. 또한 사회적 맥락에 관심을 두고 연구대상에 영향을 주는 복합적이며 다층적인 자료들의 분석과 해석을 위하여 연구대상이 겪고 있는 다양하고 풍부하며 복합적인 상황과 맥락을 다각도에서 살펴보게 된다.

이러한 특징을 갖고 있는 질적연구방법 중에서 우리는 문화기술지 방법론을 통하여 연구를 진행하였다. 그렇다면 문화기술지란 어떤 특징을 갖고 있으며 어떠한 매력을 갖고 있을까? 문화기술지는 연구자가 문화공유집단(culture-sharing group)이 갖고 있는 가치, 행동, 신념, 언어의 공유되고 학습된

패턴을 기술하고 해석하는 질적연구 설계의 한 형태이다(Harris, 1968: Creswell, 2015에서 재인용). 문화기술지 연구자는 문화공유집단의 행동, 언어, 상호작용의 의미를 연구하며, 특히 그들 사이의 공유된 문화 패턴을 파악하는 데 관심을 가지게 된다. 문화공유집단은 보통 20명보다 많다. 우리는 세월호 광장에는 어떤 문화가 흐르고 있을지, 그 광장의 천막에 모인 사람들의 신념과 언어, 가치관과 상호작용의 의미를 알고 싶었기 때문에 그에 적합한 초밀착된 문화기술지 방법론을 선택했다. 왜냐하면 우리의 연구대상이 되었던 세월호 광장에 모인 사람들은 자신들의 삶의 많은 시간을 세월호 광장에서 보내고 있었으며, 어떠한 공통된 신념과 가치관을 갖고 자신들의 큰 에너지를 그곳에 투입하고 있는 것으로 보였기 때문이다. 이처럼 한 집단이 갖고 있는 공통된 '문화'를 가까이에서 알아보기에 적합한 것이 바로 문화기술지이다. 여기에서는 우리가 방법론으로 선택한 문화기술지가 갖고 있는 특징을 크게 3가지로 나누어 살펴보려고 한다.

1. 가까이, 더 가까이-현지조사

문화기술지는 현지조사와 밀접한 관련이 있다. 현지조사는 과거 인류학자들이 연구되지 않은 미지의 땅에 가서 현지민의 문화를 연구하기 위한 것이었다. 그래서 우리가 인류학자를 떠올리면 흔히 서구의 백인 남성 인류학자가 남태평양의 섬이나 아프리카의 마을에서 원주민들과 함께 하는 모습이 떠오른다. 이처럼 현지조사는 인류학에 근간을 두고 있다. 질적연구의 대표적인 방법인 현지조사(fieldwork)는 인류학에서는 특정 지역에서의 장기체류를 통해 문화를 이해하는 방식을 말한다. 인류학에서는 현지조사 자체를 문화기술지적 연구(doing ethnography)라고 하기도 하고, 현지조사의 결과물을 문화기술지(ethnography)라고 한다(윤택림, 2013).

인류학자들이 현지민을 연구하기 위해 자신의 집(home)에서 나와 멀리 현지민이 살고 있던 땅으로 가는 것을 상상해보자. 그 당시에 인류학자는 물리적으로도 자신의 집에서 멀리 떨어진 곳으로 가게 된다. 자신의 집에서 나와 그들의 공간으로 들어가는 상황에서 연구자는 자신의 가치관과 환경을 두고 나와 그들의 공간 안으로 들어간다. 즉, 기존에 연구자들이 갖고 있던 가치관과 생활 패턴으로 그들을 분석하고 해석하는 것이 아니라, 오롯이 그들의 공간에서 그들이 먹고 마시고 생각하는 것에 함께 참여하며 연구대상이 느끼고 생각하는 것을 당사자의 시각으로 바라보는 것을 의미한다.

하지만 연구대상의 시각으로 그들을 이해한다는 것이 자연스럽고 쉬운 일은 아니다. 우리는 쉽게 연구자와 연구대상자 사이의 지리적, 물리적 거리감을 이해할 수 있을 것이다. 하지만 연구자가 문화기술지 연구를 위해 현장에 갈 때는 단지 지리적인 거리만 존재하는 것이 아니다. 그 때에는 나와 그들 사이의 사회, 문화적 거리 역시 존재하게 된다. 특히 오늘날 인류학자가 멀리 타국 땅으로 가서 현지민을 연구하는 상황이 아닌, 가까운 곳에 살고 있는 연구대상을 연구할 때는 더욱 그러하다. 예를 들어, 우리가 늘 삶속에서 마주쳤던 지하철 노숙자들의 삶, 광화문을 지나며 스쳐지나가듯이 보았던 세월호 천막 안의 사람들의 삶, 대중교통을 이용하면서도 특별한 관심을 두지 않았던 버스운전기사님들의 삶, 오전 시간 아이들을 유치원이나 학교에 보내고 하나, 둘 카페에 모여서 이야기를 나누는 주부들의 삶은 특별히 관심을 두지 않으면 그냥 스쳐지나가게 되는 우리들 주변의 이야기이다.

우리 주변에서 평소에 관심을 두지 않았을 때는 보이지 않던 사람들의 삶의 이야기도 관심을 갖고 그 안을 자세히 들여다보면, 그 전에는 보이지 않던 것들이 보이게 된다. 우리 주변의 사람들의 이야기에 일단 관심을 갖고 그들의 공간 속으로 들어가게 되었을 때, 연구자는 사회, 문화적 거리 또는 심리적 거리감을 느낄 수 있다. 연구자와 연구대상 사이의 물리적 거리가 가까워지는 것처럼 그들 사이의 심리적 거리 역시 가까워지게 된다. 처음 느꼈던 심리적 거리감이 연구가 진행됨에 따라 어떻게 변화하는지, 연구자는 자신의 내부에서 일어나는 역동을 느낄 수 있을 것이고, 그와 동시에 연구자의 참여로 인한 연구대상의 심리적 역동 역시도 느낄 수 있을 것이다. 그러한 상호주관적인 이해와 해석의 과정 역시 질적연구인 문화기술지 연구에서는 중요한 해석적 요소로 작용하게 된다.

세월호 광장에 들어가서 그곳의 사람들과 이야기를 나누며, 리본도 함께 만들고 커피도 나눠 마시며 얼마간의 시간을 보내다 보니 어느 순간은 마치 내가 연구를 하기 위해서가 아닌 자원봉사자로서 그곳에 있다는 느낌이 들었다. 그곳에 모인 사람들의 이야기를 들으며 처음에는 낯설기도 하고, 관찰자 또는 연구자로서의 정체성만이 느껴져서 스스로 그곳에 어우러지지 못하는 것 같은 느낌마저 받다가, 가까이 지내는 어느 한 순간에는 내가 그곳에 있는 것이 더 이상 이방인이 아닌 마치 나의 삶 가운데 일부로 들어온 것만 같은 느낌에 혼란스럽기도 했다. 그때는 비로소 눈으로 보고, 귀로 듣는 것 말고 봉사자들의 이야기와 시각이 자연스럽게 나에게 흘러들어오는 순간이 되었던 것 같다.

이처럼 문화기술지 연구에서는 가까이, 더 가까이 연구대상의 삶의 한 가운데로 들어가서 함께 생활하고 관찰하는 것을 통하여 멀리서는 결코 볼 수 없었던 것을 볼 수 있다. 관심을 두지 않고 보았을 때는 보이지 않던 것이 보이기 시작하는 것이다. 그들이 먹고 마시고 숨쉬고 생각하는 바로 그 환경 속에 자연스럽게 흡수되고 젖어 들어가는 과정이 필요하다. 연정모 (2007)는 현지조사 시 연구자는 참여자로서 현장에 몰입하면서 점차 내부자의 시각을 빨리 습득하게 되지만 또 역으로 지나치게 내부자의 시각에 매몰되어 정확한 현상 파악이 힘들어지기도 하다는 것을 지적한다. 때때로 인류학자들은 현지에 가서 원주민들과 생활하면서 현지화될 위험을 겪기도 한다.

예를 들면, 몇 년간의 연구를 위해 건너간 타국 땅에서 그들의 문화의 매력에 빠져 자신이 기존에 갖고 있던 가치관과 생활환경을 버리고 원주민과 결혼을 하고 그곳에 정착해서 살게 되는 것 등을 말한다. 조금 더 깊이 생각해보면, 현지화 될 위험이 있다는 것은 그만큼 문화기술지적 연구를 통해서 그들의 삶 속에 깊숙이 침투할 수 있다는 것을 뜻한다. 자신의 가치관과 삶 자체를 변화시킬 수도 있을 만큼 현지민의 삶의 환경에 가장 깊이 들어가서 그들의 삶을 움직이는 가치관과 의미를 알 수 있고 그네들의 삶을 들여다볼 수 있다는 것을 뜻한다. 그런 의미에서 사람을 연구하는 데에 있어서, 특히 문화공유집단의 공통된 가치관과 의미구조, 생활패턴을 연구하는 데 있어서 문화기술지가 얼마나 매력적인 연구방법이 될 수 있을지를 알 수 있다.

2. 너와 나의 만남-상호주관적 이해

현지조사에서 연구자와 현지민(문화공유집단)은 현지라는 같은 시공간적 맥락 속에서 서로 관계를 만들어가면서 **상호주관적인 이해**(intersubjective interpetation)를 통해서 문화를 해석하게 된다. 윤택림(2013)에 따르면 일반적으로 **현지조사는 문화적 만남**(cultural encounter)을 **통해서 문화를 해석**(interpretation)하고 번역(translation)하는 과정이다. 이러한 과정을 통해서 나온 결과물이 바로 문화기술지이다. 현지민들과 상호주관적인 영향을 주고받으며 이해한 내용을 통해 연구자는 문화에 대한 해석을 하게 된다. 앞에서 살펴본 것과 같이 문화기술지 연구를 통해서 연구자는 현지민들이 자신의 문화에 대해 해석한 것을 재해석하게 된다. 그 사이에 사람과 사람의 만남이 있는 것이며, 현장에서의 '몰입'의 경험을 다시 객관적으로 분석하고 해석하는 과정이 중요한 포인트가 된다. 따라서 연구자는 충분한 경험적 자료를 바탕으로 하여 분석과 해석을 해야 하며, 그 과정에서 연구자의 자기성찰이 반드시 필요하다.

세월호 광장에서 그곳의 봉사자들과 함께 지내면서 많은 이야기를 나누고 함께 생활하다 보면 나의 존재가 그들에게 어느 정도의 영향이 있음을 느낄 때가 있었다. 적어도 그들의 가치관과 문화를 연구하기 위해 오는 연구자들에게 호의적인 태도를 갖고 먹을 것을 나눠주기도 하고, 좀 더 편한 자리를 양보해주기도 했으며, 우리가 하는 연구 자료가 그들에게 도움이 되기를 바라는 마음 또한 느껴지기도 했다. 어찌되었건 우리가 연구를 위해서 그들의 자리에서 함께 시간을 보내고 대화를 나누기도 하고 함께 한다는 것은 그들에게 무언가 영향을 주고 있음을 느낄 수 있었다. 또한 그들과 함께 지내면서 기존에 내가 갖고 있던 나만의 가치관과 주관적 느낌이 조금씩 바뀌어가는 것을 경험하기도 했다. 처음에는 어색하기도 하고 나의 존재가 방해가 되는 것은 아닐까, 그들과 같은 생각을 갖고 모인 것은 아니기 때문에 이질감이 느껴지지는 않을까, 반대로 내 안에서 드는 이질감과 거리감이 스스로에게 불편하게 느껴지기도 했다. 이처럼 문화기술지 연구는 연구현장에 연구자가 직접 오랜 시간을 가깝게 보내면서 사람과 사람 사이의 상호작용이 이루어지게 된다. 그렇다고 서로 지내면서 한쪽이 다른 한쪽에게 영향을 주어 그 문화 자체가 연구로 인하여 이전과는 다른 것으로 바뀌어 진다는 것이 아니다. 연구자와 연구 대상 모두는 사람이기 때문에 문화기술지 연구에서 관찰하고자 하는 공유된 문화라는 것은, 사람 사이의 상호작용을 통해 관찰되고 해석될 수 있는 살아 움직이는 역동적인 삶의 모습이다. 그것은 단일하게 해석될 수 있는 어떤 것이 아니라, 상호작용을 통해 연구자의 눈과 귀와 마음으로 전해지고 해석되며 통찰을 일으키기도 하고 감정을 불러일으키는 것이다. 그 해석이라는 것은 하나의 딱딱한 객관적 사실이 아니라 연구자에게 살아 움직이는 통찰이며, 연구자로서 최대한 객관화시킨 문화공유집단의 삶의 모습인 것이다. 그렇기 때문에 문화기술지 연구에서는 더욱 연구자의 자기성찰이 중요한 것이 된다.

3. 문화의 경계 넘기-내부자(emic)관점과 외부자(etic)관점 사이의 통합

문화기술지 연구를 논할 때 '현지화 될 위험'을 언급할 만큼, 실제로도 문화기술지 연구의 초 밀착된 연구특성 덕분에 문화기술지 연구는 연구자의 객관성을 잃고 그 문화에 흡수될 위험을 갖고 있다. 문화공유집단이 갖고 있는 신념이나 가치관과 생활을 제대로 안다는 것은 단순히 객관적인 문화를 관찰하여 얻어지는 것이 아니다. 그 사람들의 입장에서 헤아리고 느껴보지 않고, 그 문화를 객관적으로 정의할 수는 없다. 다른 한편으로는 온전히 연구대상자들의 시각으로 빠져 들어가게 되면 연구로서의 객관성을 잃게 된다. 문화기술지 연구란, 연구대상의 주관적인 삶의 모습을 단지 관찰하고 이해하는 데 그치는 것이 아니다. 연구대상자의 문화를 연구하는 데 있어서 그들의 삶의 모습에 몰입된 순간을 통해 마치 그들처럼 느끼고 살아보는 경험이 연구자가 현장에서 갖게 되는 내부자적 시점을 말한다면, 연구자는 다시 외부자의 관점에서 연구자 본연의 정체성을 갖고 그동안 수집한 여러 정보들을 해석하는 과정을 거치게 된다. 이것은 단 한 번으로 끝나게 되는 과

정이 아니라, 연구가 진행되는 동안 수없이 반복하게 되는 과정이다. 앞에서 연구자가 자신의 home에서 나와 field로 들어가는 과정을 살펴보았다. 이 두 지점 사이에는 지리적 거리뿐만이 아니라 사회, 문화적 거리 역시 존재한다. 연구자는 자신의 home에서 나와 field로 들어가서 현지민과 함께 생활하면서 몰입(immersion)을 경험하게 된다. 이는 연구자가 갖고 있던 사회적·문화적 경계 넘기를 뜻하며, 연구자는 그 과정 속에서 자신에게 익숙하던 것은 낯설게, 낯선 것은 익숙하게 보게 된다. 현장에서 연구대상자가 생각하고 느끼는 것을 내부자의 관점(emic)으로 보는 것과 다시금 연구자의 정체성을 갖고 나와서 외부자의 관점(etic)으로 해석하는 과정을 통해 총체적인 문화적 묘사를 할 수 있게 된다. 그것을 통해 역설적이지만 주관성과 객관성을 동시에 획득하게 되는 것이다.

연구자들이 리본공작소에서 리본을 만드는 것이 손에 익고 그것이 마치 원래 내가 하던 일처럼 더 이상 어색하게 느껴지지 않았던 어느 시점에, 우연히 몇 십분 동안 리본공작소를 지키게 된 경험이 있다. 그때 느꼈던 감정은 마치 내가 이곳의 주인인 것 같은, 바깥에서 무관심하게 지나가는 사람들을 보면서는 서운한 마음마저 들고, 관심을 갖고 들어와서 리본 만드는 일을 돕겠다는 학생들을 맞이하며 알 수 없는 고마움을 직접 느끼게 되는 몰입의 경험이었던 것 같다. 그러한 내부자의 관점이 없이는 온전히 그들의 문화를 묘사할 수 없을 것이다. 동시에 그러한 경험들을 갖고 있음에도 연구자들은 끊임없이 연구자로서의 정체성에 대해 생각해보고 외부자의 관점으로 관찰된 사실들을 해석하기 위해서, 객관적인 시각을 유지하기 위해 다시 몰입의 상태에서 밖으로 빠져나오곤 했다.

통계 수치로만은 나타낼 수 없는 '사람'을 이해하는 과정에서 그 사람이 되어보지 않고 절대적으로 객관적인 것은 없지 않을까? 어떤 의미에서는 가장 주관적인 것을 이해한 후에야 사람에 대한 이해에 있어서 객관성이 획득되는 것일 수 있다. 그런 의미에서 보았을 때, 연구대상의 가장 깊은 곳에 침투했다가 연구자의 정체성을 갖고 그들의 문화를 해석하는 과정을 통해 일방적인 해석이 아닌 다층적이고 통합적인 시각을 갖춘 문화에 대한 깊이 있는 해석이 나오게 되는 것이다. 이것이 바로 문화기술지의 매력이 아닐까 싶다. 문화의 경계를 넘나드는 과정을 통해 현지민이 자신들의 문화에 대해 해석한 것을 다시 연구자가 재해석 한 것이 바로 문화기술지적 연구를 통한 귀중한 자료가 되는 것이다.

문화기술지의 연구절차

문화기술지를 수행하는 단일한 방식은 없지만, 문화기술지를 수행하고자 할 때 사용하는 단계들은 다음과 같다(Creswell, 2015, pp.121-124).

1) 문화기술지가 가장 적합한 설계 형태인지를 결정한다

문화기술지는 문화집단이 작동하는 방법을 기술하고, 문화공유집단의 신념, 언어, 행동 그리고 권력, 저항, 지배와 같이 집단이 직면한 이슈들을 탐색하려 할 때 적합하다. 해당 집단이 주류에 포함되어 있지 않기 때문에 집단이 생활하는 방식을 실제로 알고 있는 문헌이 부족할 수도 있고, 사람들이 그 집단에 친숙하지 않을 수도 있으며, 그 집단의 생활방식이 너무 달라서 독자들이 그 집단을 동일시하지 못할 수도 있다(Creswell, 2015). 이처럼 다른 문화들과는 상이한 특성을 가진 문화와 그 문화를 공유하는 집단을 연구하고자 할 때는 문화기술지 연구방법이 적절하다(Spradley, 2003).

2) 연구할 문화공유집단을 확인하고 위치를 알아낸다.

대체로 문화공유집단은 집단 성원들이 오랜 기간 함께 지내며 그들이 공유하고 있는 언어, 행동 패턴, 태도들이 구별 가능하도록 나타난다. 또한 연구하게 될 문화공유집단은 사회에 의해 주변으로 밀려나왔다. 문화기술지 연구자들은 집단 구성원들과 이야기하고 그들을 관찰하면서 시간을 보내기 때문에, 연구자를 집단으로 이끌어 줄 한 명 이상의 사람들(문지기 또는 주요 정보제공자 또는 참여자)을 발견하기 위한 접근이 필요하다. **문지기**(gatekeeper)

란 자료수집과 관련하여 연구자가 한 집단이나 문화적 현장에 들어가기 전에 방문해야 하는 사람을 말한다. 현장에 접근하기 위해, 연구자는 이 사람의 승인을 얻어야 한다(Hammersley & Atkinson, 1995: Creswell, 2015에서 재인용). **주요 정보제공자**(key informants)는 잘 알려져 있고, 접근가능하며, 다른 정보로 안내해 줄 수 있기 때문에, 연구자가 처음 자료를 수집하게 되는 사람들을 말한다(Gilchrist, 1992: Creswell, 2015에서 재인용). 문지기는 연구자와 처음 접촉하고 연구자를 다른 참여자에게 안내한다. 문지기와 문화체계에 천천히 접근하는 것이 문화를 연구하는 '이방인'들에게 도움이 된다.

3) 문화적 주제나 이슈 혹은 이론들을 선택한다

문화기술지에서는, 연구자가 한 개의 문화집단 현장을 선택하면 다음으로 누구와 무엇을 연구할 것인지 결정해야 한다. 따라서 문화 내부적인 표본추출(within-culture sampling) 과정이 이루어진다. 선택한 주제, 이슈, 이론들은 문화공유집단 연구를 위한 지향 틀을 제시한다. 그것은 또한 문화공유집단 분석에도 영향을 미친다. 문화기술지에서 다뤄지는 주제들은 매우 다양하다.

4) 사용할 문화기술지의 유형을 결정한다

비판적 문화기술지와 실재론적 문화기술지 중에서 어떤 유형을 선택할지를 결정한다. 비판적 문화기술지 연구자들은 사회 내의 불평등이나 그 일부분을 언급하고, 옹호와 변화에 대한 요청을 위해 연구를 사용하며, 불평등, 지배구조, 억압, 역량강화와 같은 탐색 이슈를 구체화할 수 있다.

5) 정보를 수집한다

집단이 작동하고 생활하는 맥락 혹은 세팅에서 정보를 수집한다. 이것을 현장조사(Wolcott, 2010)라고 부른다. 문화기술지에 필요한 정보를 수집하기 위해서는 연구 현장으로 나아가서 현장에 있는 사람들의 일상생활을 존중하고 광범위한 다양한 재료들을 수집한다. 문화기술지 연구자들은 참여관찰과 면접의 중요성을 강조하지만, 매우 다양한 정보원을 사용할 수도 있다. 강진숙(2008)에 따르면 특히 질적연구는 수집된 자료를 분석하고 의미를 파악하는 과정에서 자의적인 해석이 나오는 것을 막기 위한 신뢰성 검증이 필요하다. 이를 위해 연구자가 자료를 수집하는 단계에서 필드 노트, 현장조사 진행노트, 성찰노트를 나누어 쓸 수 있다. 문화기술지적 자료는 현지조사 시 수집할 수 있는 모든 종류의 자료를 말한다. 연구자가 현지조사를 끝내고 문화기술지적 자료를 바탕으로 문화라는 텍스트를 해석하기 전에 자료들은 구술자료, 문서자료, 사진자료, 영상자료, 물증자료 등 분류하여 저장하도록 한다.

6) 자료를 분석한다

수집한 많은 자료원들을 활용하여, 문화공유집단에 대한 기술, 집단에서 드러난 주제들, 전반적인 해석 등을 위해 자료를 분석한다. 질적연구에 있어서의 자료 분석은 면담자료, 현장 관찰노트, 기술 자료 등의 체계적인 정리나 배열이라고 할 수 있다. 분석은 원자료(Raw Data)를 근거로 조직화(Organization), 체계화(Systemization), 범주화(Categorization)시키려는 작업이다. 또한 인식론적인 시각의 차이가 데이터 수집과 분석에 영향을 미치기도 한다(Boyle, 1992: 김이정, 2000에서 재인용). 자료 분석 단계에서 연구자는 오랜 기간에 걸쳐 단일 사건이나 여러 가지 행동 또는 집단에 초점을 두면서 문화공유집단에 대한 상세한 기술들을 모은 후 문화집단이 작동하고 생활하는 방식을 알려주는 패턴이나 화제들에 대한 주제 분석을 하고, 체계가 작동하는 방식에 대한 전반적인 그림을 그린다.

문화기술지는 실험적 과학이 아니라 해석적 과학이며, 이를 위해 "두꺼운 기술(thick description)"을 활용한 이야기가 중요하다. 즉, 연구자는 특정한 문화집단을 엄밀한 이론적 틀에 따라 인과관계가 성립되는 대상으로 보지 않고, 이 문화집단에 대한 참여관찰과 면접을 통해 귀납적인 해석을 이끌어낸다. 그리고 심도 있는 해석을 도출하면서도 타당성을 확보하기 위해 현장에 대한 생생하고도 통찰력 있는 이야기 방식인 두꺼운 기술을 사용한다.

이와 관련해 월콧(Wolcott, 1994)은 질적연구자들이 고려해야 할 세 가지 구성요소로서 기술(Description), 분석(Analysis), 해석(Interpretation)을 제시했다.

월콧(Wolcott)의 분석 단계

기술description	연구자가 본 것을 독자가 보게(see) 하는 일
분석analysis	연구자가 안 것을 독자가 알게(know) 하는 일
해석interpretation	연구자가 이해한 것을 독자가 이해하게(understand) 하는 일

가) 기술

기술은 질적연구가 이루어지기 위한 토대가 된다. 세팅과 사건에 대해 있는 그대로 기술하는 것으로 시작하여 각주도 달지 말고 침투 분석도 아닌 단지 사실을 적절히 상세한 수준에서 주의 깊게 표현하고 흥미롭게 엮어내는 것을 말한다.

나) 분석

Wolcott(1994)에 따르면 분석은 분류절차로, '질적연구의 양적 측면'이다. 이 과정은 기술단계에서 소개된 구체적인 재료들을 강조하거나 표, 차트, 다이어그램, 그림 등을 통해 결과들을 보여 주는 것을 포함한다. 가장 많이 사용되는 분석 절차는 자료 내에서 패턴화된 규칙(patterned regulations)을 찾는 것이다. 분석의 다른 형태는 문화집단을 다른 집단과 비교하고, 표전이라는 견지에서 집단을 평가하며, 문화공유집단과 더 큰 이론적 틀 사이의 관계를 끌어내는 것 등으로 구성된다. 또한 연구 과정을 비판적으로 검토하고 연구의 재설계를 제안하는 것이 분석 단계에 포함된다.

다) 문화공유집단에 대한 해석

문화공유집단에 대한 문화기술지 해석은 자료 변환 과정이다. 이 단계에서 연구자는 데이터베이스를 넘어 "그들을 구성하는 무엇"을 탐색한다

(Wolcott, 1994, p. 36). 연구자는 독자들에게 의문이나 질문들을 야기하는 엉뚱한 비교 해석을 심사숙고한다. 연구자는 자료로부터 추론을 끌어내거나 자신이 내린 해석의 구조를 제공하는 이론으로 되돌아간다. 또한 해석을 개별화한다. 즉, "이것이 내가 그것에 대해 생각하는 것" 또는 "이것이 바로 연구 경험이 어떻게 나에게 영향을 미쳤는가 하는 것"이다.

7) 규칙이나 패턴의 임시체계를 구성한다

최종 분석의 산물은 연구자의 관점(외부자 관점)뿐만 아니라 연구 참여자의 관점(내부자 관점)을 통합하는 것으로서 집단에 대한 총체적인 문화적 묘사라 할 수 있다. 또한 그것은 집단의 욕구를 옹호하거나 다루기 위해 사회에 변화를 제안할 수도 있다. 따라서 연구 참여자와 연구자의 해석 모두의 관점에서(내부자 관점과 외부자 관점 모두에서) 문화공유집단에 대해 알 수 있다. 다른 산물들은 극 제작, 연극, 시와 같이 보다 공연 기반적일 수 있다.

8) 문화기술지 쓰기

현지조사에 한 가지 방법만 있지 않은 것과 마찬가지로 문화기술지 쓰기에도 고정된 방법이 있는 것은 아니다. 연구자는 현지민과 조우하면서 문화적으로 새로운 정체성을 형성한다. 그 결과 연구자는 현지민의 입장에서 현지 문화를 이해하게 되고, 그 이해를 바탕으로 현지 문화를 해석하여 문화기술지를 작성한다. 따라서 글쓰기는 현지민이 자신들의 문화에 대해 해석한 것을 다시 연구자가 해석한 것이라고 볼 수 있다. 또한 그 해석은 충분한 경험적인 자료를 바탕으로 해야만 타당성 있는 해석이 될 수 있다. 마치 독자가 그 문화에 대한 사실주의적 그림을 보는 것처럼 현지민의 삶을 그려내는 시각적인 글쓰기와, 자기 성찰적(self-reflective) 글쓰기를 대안적으로 사용하여 그 문화 내의 다양한 목소리와 권력관계, 그리고 연구자와 현지민 간의 상호관계가 드러날 수 있도록 해야 한다(Clifford, 1986).

위와 같은 절차를 통해 이루어지는 문화기술지 연구는 직접 다른 문화 속에 들어가 함께 생활하며 경험하는 문제들을 해석하고 재해석함으로써 다른 사람들의 삶을 재구성하는 작업이라고 할 수 있다. 그러한 경험을 통해 연구자 역시도 "낯선 곳에서 나를 만나는 경험"을 하게 될 수 있으며, 오해와 혼란의 경험을 통해 그들의 문화의 본질을 이해하는 연구 과정이 될 것이다.

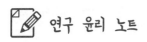 연구 윤리 노트

김선미

　연구 참여자에 대한 윤리적 고려는 연구 주제를 선정하고 연구를 진행하며, 마무리하는 과정에 이르기까지의 연구 전반에 걸쳐 중요하게 생각해야 할 요소이다. 본 연구를 수행하는 연구자들 역시, 주제 결정과 연구가 실제적으로 가능한지를 살피는 과정은 물론, 참여관찰과 집중관찰 그리고 연구 참여자들을 개별 인터뷰하는 각 과정에서 때때로 예상치 못한 윤리적 문제들에 당면하며 어떻게 대처할 것인지에 대하여 많은 고민을 하였다. 그 때마다 가장 중요하게 여긴 점은 해당 연구에 참여하는 연구 참여자를 보호하는 것이었다. 연구자 개인마다 예상치 못한 돌발적 상황이나 문제에 대하여 대처하는 자세나 태도, 풀어내는 방식이 다양할 수 있다. 그러나 본 연구처럼 팀으로 수행되는 연구에 있어서는 한 개인이 단독으로 대처하여 넘기기보다는 통일성을 가지고 연구를 수행하는 것이 중요할 수 있다.

　문화기술지라는 연구 방법의 특성상 연구자들은 현지에 들어가서 참여자들과 많은 시간을 함께하게 된다. 단발성으로 끝나는 연구가 아니기에 자주 만나면서 형성하게 되는 친밀성은 연구의 깊이를 더해주기도 하지만, 반대로 객관성을 확보하고 유지함에 있어 어려움을 겪게 할 수도 있다. 연구자와 연구 참여자 간의 불필요한 오해가 생길 수도 있고 이로 인하여 연구 자체가 어려워질 수도 있다. 또한 연구 참여자들과 직접적인 대면을 하는 참여관찰 및 심층면담을 마쳤다고 해서 연구 참여자에 대한 윤리적 고려가 끝난 것은 아니다. 결과 분석을 글로 풀어 써내는 과정에서도 연구 참여자에 대한 익명성을 보장하여 만일에 얻게 될 불이익 또는 피해로부터 보호해야 한다. 더불어 연구 결과에 대해서도 연구 참여자가 자율성을 가지고 볼 수 있도록 해야 한다.

　연구가 끝난 이후에도 연구자들은 현지 지속적 참여여부와 연구 참여자들과의 친밀함 유지에 대한 고민을 할 수 있다. 이것 또한 윤리적 고려 대상의 연장선상으로 볼 수 있다. 다시 말해, 연구의 시작과 끝 그리고 그

너머에 이르기까지 연구자들은 어떻게 해야 연구 참여자들을 보호하고, 연구의 객관성을 유지할 수 있을지를 끊임없이 고민해야 한다.

연구 초반에 연구 윤리에 대해 심도있게 고민하지 않고 그 중요성을 인지하지 못한다면 연구 과정 중 발생하는 돌발적 상황에 대처하기가 쉽지 않다. 또한 얻고자 하는 연구 결과에만 초점을 맞추어 연구 과정에서의 참여자들과의 만남을 가볍게 여기거나 수단으로만 여기게 된다면 이는 결코 올바른 질적연구를 수행하고 있다고 볼 수 없다. 그것은 연구자의 태도나 자질에 대한 의심을 고려해 볼 수도 있겠다.

이렇듯 연구 전반에 걸친 윤리적 고려에 대하여 연구자들이 사전에 예측하고 대처 방법에 대해 미리 논의해 보고 숙고해 본다면, 연구 과정에서의 혼란을 조금은 덜 수 있을 것이라 여겨진다.

1) 문화기술지 연구에서의 정보제공자에 대한 윤리적 고려

문화기술지는 다양한 정보 제공자와 일정 시간 이상을 함께 지내고 일상을 공유하면서 그들이 행하는 행동들이 어떤 의미를 가지는가를 연구한다. 관찰, 기록, 연구 분석 및 해석, 글쓰기 하는 일련의 과정을 통하여 사람을 이해하는 연구를 수행하는 것이다. 연구자가 연구 대상을 선정하여 낯선 곳에서 라포를 형성해 나가는 친화 과정과 정보제공자들의 삶의 깊숙한 면면까지도 듣게 되는 이해과정 및 관찰·기록·인터뷰한 내용을 바탕으로 한 해석, 작업과정을 통해 그 집단만이 공유하고 있는 문화적 맥락을 파악할 수 있게 된다.

모든 연구에서 참여자에 대한 윤리적 고려는 중요한 사항이다. 그럼에도 문화기술지 연구에서 특별히 더 윤리적 사항에 민감해야 하는 것은 바로 연구자가 참여자들의 현지, 즉 일상생활 속으로 직접 개입하며 참여관찰을 통해 대면적으로 이루어지는 연구이기 때문이다.

문화기술지뿐 아니라 여러 질적연구에서 제기되는 윤리 문제들은 연구방법의 유사성으로 인해 윤리적 측면에서도 비슷한 부분이 많이 있다. 그러나 문화기술지연구만의 차별화되는 면들로 인하여 독특한 윤리 문제를 발견할 수 있다(박순용, 2006).

문화기술지는 정보제공자들의 일상 또는 특수한 사건을 위해 특정 집단에 속해 있는 그들에게 의미 있는 행동을 관찰하고 서술하며 그 안에

문화적 과정으로서 잠재되어 있는 규칙을 탐색하는 과정을 거치게 되고, 연구는 연구자가 정보제공자와 얼굴을 마주 대하는 만남이라는 특수한 관계를 설정하여 이루어진다(박순용, 2006). 지속적인 대면 만남을 통해 연구자는 정보제공자와 친숙해지고, 이로 인해 정보제공자는 보다 깊이 있는 이야기를 하기도 한다. 연구자와 연구 참여자의 사이가 일정한 거리를 두는 객관적인 사이에서 보다 친밀하고 깊숙한 사이가 되면 예상치 못한 여러 윤리적 문제들이 제기될 수 있다.

(1) 연구자의 역할 혼란

박순용(2006)은 현지조사연구에 있어 연구자들이 정보제공자의 사생활에 관여하게 되고, 정보제공자의 고민을 듣거나 이에 적절한 충고를 해줄 수도 있다고 하였다.

연구자는 이를 단순히 정보제공자와의 라포가 돈독해졌음에 대한 긍정적 신호로 여기기보다는 연구자로서의 역할 및 위치를 재점검할 필요가 있다. 다시 말해, 연구자는 연구 참여자로부터 강한 신뢰감을 형성한 것으로 긍정적 해석을 할 수 있겠지만 한편으로는 연구자의 객관적인 위치, 역할에 대해 고민할 필요가 있겠다. 경우에 따라서, 연구 참여자는 연구자가 상담가의 역할을 하기를 기대할 수도 있다. 이럴 경우, 연구자는 그것이 연구에 필요한 행동인지와 참여자에도 도움이 될 만한 역할인지를 살펴야 한다. 설령, 참여자가 원하는 것이 단지 누군가가 자신의 이야기를 들어주는 것에 한정되는 것인지 아니면 정말 전문가의 도움을 필요로 하는 것인지에 대해서 구분하고, 설령 연구자가 상담학에 종사하는 전문가라 할지라도 앞으로 연구자의 위치를 명확히 하고 연구를 지속, 수행하기 위해서는 연구자 이상의 상담가로서의 역할로 확장시키는 것은 경계해야 할 필요가 있다(박순용, 2006).

본 연구에서 연구자들은 세월호 광장에 참여관찰하는 동안 다양한 정보제공자들을 만났다. 노란리본공작소는 많은 봉사자들이 머물다 가는 공간으로 그곳을 찾는 봉사자들은 저마다 자신의 이야기들과 이유를 가지고 이곳을 찾고 있었다. 참여관찰 초반에는 정말 단어 그대로 현장에 참여 및 관찰을 통해 주변의 분위기와 사람들을 익히는데 많은 시간을 할애하였다. 대부분의 봉사자들이 사생활을 드러내지 않고 순수하게 일정 시간 봉사에 집중하고 있었고, 어느 누구나 그곳에 머물다 가는 것이 전혀 낯설지 않게 자연스러운 일이었다. 참여하는 사람들의 개인적인 정보, 즉, 나이, 직업, 거주지, 가족 관계 등이 이곳에서는 그다지 중요한 사항이 아니었다. 그러나 참여관찰하는 시간이 늘어남에 따라 봉사자들과 친숙해지며 조금씩 그들의 개인적인 이야기도 들을 수 있게 되었다. 이곳을 찾는 모든 사람들이 그러한 것은 아니지만, 많은 봉사자들이 저마다 자신의 개인적 아픔과 슬픔을 지니고 있었으며, 그로 인해 세월호 참사에 더 큰 애도의 마음을 가지고 이곳에 적극적인 참여를 하고 있었다. 본 연구를 수행한 연구자들은 상담을 공부하고 있기에 개인적인 아픔과 슬픔에 깊은 공감을 하면서도, 이들이 털어 놓은 개인사에 대해 상담적 접근을 해야 하는 것인지에 대하여 혼란을 느꼈다. 연구자이면서 동시에 상담사라는 정체성이 연구진행에 있어, 어느 역할을 수행하고 집중해야 하는지에 대한 혼란을 초래한 것이다.

연구자가 상담사의 역할까지 수행하게 될 경우, 이후 정보제공자들과 상담자의 관계가 지금처럼 동등한 수평적 관계를 유지할 수 있을지 또한 특정 정보제공자에게만 집중을 하게 되는 참여관찰이 되는 것은 아닐지, 여러 우려가 제기되어 본 연구자들은 토의를 통해 상담과 연구를 분리하고, 상황에 따라 정말 필요하다면 조심스럽게 상담을 제안하는 것으로 하였다.

(2) 연구의 객관성 상실 가능성

연구자가 참여관찰과 심층면담을 통해 정보제공자의 개인적 사생활에 대해 보다 깊이 있게 알게 되고, 친밀감이 형성되는 것이 때로는 연구의 객관성 및 타당성에 대한 어려움을 야기할 수도 있다. 즉, 정보제공자들과 깊숙한 관계를 유지하면서 진솔한 이야기들을 들음으로써 연구의 깊이가 깊어질 수도 있겠지만, 그 안에서 발생할 수 있는 오해나 객관성의 상실에 대해서도 고려해봐야 하는 것이다.

세월호 광장에서의 참여관찰을 하면서 단발성이 아닌 오랜 시간 동안 이곳을 지키는 봉사자분들을 여럿 만날 수 있었다. 이곳에 참여하게 된 저마다의 계기와 지치지 않고 계속 이곳에 나올 수 있는 힘, 참여를 통해 바라는 개인적인 희망 등을 들으며 때론 그들의 이야기에 감동하고, 슬퍼하고, 기뻐하고 함께 희망을 바라보기도 하였다. 그들의 깊은 이야기를 들으면서 친밀감이 더욱 깊어지기도 하였다. 그러나 이러한 친밀성은 연구를 하는 동안의 관찰, 기록, 분석, 글쓰기에까지 주관적 감정의 개입이라는 부정적 요인으로 작용될 수 있고, 이는 곧 본 연구를 진행함에 있어 객관성 상실로 연구 전체 과정에 혼란을 일으킬 수 있다고 여겨졌다. 이에 연구자들은 저마다 느낀 이러한 감정들에 대해 나누고, 이러한 감정이 추후 광장의 문화에 대해 미화하여 결과 분석을 하게 되는 것은 아닌가 하는 염려를 드러내었다. 따라서 연구자들은 객관적인 위치를 유지할 수 있도록 저마다 연구자의 역할에 대해 다시 떠올려 볼 수 있도록 하였다.

연구자들은 참여관찰을 할 때마다, 각자 필드 노트를 작성하였는데 그곳에는 두 파트, 관찰 및 기술·성찰로 나누어 작성을 하게끔 되어 있다. 참여관찰을 하는 현장에서는 봉사자들과 나눈 깊은 감정에 충분히 함께 머무르지만, 이후 필드 노트 작성시에는 자신이 보고 듣고, 느낀 것에 대해 두 파트로 나누어 작성하였고, 참여관찰을 마치고 결과 분석을 할 때에도 주관적 감정에 치우친 분석이 아니라 필드 노트의 관찰 및 기술·성찰 파트 분석을 통해 연구의 객관성을 확보하고자 하였다.

(3) 연구 종결 이후에의 윤리적 고려

연구자들은 연구를 계획하고 연구를 수행하는 과정뿐만 아니라 연구가 끝난 이후에도 발생할 수 있는 윤리적 문제들에 대해 고려해봐야 한다.

한 연구자의 경우 심층 인터뷰를 진행했던 연구 참여자에게 연구 종결 후에도 지속적으로 연락을 받았다. 연구 참여자는 연구자에게 매일 전화를 하며 언제 다시 광장에 오는지 등을 물으며 대화를 이어나가길 원했다. 사적인 관계가 되는 것을 느낀 연구자는 동료 연구자들에게 상의를 했고 이를 통해 연구와 연구 이외의 관계에 대해 명확히 구분할 것을 조언받았다. 연구자는 연구 참여자자와의 분명한 경계를 짓기 어려울 것이라 판단하였다. 그래서 연구 참여자에게 대화가 더 필요할 경우 교내에 연구자가 소속되어 있는 상담센터를 통해 만날 것을 제안하였다. 연구자가 센터의 번호와 위치, 찾아오는 방법까지 안내를 해드렸는데, 센터로 오겠다던 연구 참여자는 그 이후에 연락이 점차 뜸해지게 되었다.

이렇듯 참여관찰과 심층 인터뷰를 통해 객관적 관찰뿐만 아니라 뜻하지 않게 정서적 유대를 나누게 되는 문화기술지의 경우 연구 종료 후 연구자와 참여자 간의 관계 또한 적절하게 매듭짓는 것이 중요하다. 하지만 초보 연구자의 경우 특히나 관계의 윤리적인 부분에 대해서 미숙하게 대처하기가 쉽고, 연구자가 노력을 해도 상대방과의 관계의 문제이기 때문에 뜻처럼 되지 않을 수도 있다. 이를 위해 연구자 간, 그리고 연구자와 참여자 간의 분명한 사전의 조율과 교육의 부분이 필요함을 고민해보게 되었다.

2) 문화기술지 생성 과정에서의 윤리적 문제의 제기
(1) 연구자와 관련한 윤리적 고려
가. 연구자 역할의 탐색
연구자는 연구자의 사회문화 전반에 대한 이해와 자신이 지닌 가치관에 따라 연구 수행이 수월하기도 하고 어렵게 느껴질 수도 있다. 연구를 수행할 집단과 문화적 배경이 비슷하고 낯익을 경우, 현지에 대한 이해가 빠르고 연구 참여자들과의 라포 형성 또한 수월할 수 있다. 반대로 익숙하지 않은 현지에 참여하는 것은 연구자 스스로 낯설음과 어색함을 느끼고 때로는 연구자가 가진 선입견이나 편견이 드러나 연구를 수행하는 데 어려움을 겪을 수도 있다. 연구 참여자들과의 라포가 원활히 형성되지 않은 상태에서의 현지 참여와 연구 수행은 때론 오해를 불러일으킬 수도 있고, 이러한 불편함은 연구를 지속할 수 있을 것인가에 대해서도 어려움을 줄 수 있다. 따라서 연구자는 자신의 선입견 또는 편견에 대해 인지하고 개방적인 태도를 지닐 수 있어야 한다. 연구자는 가급적 중립적인 감정과 행동 및 태도를 유지하는 것이 바람직하지만, 연구자도 때로는 감정적으로 불편함을 느끼고 상처를 받을 수도 있다. 이에 연구자는 연구 과정에 따라 나타날 수 있는 연구자의 모습에 대해 미리 예측하고 대비하여 이러한 혼란을 줄일 수 있도록 하며, 드러나는 윤리적 고려 사항들에 대하여 현명하게 대처할 수 있도록 연구자 역할에 대해 탐색할 필요가 있다.
나. 윤리적 고려 사항에 대한 연구자의 대처 방안
연구자가 참여관찰을 하는 동안, 여러 정보제공자와 다양한 상황들 속에서 윤리적 문제들이 언제, 어떻게, 어떠한 방식으로 드러날 것인가를 예상하는 것은 쉽지 않다.
질적연구는 분석의 타당성을 확보하기 위하여 개인적 측면에서의 세세한 내용과 그 맥락을 강조한다. 그 내용을 기록하고 활용하는 데 있어 정보 수집 및 해석, 자료 해석의 범위 등에 대해서도 윤리적 문제가 제기될 수 있다. 참여연구자와 사진 촬영 및 사용, 심층면담에서의 녹음 여부, 활용 범위 및 용도 등 연구와 관련한 다양한 윤리적 고려사항들을 염두해 두어야 한다.

연구 전반에 발생할 수 있는 윤리적 고려 사항들을 예상하여 어떻게 대처할 것인지를 생각해보는 것도 중요하지만, 대처 방안을 미리 생각하였다고 해서, 그대로 따르기보다는 연구 수행 과정 중 발생하는 윤리적 사항에 대해 현지의 사정을 고려하여 상황에 따라 적절하게 대처할 수 있어야 한다.

(2) 정보제공자와 관련한 윤리적 고려

가. 연구 목적의 명확화

연구자들이 연구를 수행하는 데 있어서 가장 우선시하여 고려할 사항은 바로 연구의 목적 및 사용처이다. 정보제공자들은 연구자의 목적을 알 권리가 있다. 이때 연구자는 누구에게 목적을 알리고 설명할 것인가를 결정해야 하는데, 연구에 참여하게 되는 참여자는 누구나 설명을 들을 자격이 있다(Spradley, 2006). 만약 면담 또는 친밀한 접촉 없이 공공장소 등에서 참여관찰을 한다면, 연구목적을 알릴 필요가 없을 수도 있다. 물론, 이때에도 연구 대상이 되는 사람들의 사생활 보호에 대해서는 민감해야 하지만, 공공장소라면 어느 누구라도 다른 사람을 관찰할 수 있고, 행동 패턴에 대한 문화적 추론을 할 수 있다(Spradley, 2006).

정보제공자와의 친밀한 관계를 맺고, 작업할수록 연구 목적을 알리는 것은 더욱 중요한 사항이 된다. 신뢰를 바탕으로 정보제공자들과 라포를 형성하고, 좋은 연구를 할 수 있는 기반을 마련해 놓았는데, 행여 연구자가 거짓된 말과 행동을 한 사실이 드러나면 이는 치명적인 타격이 되어 연구가 실패로 끝날 수 있다. 반대로, 연구의 목적을 상세히 설명하고 정보제공자들이 잘 이해했을 경우에는 연구자에게 더욱 풍부하고 정확한 정보를 제공할 수도 있다.

연구의 결과로는 정보제공자들이 제공하는 자료 및 정보가 안전하게 사용될 것임을 확신시켜 줄 필요가 있다(윤택림, 2017).

나. 정보제공자에 대한 우선적 고려 및 사생활 보호

이전에 비해 정보제공자들이 자신과 문화에 대한 연구물, 즉 논문·저서 등을 접할 수 있는 기회가 많아졌고, 정보화시대에는 개인 정보 유출에서도 심각한 우려가 제기되고 있다. 따라서 이들에 대한 신원과 그들에 대한 개인 정보 보호에 대하여 진중하게 고려해봐야 한다(윤택림, 2013).

Spradley(2006)는 문화기술적 연구가 정보제공자의 삶을 파고드는데, 연구 중 실시하게 되는 참여관찰은 다른 사람들의 일상생활을 침범하는 강력한 도구라고 하였다. 또한 그는 연구가 정보제공자들의 권리나 이해관계, 민감성을 보호하는데 쓰일 수도 있지만, 침해하는데 사용될 수 있는 정보를 들추어낼 수도 있다고 하였다. 따라서 연구를 수행하는 내내 정보제공자들을 보호하기 위한 고려를 늘 염두해두어야 한다. 그러면서 Spradley(2006)는 정보제공자의 사생활을 보호한다는 것이 최종보고서에서 이름, 장소 또는 이들을 식별할 수 있는 많은 것들을 바꾸는 것, 그 이상의 것들이 필요하다고 하였다.

박순용(2006)은 정보제공자와 나눈 대화에서 정보제공자가 비밀에 부쳐질 것이라 기대했던 부분들이 연구자 판단 하에 집단 연구에 있어 결정적인 단서가 될 것이라 여겨질 경우에 대하여 연구자는 이러한 대화들을 어느 정도까지 그리고 어떻게 공개할 것인가에 대한 고민을 하게 될 수 있다고 하였다. 그러나 무엇보다도 중요한 것은 정보제공자 보호가 우선이며, 이를 고려하여 공개 여부 및 공개 정도를 결정해야 한다고 하였다.

다. 정보제공자에 대한 보상 고려

Spradley(2006)는 연구자들이 정보제공자에게 '합당한 보답'이 될 무언가에 대해 신중히 검토할 필요성을 지닌다고 하였다. 더불어 Spradley(2006)는 연구자들이 연구를 도와준 참여자 또는 정보제공자들에게 간단한 선물 또는 어떠한 서비스를 제공하고 때로는 장시간 면담에 대해서 시간당 보상을 하기도 하는 것이 연구자와 정보제공자들 간의 일종의 호혜성으로 볼 수 있는 측면도 있는 반면, 때론 이러한 행위가 정보제공자를 모독하는 일이 될 수도 있다고 하였다(Spradley, 2006).

직접적인 보상이 아니더라도 정보제공자는 연구 결과로부터 무엇인가를 얻을 수도 있는데, 다수의 정보제공자들은 연구자에게 말하는 것만으로도 연구 과제에 참여하여 무언가를 얻었다고 여길 수도 있다. 정보제공자에 대한 '합당하고 적절한 보상'이 경우에 따라 다르겠지만, 그들이 해당 연구로부터 무엇인가를 얻어야 한다는 요구를 간과해서는 안된다(Spradley, 2006).

라. 정보제공자에게의 연구 결과 공유

정보제공자들에게도 연구 보고서를 보여줄 수 있다. 만약 익명의 공공 장소를 대상으로 연구했다면 불필요한 일이지만, 연구 자체가 일반 대중이나 연구 대상인 사람들이 접할 수 있게 한 것이라면 정보제공자 또한 보고서를 접하고 볼 수 있어야 한다. 만약 정보제공자가 어린 아이이거나 보고서를 이해하지 못하는 정보제공자들이라면 이들에게 말로 표현해주어 이들이 보고서에 대하여 이해할 수 있도록 해야 한다(Spradley, 2006).

02

무엇을 연구할 것인가?

질적인 문화기술연구방법론

02

무엇을 연구할 것인가?

방희조

1. 연구 대상 선정하기

일반적으로는 연구 대상을 선정한 후에 연구 방법론을 결정하는 것이 자연스러운 연구 절차이지만, 연구팀은 처음부터 문화기술지 공동 연구를 위해 구성되었기 때문에 연구 방법론은 이미 결정돼 있었다. 그래서 연구팀이 마주하게 된 첫 관문은 문화기술지 방법론을 효과적으로 적용할 수 있는 연구 대상을 선정하는 작업이었다. 절차가 뒤바뀌기는 했지만 문화기술지 방법론의 특성을 잘 살리면서 연구 효과를 극대화할 수 있는 대상이 적절하게 선정된다면, 굉장히 의미 있는 연구가 될 거라는 기대가 있었다. 그러면서 한편으로는 제한된 시간에 문화기술지 연구를 효과적으로 진행할 수 있을까 하는 의구심도 있었던 것도 사실이다. 문화기술지 방법론은 적어도 수년간의 지속적인 연구가 수반되어야 한다는 생각에 사로잡혀 있었기 때문이다.

문화기술지는 주로 특정 문화공유집단(culture-sharing group)을 연구 대상으로 삼는다(Creswell, 2015). 그런데 어떤 한 집단 내에 공유할만한 특정 문화적 패턴이 형성되려면 집단 구성원들 사이에 일정 기간 이상의 지속적인 상호작용이 전제되어야 하고, 그 패턴이 독특한 무엇으로 드러나려면 외부와는 구별되는 차별화된 삶의 방식 및 역동이 존재해야 한다. 문화기술지가 발전하게 된 시초인 인류학에서 주로 다루었던 원시 사회야말로 외부 문명세계와 확연하게 구분되는 문화적 패턴이 두드러지는 대상이라고 할 수 있다. 하지만 현대사회에서 그렇게 고립된 문화집단을 찾는 것은 점점 더 어려워지고 있다. 그것은 탈근대, 탈식민지 시대로 넘어오면서 자문화와 타문화의 경계가 점점 더 허물어지고, 문화가 탈지역화하고 있기 때문이다(윤택림, 2013). 그러므로 문화기술지의 대상이 되는 '문화'란 인류학 초기의 주요 연구대상이었던 특정 종족 및 지역의 문화라기보다는, 현대 사회에 다양한 방식으로 존재하는 여러 정치적·사회적·문화적 집단 내의 문화를 지칭하는 것으로 이해할 수 있다. 실제로 인류학에서 주로 사용되어오던 문화기술지 방법론이 근래에 이르러 역사학, 여성학, 간호학, 경영학 등의 다양한 학문으로 확장되어가는 것도 이와 무관하지 않다.

연구팀은 우리가 주목해서 연구할 만한 가치가 있는 문화공유집단을 선정하기 위한 탐색에 들어갔다. 뒤늦은 나이에 공부를 하면서 아이를 키우는 스터딩맘, 손주들을 대신 키워주며 황혼 육아를 담당하고 있는 노인들, 공무원시험을 준비하며 노량진 학원가를 전전하는 공시족, 낯선 땅에서 공부하며 머물고 있는 재한 유학생들, 이질적인 문화를 조율하며 한 가정을 이룬 다문화 가족, 고객의 비위를 맞추며 업무에 필요한 감정만을 관리하며 살아가는 감정노동자 등이 거론되었다. 이와 같이 다양한 주제들이 물망에 오르는 가운데, 현대 한국사회의 아픈 단면을 잘 보여줄 수 있으면서, 주류의 목소리에 가려져 있었던 의미 있는 소수의 목소리였으면 좋겠다는 생각으로 모아졌다. 그러던 중 세월호 희생자 유가족을 조명해 보는 것은 어떻겠냐는 의견이 나왔다. 마침 연구팀은 얼마 전 교내 채플 시간에 초대된 세월호 416 합창단을 만날 기회가 있었고, 합창 말미에 들었던 단원들의 짧은 고백이 큰 울림으로 남아있던 터였다. 그리고 그들의 생생한 목소리로 전해지는 이야기는 분명 대중매체를 통해 걸러진 이야기와는 많이 다르다는 것이 포착되었고 거기에는 뭔가 석연찮은 점이 있다는 것이 감지되었다.

연구 대상에 대한 연구팀의 의견이 세월호 희생자 유가족으로 좁혀진 가운데, 그들을 지속적으로 만날 수 있는 방법 및 공간에 대한 탐색으로 이어졌다. 문화기술지는 특정 문화집단에 대한 장기간의 참여관찰을 수반하게 된다(Creswell, 2015). 문화공유집단에 내재된 문화적 패턴을 이해하기 위해서는 구성원들의 삶의 현장 속으로 몰입되는 경험이 무엇보다 중요하기 때문이다. 실질적인 삶의 세팅 안에서 이루어진 날 것 그대로의 언어, 행동, 상호작용을 통해 드러나는 문화적 작동원리를 이해하기 위해서는 연구자가 외부자로서의 옷을 잠시 벗어두고 내부자로서의 옷을 갈아입을 수 있어야 한다. 그러므로 문화기술지 연구에서 주제 및 대상 선정 시 우선적으로 고려되어야 할 것이 연구자에게 내부자로서의 지속적인 체험이 허용되느냐의 여부이다. Spradly(2006) 역시 연구현장 선정시 가이드라인으로 단순성, 접근용이성, 비노출성, 허락가능성 등을 제시했다.

그렇다면 과연 연구팀이 세월호 희생자 유가족들과 지속적으로 자연스러운 만남을 가질 수 있도록 접근이 용이하고 개방이 허용된 현장이 어디일까? 당시 세월호 희생자 유가족을 만날 수 있는 대표적인 공간은 진도 팽목항, 안산 분향소, 광화문 세월호 광장 등이었다. 논의를 거듭하던 중 서울 광화문 한복판에 있는 세월호 광장이 가장 유력한 후보로 지목되었다. 그곳에는 여전히 세월호 희생자들을 위한 분향소와 추모리본 제작 공방이 있어서 세월호 유가족들을 자연스럽게 만날 수 있고, 대부분 서울에 거주하고 있는 연구자들의 지속적인 접근이 용이하며, 광장의 특성상 비교적 자유로운 출입이 허용되는 개방적 공간이라는 판단에서였다.

이로써 우리의 연구현장은 광화문에 있는 세월호 광장을 1순위로 선정했다. 당시 연구가 시작된 시점은 세월호 참사 이후 900여일 기념행사가 임박해 있던 때였다. 세월호 참사 이후 900여일이 지났건만 유동인구가 가장 많은 서울 광화문 한복판에 세월호 희생자들을 위한 분향소가 여전히 존재하고 있다는 것 자체가 함의하는 바가 컸고, 실제로 그곳은 세월호 참사 진상규명 촉구를 위한 유가족 및 시민들과 이에 맞서는 보수단체 및 정부가 첨

예하게 대립하는 공간이기도 했다. 연구팀은 우뚝 솟은 고층빌딩 숲 한복판에 2년이 넘도록 철수하지 못하고 하얀 천막을 치고 들어서 있어야 하는 사연, 오가는 시민들의 시선과 발길을 붙잡으며 그들이 외치고자 하는 이야기가 과연 무엇인지 궁금했다. 주변 환경과는 대조되는 공간의 이질성과 현란하게 붙어있는 현수막과 벽보들이 점점 잊혀가는 사람들의 기억들을 꽉 붙잡으려는 안간힘으로 느껴졌으며, 적어도 그 공간에서는 대다수에게 이미 아득한 과거가 돼 버린 세월호 참사가 여전히 생생한 현재로 흘러가고 있었다. 그렇게 그곳은 시민들에게 활짝 열려있는 '광장'이면서 동시에 시·공간적으로는 마치 분리돼 있는 '섬'과 같은 느낌을 주는 묘한 곳이었다. 그래서 세월호 광장은 개방적이면서도 은밀한 이야기가 있는 곳, 외부와는 확연히 다른 독특한 문화가 존재하는 곳일 것이라는 생각을 갖게 했다. 그래서 연구팀은 그 보이지 않는 벽을 뚫고 들어가 그 안에서만 체험할 수 있는 그들만의 문화를 직접 들여다보고 싶었다. 일상적으로 반복되는 그들의 삶의 현장에서 생생하게 묻어나는 진솔한 이야기와 만나고 싶었다.

하지만 본격적인 연구에 들어가기에 앞서 연구 목적에 대한 좀 더 명료한 합의가 이루어져야 했으며, 이를 위해 연구 대상에 대한 어느 정도 사전 이해가 필요하다는 데 동의했다. 물론 문화기술지 연구에 있어서 사전 지식이나 틀에 얽매이는 것이 오히려 현장에 대한 생생한 통찰을 제한할 우려도 있지만, 한편으로 맨땅에 헤딩하는 식의 불필요한 수고를 줄이기 위해서는 좀 더 전략적으로 접근할 필요가 있었다. 그래서 연구팀은 우선 세월호 참사와 관련된 기존의 선행 연구들을 검토해 보기로 했다. 선행 연구를 통해 세월호 참사와 관련하여 이슈화된 쟁점들을 이해함으로써, 기존 연구의 한계를 넘어 우리의 연구가 나아가야 할 방향 및 목적을 세우는 데 도움을 얻고자 했다.

2. 선행연구 들여다보기

세월호 참사는 연구자들에게도 주목할 만한 연구대상이었기에 제법 많은 논문들이 쏟아져 나왔다. 세월호 참사와 관련하여 연구자들이 선정한 주제는 국민들이 가장 궁금해 하는 이슈이기도 했다. 세월호 참사는 왜 일어 났을까? 사후 대응 과정에서 어떤 문제점이 있었는가? 세월호 참사로 인해 나타난 피해는 무엇인가? 그리고 그 피해로부터 구제할 수 있는 방안은 무엇인가?

세월호 참사가 일어난 원인에 대해서는 주로 침몰 후 현장의 대응체계 문제(김기환, 최종호, 최현규, 2014), 과적운항 등 해운행정의 문제(강영민, 2015), 해상 안전에 대한 제도 및 인식의 문제(Suk Kyoon Kim, 2015; Su Zhang & Jingui Wang, 2015) 등이 거론되었다. 즉 침몰 후 정부가 신속하게 대응하지 못했던 점, 청해진 해운 측의 방만한 운영으로 세월호가 애초에 여러 가지 위험 요소들을 갖고 있었던 점, 해상 안전기준에 대한 제도상의 문제 및 인식의 결함 등이 세월호 참사의 주요 원인으로 지적되었다. 특히 세월호 참사가 성장이 최우선시 되는 상황에서 안전이 뒷전으로 물러날 수밖에 없었던 한국 사회의 고질적인 병폐와 깊은 연관이 있다는 전문가들의 지적은 눈여겨 볼만하다. 그런 점에서 세월호 참사는 한국 사회의 가장 아픈 곳을 건드린 사건이며 오랜 시간 누적된 병폐의 필연적인 결과일 지도 모르겠다.

이것이 우리가 세월호 참사의 뼈아픈 교훈을 절대로 잊어서는 안 되는 이유이다. 하지만, 세월호 참사 이후 한국 사회는 476명 희생자의 피값을 통해 얻게 된 처절한 교훈을 과연 겸허하게 수용하고 적절하게 대처했는가? 오히려 세월호 참사 이후 사회는 더욱 분열되었고 커다란 갈등으로 몸살을 앓아야 했다. 김영욱과 함승경(2015)은 세월호 참사 이후의 과정을 크게 '구조 수습기', '원인 책임 규명기', '대책 수립기'로 구분하면서, 시기별로 유가족과 시민단체 및 진보언론의 목소리와 정부 및 보수언론의 목소리가 어떤 양상으로 대립되어 왔는지 분석하고 있다. 즉 '구조 수습기'에는 세월호 침몰의 위중함을 부각시키는 참사 담론과 재빠른 수습으로 무마하려는 사고 담론이 대치했다. '원인 − 책임 규명기'에는 참사를 둘러싼 의혹들을 확실하게 밝혀야 한다는 진상규명 담론과 경제적 보상을 통해 근본적인 책임을 회피하려는 보상 담론이 대립했다. 이어서 '대책 수립기'에는 세월호 참사는 여전히 끝나지 않은 사건임을 강조하는 기억 담론과 지나간 과거로 덮어두려는 피로감 담론이 공방을 벌인 것으로 나타났다.

이렇게 대립된 목소리들이 충돌하는 가운데, 세월호 참사 직후 유가족 측의 참사 담론을 지지하던 국민들은 시간이 경과되면서 점차 정부 측의 보상 담론과 피로감 담론 쪽으로 이동하는 양상을 띠게 되었다. 유가족과 함께 울면서 그들을 위로하고 힘을 실어주었던 국민들이 하나 둘 점차 자신의 삶의 자리로 복귀하면서 세월호 참사는 서서히 망각 속으로 사라져갔다. 하지만 대다수 국민들에게 이미 과거가 돼 버린 세월호 참사가 유가족에게는 현재진행형이며, 유가족의 눈물은 여전히 하루도 마를 날이 없다. 실제로 세월호 유가족 대부분이 분노, 죄책감, 우울, 무기력, 절망, 불안 등 극심한 외상 후 스트레스 장애를 겪고 있었으며, 상당수(76%)가 정상적인 일상생활로 회복되지 못하고, 과반수(54%)가 자살과 같은 극단적인 생각까지 한 것으로 나타났다(박기묵, 2015).

세월호 유가족의 고통을 좀 더 세밀하게 관찰한 질적연구들도 눈에 띄었다. 세월호 유가족들을 대상으로 한 현상학적 연구에서는 그들의 사별경험을 '충격', '자책과 분노의 연속', '하루하루가 절망과 고통', '몸과 마음이 기억함', '관계에서 함께 버팀'의 5개의 범주로 분류하였는데, 이를 통해 유가족들은 정상적인 삶 자체가 불가능할 정도로 고통이 매우 극심하다는 것을 알 수 있었다(신명진, 2016). 사실 언론을 통해 알려지는 세월호 유가족의 고통은 피상적인 수준에 그친다. 게다가 상당 부분 왜곡되거나 편향되어 보도되는 일도 많다(송상근, 2016). 그런 점에서 볼 때 세월호 유가족과 240일 간을 직접 동고동락하며 그들을 인터뷰한 기록인 「금요일엔 돌아오렴」(416 세월호 참사 시민기록위원회 작가기록단, 2015)은 주목할 만하다. 여기에는 시간이 흘러도 그날의 참상을 지속적으로 떠올리며 살아야 하는 심적 고통, 진실을 덮기에 급급한 국가에 대해 느끼는 분노와 무력감 등 기존의 언론 매체가 다루지 못했던 유가족들의 생생한 증언이 고스란히 기록돼 있다.

이와 같이 세월호 참사는 유가족에게 그 무엇으로도 보상받지 못할, 아무리 세월이 흘러도 전혀 희석되지 않을 큰 아픔을 남겼다. 이와 더불어 세월호 참사를 곁에서 지켜본 많은 국민들 역시 정도의 차이는 있지만 일종의 트라우마 경험을 했다고 할 수 있다. 그런 면에서 세월호 참사는 단지 생존자나 유가족들의 것만으로 환원되지 않는, 국가적인 트라우마라고 해도 과언이 아니다. 김왕배(2014)는 세월호 트라우마를 사회화할 것을 제안하면서 트라우마를 발생시킨 사회구조적 요인을 파악하고 제도개선 및 문화구축을 비롯한 구조적 변환이 무엇보다 중요하다고 지적한다. 이와 더불어 유숙(2016)은 세월호 참사 자체가 사람들에게 죽음에 대한 공포와 불안감을 건드렸다면, 참사 이후 적절하지 못한 대응 과정이 국가의 무능함에 대한 사회적 트라우마를 가중시켰다고 주장하고 있다.

그렇다면 우리는 앞으로 세월호 참사가 남긴 숙제를 어떻게 풀어나가야 할까? 김명희(2015)는 세월호 유가족들의 아픔을 정신과적으로만 치유하려고 하는 현상을 비판하면서, 중요한 것은 개별적인 의료적 처방이나 금전적 보상이 아니라 사회적 관계의 회복이라고 말한다. 즉 공동체 안에서 그들이 관계 및 역량을 회복해 나갈 수 있도록 돕는 사회적 치유의 관점이 무엇보다 중요하다는 것이다. 이와 더불어 세월호 유가족을 포함한 공동체가 충분히 상실의 아픔을 표현하고 애도할 수 있는 자리가 마련되어야 한다는 권명수(2016)의 주장도 주목할 만하다. 세월호 참사의 진실이 불편한 사람들은 재빠른 수습에만 열중하고 있으며, 심지어 유가족을 향해 이제 그만 울어도 되지 않느냐는 비난 섞인 시선도 존재한다. 하지만 세월호 참사는 그렇게 손쉽게 애도를 마무리할 수 있는 무게의 사건이 아니며, 더군다나 깊은 사회적 함의를 띠고 있는 만큼 공동체가 지속적으로 그 상실에 대해 이야기할 수 있어야 한다. 그리고 더 나아가 김왕배(2014)의 주장처럼, 희생자들이 더 이상 수동적 존재가 아닌 적극적 사회운동의 참여자로 주체화되어 일반 시

민들과의 사회적 연대를 향해 나아갈 때 개인적 치유는 물론 사회적 치유가
완성될 수 있을 것이다.

3. 연구 주제 및 질문 구체화하기

이상에서 살펴본 선행연구를 통해 세월호 참사의 원인이 안전을 우선시
하지 않고 위기 상황에 대한 대응체계가 부실한 우리 사회의 구조적 문제에
서 비롯된 것임을 알 수 있었다. 세월호 참사 직후 대다수의 국민들은 이와
같은 문제의식을 공유하면서 유가족의 슬픔에 동참하고 시민단체의 목소리
에 지지를 보내면서 세월호 사건에 깊은 관심을 보였지만, 시간이 흘러감에
따라 대다수의 언론에서 자취를 감춰버린 세월호 사건을 지속적으로 기억하
기란 쉽지 않았다. 그리고 세월호 참사로 인한 상실의 고통과 피해는 고스
란히 유가족과 일부 시민들의 몫으로만 남겨지게 되었다. 이에 비추어볼
때, 광화문의 세월호 광장은 세월호 참사에 대한 망각을 기억으로 되돌리고
자 하는 의지를 상징적으로 재현한 장소라고 할 수 있다. 세월호 광장은 보
수단체 및 정부의 사고 담론, 보상 담론, 피로감 담론에 맞서 유가족과 시민
단체들의 참사 담론, 진상규명 담론, 기억 담론 등을 활성화시키는 공간이
다. 또한 권명수(2016)가 말한 '애도의 자리'이기도 하고, 김왕배(2014)가 제
시한 바와 같이 유가족과 일반 시민들이 적극적인 사회운동의 주체로서 연
대함으로써 개인적이고 사회적인 치유가 실제로 진행되고 있는 자리이기도
하다.

본 연구는 세월호 유가족 측과 정부 측의 갈등이 첨예하게 대립하고 있
는 세월호 광장을 연구 대상으로 하여 그 광장이 현재 존재하고 있는 방식
은 무엇이며 그 이면의 문화적 역동은 무엇인지를 들여다보고자 한다. 연구
팀은 '문화기술지' 방법론을 활용함으로써 그들을 단지 외부자의 관점에서
취재하는 것이 아니라 내부자의 옷으로 갈아입고 그들의 삶을 함께 공유하
면서 좀 더 내밀한 접촉을 시도하고자 한다. 세월호 참사와 관련된 연구 중

에서도 '문화기술지'를 활용한 경우는 없었다는 점에서 본 연구는 학술적으로 새로운 시도라고 할 수 있다. 이와 더불어 세월호 참사의 이슈를 가장 생생하게 재현하고 있는 세월호 광장 연구는 대한민국의 가장 아픈 곳을 들여다본다는 점에서 사회적으로도 큰 함의를 갖는다.

문화기술지는 특정 사회집단이나 체계의 문화에 대한 기술과 해석을 하는 연구방법론이지만, 단순히 연구대상을 외부의 관점에서 관찰하는 것이 아니다. 연구자들은 현장에서 오랜 시간을 보내며 현실적인 세팅 아래에서 대상자들이 말하는 것뿐 아니라 행동하며 상호작용하는 모든 현상을 관찰하고 그 이면을 본질적으로 이해하려는 시도를 하게 된다. 이때 중요한 것은 연구대상을 어떠한 특정 이론적 관점이나 틀로 가두지 않고 개방적인 시선으로 바라볼 수 있어야 한다. 그리고 연구자 자신의 삶의 자리에서 바라보게 되는 주관적 시각이 연구에 어느 정도 영향을 미치겠지만, 이 외부자적 시각과 내부자적 시각을 유연하게 오가면서 적극적으로 대화할 수 있어야 한다. 그러한 연구자의 자리가 오히려 문화내적 경험에 이미 익숙해진 내부자의 시선에는 민감하게 포착되지 않는 것들을 발견하게 해 줄 수 있을 것이다. 아마도 처음에는 표층적으로 드러나는 현상들에만 주목하게 되겠지만, 이러한 관찰의 시간들이 축적되면서 점차 그 문화의 심연으로 들어갈 수 있게 되고, 결국은 문화의 깊은 의미와 맥락을 이해하게 되면서 보다 큰 그림을 그릴 수 있게 될 것이다.

연구팀은 이러한 문화기술지 방법론을 통해 세월호 참사 이후 광화문 한복판에서 2년이 넘는 세월 동안 분향소를 거두지 못한 채 천막을 치고 머물러야 했던 세월호 광장의 속사정을 들여다보고 싶었다. 대중에게 활짝 열려 있으면서도 보이지 않는 벽이 존재하는 듯한 그 안으로 뚜벅 들어가서 사람들의 진솔한 민낯을 만나고 싶었다. 우리가 감히 측량할 수조차 없는 상실의 아픔을 뒤로 하고 광장으로 뛰쳐나올 수밖에 없었던 유가족, 그들과 연대하여 세월호 참사의 진실이 밝혀지기만을 촉구하는 광장 속 시민들의 삶으로 들어가서 그들을 좀 더 깊숙하게 이해하고 싶었다.

이러한 기본적인 연구 주제 및 목적을 설정한 뒤, 연구팀은 연구 질문들을 좀 더 구체화시킬 필요성을 느꼈다. 연구 질문은 자료수집에서 분석과 해석의 과정을 이끌어가는 핵심이라고 할 수 있다(Creswell, 2015). 연구자들은 연구 대상에 대해 개별적으로 성찰하고 관련 내용을 조사한 뒤, 수차례의 토의를 거쳐 각자의 의견을 한 곳으로 모으는 작업을 했다. 구체적인 세부 질문을 도출하고 연구의 의미를 성찰하기 위하여 우선 다음 두 개의 큰 질문을 놓고 활발한 논의가 진행되었다. 첫 번째 질문은 "세월호 광장과 그 안에 계신 분들을 보면 어떤 의문들이 드나요?"로서 세월호 광장에 관한 연구 질문을 모으기 위한 것이었다. 두 번째 질문은 "이점들을 이해하면 개인적으로나 사회적으로 어떤 도움이 될까요?"로서 연구자에게 연구가 어떤 의미인가를 성찰해보기 위해 제시되었다.

연구자들의 질문을 취합한 결과, 질문들을 크게 열 가지 주제로 분류할 수 있었다. 분류된 주제는 '세월호 광장 활동의 참여목적', '참여 계기나 동기', '지속적 참여의 원동력', '현장에서 발생하는 어려움과 해결방식', '보람찬 순간', '세월호 광장의 특성', '2년여 간 활동 과정에서 나타난 현장의 변화', '장기적 전망', '생계/일상생활', '사회에 대한 신념 및 철학' 등으로 분류할 수 있었다. 문화기술지 연구 과정에서는 현장조사와 질문하기의 과정이 반복적으로 이루어진다. 그러므로 앞서 제시된 질문들을 바탕으로 현장조사를 한 후 기존의 질문들은 자연스럽게 수정되고 정교화될 것이다. 그럼에도 불구하고 우리 연구의 기본 질문은 '세월호 광장이 존재하는 방식과 문화적 작동원리는 무엇인가?', '세월호 광장이 우리 사회에 어떤 파장을 불러일으키는가?'가 될 것이다. 즉 본 연구에서는 문화기술지 방법론을 통해 세월호 광장을 근본적으로 작동시키는 문화적 역동을 이해하고, 그 문화적 힘이 이 사회의 역사적 흐름에 어떤 영향을 미치고 있는지를 들여다 볼 것이다. 그리고 이 연구를 통해 세월호 참사로 인한 국가적 트라우마를 치유하는 데 긍정적인 방향성을 제시할 수 있을 것이다.

03

연구현장 들어가기

질적인 문화기술연구방법론

03

연구현장 들어가기

성기정

문화기술지에서는 문화 공유 집단에 참여하여 집단의 구성원들과 함께 지내는 과정이 중요하다. 연구자는 객관적인 외부인의 입장에서 관찰만 하는 것이 아니라, 내부인으로 참여하여 해당 집단의 문화를 경험하고 성찰해야 한다. 연구자가 일상적으로 살아가던 익숙한 문화 집단이 아닌, 새롭고 독특한 문화 집단에 참여하는 것이기 때문에, 집단에 참여하기까지의 과정은 말처럼 쉽지만은 않다. 이 과정이 간단하지 않다는 사실은 문화기술지를 수행하는 연구자들이 이를 일종의 '입문' 과정으로 인식한다는 점(윤택림, 2004)에서도 추측할 수 있다. 별다른 준비 없이 자연스럽게 흘러가는 연구 단계는 아닌 것이다. 문화기술지가 아닌 다른 질적연구 방법론에서 이 과정은 연구 참여자들을 모집하는 과정에 해당한다고도 볼 수 있다. 다른 방법론들과의 차이점은 문화기술지의 경우, 연구 참여자들로 하여금 연구에 참여하도록 초대하는 것이기보다, 연구자인 우리가 그들의 문화에 참여할 수 있는지 허락을 구해야 한다는 것이다. 낯선 사람에게 초대장을 보내어 내집을 방문해주기를 요청하는 것과, 낯선 사람이 자신의 집에 외부인인 나를 초대해주기를 문 두드리며 요청하는 것에 비유될 수도 있겠다. 이전에 한 번도 만나보지 못한 외부인을 자신의 집으로 초대하는 일은 매우 어려운 일일 수 있다. 외부인이 친절할지 무례할지 잘 모르기 때문이다. 반대로 그 집에 들어가고자 하는 연구자의 입장에서는 집주인이 자신에 대해 어떻게 느끼고 평가할지에 대한 불확실성 때문에 불안할 것이다. 지금부터 우리 연구팀이 이와 같은 '입문' 과정을 어떻게 거쳐 연구현장에 들어가게 되었는지 차근차근 살펴보도록 하겠다.

1. 첫 방문, 그리고 게이트키퍼 찾기

연구를 위해 한 동안 머무르기로 결정된 '집'으로 세월호 광장이 선정된 이후, 우리는 이곳에 어떻게 들어갈지를 두고 고민하기 시작했다. 문화기술지 연구자들은 연구현장에 들어가기 위해 가능한 개인적 연계망을 통해 자신의 정체성과 신원을 공식적으로 확인해 줄 문지기와 같은 사람을 동원하는 방식을 권한다. 연구자가 어떤 특정 문화 공유 집단의 문턱을 넘기 위해서는 우선적으로 그 집단의 문지기 노릇을 하는 '게이트키퍼(gatekeeper)'와 접촉해야 하는 것이다. 연구자를 문화집단의 다른 참여자들에게 안내하는 역할(Creswell, 2011)을 하는 게이트키퍼와의 만남은 연구자가 연구 현장으로 진입하는 데 거쳐야 할 가장 중요한 관문이라 할 수 있다. 우리 연구팀 중 한 명이 안산에서 세월호 유가족들을 위한 봉사활동을 꾸준히 해오고 있었기 때문에 세월호 광장으로의 게이트키퍼가 되어 줄만한 분을 수소문했으나, 세월호 광장과의 직접적인 연결고리는 없었다. 그래서 우리는 일단 광화문에 자리한 세월호 광장 현장을 직접 방문하여 그곳에서 게이트키퍼를 찾아보기로 했다.

첫 방문은 9월 25일에 이루어졌다. 두 명의 연구자들이 함께 하였는데, 둘 중 한 명은 세월호 광장에 방문했던 경험이 있었으나 다른 한 명은 처음이었다. 하지만 이전 방문 경험이 있든 없든 세월호 광장으로 발걸음을 향하는 두 연구자 모두 긴장되는 마음은 동일했다. 방문 경험이 없던 연구자는 세월호 참사 사건을 아프게 기억은 하고 있으나 그리 큰 관심을 두지 않던 시민으로서의 입장에서 갈등하였고, 방문 경험이 있던 연구자는 연구자로서의 정체성을 갖고 현장에 들어가는 것에 대해 고민하였다.

약 2년 반 전의 세월호 사건은 나에게 아프고 무거운 그 무엇이다. 세월호와 함께 가라앉은 아이들과 그 아이들을 잃은 슬픔에 고통스러워 할 부모들이 떠오른다. 진실을 인양해야 한다는 그들의 계속되는 외침은 애도의 연장선상에서 이해되곤 했다. 그들이 간절히 바라는 '진실'에서 나는 그들의 고통을 혹은 고통만을 떠올린다. 정부와 맞서 싸우는 그들의 몸부림을 나는 그저 심리적인 것만으로 바라보는지도 모른다. 그저 그들의 아픔이 시간의 흐름과 함께 치유되기를 조용히 바랄뿐이었다. 너무 소극적인 생각이 아닌가 하는 죄책감도 올라온다. 노란 리본이라도 달고 다닐까 싶었지만 노란 리본은 또 '정치적'이라는 느낌에 달지 않았다. 그 사건 앞에 나는 '소시민'으로서의 무력감을 느꼈다. 도대체 '정치적'이라는 것이 무엇이길래. 그리고 시간의 흐름에만 묻어두고 맡긴 채 나는 나의 삶을 살았었다. (중략) 이제까지 불편해하며 거리를 두었던 공간에 가본다는 것이 조금은 낯설게 느껴진다. (2016. 9. 25. 연구자 5의 필드 노트)

이전에도 가본 적은 있지만 이번에는 어떤 목적(연구의 목적)을 가지고 간다는 것이 마음이 불편하다. 우리가 연구하게 된다면 그 연구가 정말 유용한 것이 될까? 허락이 될까? 배척하지는 않을까? (중략) 우선 분향소로 갔다가 주변을 둘러보았다. 걱정이 여전히 되었지만 조금 용기가 생겼다. 둘러만 보고 가야 하나, 누군가와 이야기를 나누어야 하나? 이야기를 한다면 누구와 이야기를 해야 하나? 질문들이 들었다. 분향소는 여러 감정을 다시 불러일으켰다. 그리고 마음이 무거워졌다. (2016. 9. 25. 연구팀장의 필드 노트)

미디어를 통해 세월호 참사를 목격한 한 명의 일반 시민으로서 경험된 이와 같은 여러 생각과 감정들은 세월호 참사가 국민들에게 어떠한 영향을 미치고 있는지를 보여주었다. 동시에 이는 다소 '딱딱'해 보이는 연구자라는 입장에서 세월호 광장의 문을 두드리는 것에 대한 심리적 갈등과 고민을 불러일으키는 역할을 하기도 하였다.

그 날 세월호 광장 건너편에서는 "서울 차 없는 날" 행사를 크게 하고 있었고, 그 반대편에서도 다른 축제 행사가 진행되고 있었다. 밝은 분위기의 축제들 사이에 세월호 광장이 자리하고 있고, 그 바로 옆에 있는 이순신 동상 앞 분수대에는 물놀이에 신이 나 뛰어다니는 아이들과 부모들이 있었다. 이와 같은 주변 풍경들을 바라보고 있자니 세월호 광장이 이를 둘러싼 다른 여러 광장 문화들과 어떠한 상호작용을 해왔을까 궁금해지기도 했다. 세월호 광장 입구 쪽에는 정부가 세월호 특별조사위원회 활동을 진실 규명이 이뤄지지 않은 상태에서 종료하려는 상황을 설명하는 글이 적혀있었다. 그리고 진실 규명을 돕기로 약속한 각 당의 정치인들의 성명 목록과 함께 끝까지 약속을 지켜줄 것을 이들에게 요청하는 글도 있었다. 맨 앞에 있는 부스에서는 사람들이 지나가는 사람들에게 이를 구두로 설명해주고 특조위 지지 서명을 받고 있었다. 세월호 광장 한 가운데에는 은빛 돗자리가 깔려 있었는데 사람들은 그곳에 단식 농성 조끼를 입고 삼삼오오 모여 앉아 세월호 리본을 만들고 있었다.

연구팀은 제일 먼저 분향소에 들어가서 기도를 하고 나온 뒤, 서명 부스로 향했다. 부스에 있는 자원봉사자 여성분은 세월호 참사와 관련된 여러 상황들을 차근차근 설명해주셨다. 그리고는 "앞으로 더 이상 이런 참사가 일어나지 않아야 되잖아요"라는 말과 함께 세월호 특조위 지지 서명을 부탁하셨다. 서명을 하고 나서 다소 떨리는 마음으로 우리가 어디서 왔으며, 어떻게든 도와드릴 방법이 없는지, 그리고 세월호 광장을 주제로 한 연구에 관심을 갖고 있음을 알렸다. 하지만 연구 이야기는 왠지 민감한 주제일 수 있다는 생각에 자세하게 말씀드리지는 않았다. 그분은 환영한다는 듯한 미소 띤 얼굴로 세월호 광장 상황본부로 안내해주신 뒤, 그곳에 계신 한 남성분께 더 자세한 안내를 부탁하고 다시 부스로 가셨다. 남성분은 세월호 광장의 활동을 돕는 어느 대학생 단체의 담당자였다. 연구팀은 그분께 연구에 관한 자초지종을 설명 드리며 이 공간에서 연구를 진행하는 것 자체가 아무래도 민감할 것 같은데 어떻게 생각하시는지 물어보았다. 그분은 416 연대 연락처가 적힌 팜플렛을 건네주시며, 416 연대에 연락하여 연구 동의를 구해 볼 것을 제안했다. 연구팀은 감사하다는 말과 함께 그 공간을 떠났다.

아쉽게도 첫 방문에서 게이트키퍼를 찾을 수는 없었다. 하지만 세월호 광장에 첫 발을 들여놓는 과정에서 세월호 참사에 대해 기존에 갖고 있던 생각들을 마주할 수 있는 계기가 되었다. 문화기술지를 비롯한 질적연구에서 연구자가 자신을 둘러싸고 있는 사회적·역사적 상황으로부터 어떠한 영향을 받고 있는지에 대해 인식하고 성찰하는 것은 매우 중요하다. 일반적으로 실증적 연구에서는 연구 주제가 연구 수행 당시의 사회적·역사적 상황, 그리고 연구자와 무관해야 하는 것으로 간주된다. 그러나 실제로는 어떤 연구도 그 시대의 사회적 필요나 요구, 문제의식 없이 이루어질 수 없고, 아무리 순수한 자연과학 연구라 해도 연구는 항시 그 시대의 사회적 상황과 깊은 연관이 있다. 연구가 진행되는 당시의 학문적 패러다임과 연구자가 속한 사회의 정치적·경제적 상황은 연구자의 문제의식, 연구자가 던지는 질문의 성격과 범위에 영향을 미치게 된다(윤택림, 2004). 따라서 자신이 연구 주제와 관련하여 어떠한 입장을 취하고 있는지를 계속해서 점검하는 것은 연구자에게 요구되는 작업이다.

또한, 세월호 광장이 참여관찰에 적합한 공간임을 직접 확인할 수 있었다. 연구자가 원한다고 해서 모든 지역과 문화를 연구할 수 있는 것은 아니다(윤택림, 2004). 인적이 드물거나 경제적 불안이 심하고, 정치적으로 불안정한 곳에서는 참여관찰 또는 현지조사가 매우 위험할 수 있다. 설령 연구자가 자신이 원하는 문화 지역에 발을 들여놓을 수 있게 되었다 해도, 해당 집단 구성원들이 외부와 접촉해온 역사, 문화 공유 집단 내에 형성되어 있는 사회적 관계, 성역할 관계, 의식주, 정치, 경제 상황, 종교 등이 연구자와 집단 구성원들 간의 관계 형성에 큰 영향을 미친다. 첫 방문에서 확인한 세월호 광장은 출입이 자유롭고 공개된 공간이라는 점에서 연구자에게 위험한 장소는 아니었다. 세월호 광장 자원봉사자뿐 아니라 관광객, 행인 등 다양한 사람들이 오갔다. 비록, 연구 후반부에는 '최순실 국정농단'으로 인해 주말마다 다수의 시민들이 시위를 하게 되면서 현장의 상황이 급변하기도 하였으나, 현장이 위험하거나 참여관찰에 제약이 생기지는 않았다. 그리고 무엇보다 중요한 점은, 세월호 광장의 사람들이 친절하고 협조적이었던 덕분에 게이트키퍼를 구할 수 있는 416 연대를 소개받을 수 있었다는 것이다.

2. 연구자로서의 정체성 수립하기

똑. 똑. 똑. 낯선 사람들이 살고 있는 집 앞에 서서 문을 두드리는 순간을 상상해보자. 어떤 생각들이 머릿속을 스쳐 가는가? '친절하게 웃으면서 소개해야 할까?' '무섭고 불친절한 사람이 나오면 어떡하지?' '나를 누구라고 소개해야 하지?' '나를 어떤 사람으로 생각할까?' 등등 여러 생각들이 떠오를 것이다. 하지만 이 가운데 가장 중요한 것은 자기 자신을 누구라고 소개해야 할지와 상대가 나를 어떻게 생각하는가에 관한, 즉 정체성의 문제이다. 낯선 사람을 처음 만났을 때는 무엇보다 첫 인상이 매우 중요하다. 마찬가지로 연구 현장에 있는 사람들에게 있어 연구자가 남자인지, 여자인지, 어느 나라 사람인지, 나이가 얼마나 되는지, 결혼을 했는지, 아이가 있는지, 교육 수준이 어느 정도인지 등은 연구자를 판단하고 인식하게 되는 가장 기초적인 사항들이다. 이와 같은 것들은 연구자가 어떤 사람인지, 다시 말해 연구자의 정체성을 구성하고, 이 정체성은 연구자가 현장에 있는 사람들과 만나 상호교류할 때, 관계 형성에 상당한 영향을 끼치게 된다.

첫 방문에서 연구팀은 연구자로서의 정체성이 명확하지 않았다. 그래서 더 불안했다. 세월호 광장에 처음 방문했을 때, 연구에 대한 이야기를 꺼내는 것조차 망설일 정도였다. 오랜 기간 동안 세월호 광장에 참여하는 이들의 대부분은 광장의 활동을 돕는 자원봉사자들이다. 이런 상황에서 자원봉사자가 아닌, 연구자 정체성으로 세월호 광장에서 지낸다는 것이 연구팀에게뿐 아니라 광장에 있는 사람들에게 어떠한 의미를 지니게 될지 잘 상상이되지 않았다. 우리 연구팀은 구체적으로 어떠한 연구자일까? 세월호 광장에 있는 사람들에게 연구자로서의 우리는 어떠한 사람들로 인식될까? 연구팀의 정체성이 그들과의 관계 형성에서 어떠한 역할을 하게 될까? 연구팀은 이러한 부분들에 대해 함께 의논하는 과정을 거쳤다.

연구팀은 성별, 연령, 결혼유무, 자녀유무 등의 측면에서 다양한 특성들을 지닌 연구자들로 구성되어 있다. 연구자 각각이 지닌 이러한 서로 다른 특성들은 연구 현장에 들어가서 참여관찰이 본격적으로 진행될 때, 그 공간에 있는 사람들과의 상호작용에 영향을 줄 수도 있다. 즉, 연구자의 특성에 따라 연구자가 문화 공유 집단원들과 나누는 대화 내용이나 행동방식에 차이가 생길 수도 있었다. 실제로, 한 예로, 결혼하고 자녀가 있는 연구자의 경우 자녀를 둔 어머니인 세월호 광장 사람들과 자녀에 대한 이야기를 나누고, 친밀감을 형성하게 되는 경우가 있어 관계를 맺기에 용이하였다. 다양한 특성의 연구자들이 있다는 것은 그만큼 다양한 집단 구성원들과 관계를 형성할 수 있는 조건이기도 하다는 점에서 장점이라고도 볼 수 있다. 하지만 연구자들 간의 서로 다른 특성이 연구 주제나 내용에 영향을 미치는 것은 우려되는 부분이었다. 연구자들은 한 연구팀으로서의 공통된 정체성을 설정해야 했다.

연구팀은 연세대학교 연합신학대학원에서 상담코칭학을 전공으로 공부 중에 있는 대학원생들로 이루어져 있다. 상담 센터에서 상담 훈련을 받고 있기도 했다. 신학대학원의 상담코칭학 전공생이라는 이와 같은 공통된 정체성은 시대의 아픔과 고통을 경험하고 있을 '세월호 광장'을 연구 주제로 선정하게 하는 데 영향을 주기도 하였다. 논의 과정에서 세월호 광장의 특성상 그 공간에 있는 사람들과 애도 과정을 함께하며 이들에 대한 정서적 돌봄을 지원하고 싶은 마음이 생길 수 있다는 점을 고려하였다. 상담자의 입장에서 상담적 접근을 하게 될 가능성이 있는 것이다. 세월호 광장의 자원봉사자들에게 상담자로서 다가가게 되는 경우, 그들과 관계를 형성하는 것이 수월할 수는 있을 것이다. 연구팀이 제공할 수 있는 이점이 뚜렷해지기 때문이다. 하지만 상담자의 입장에서 그들과 관계를 형성하게 되면 내부자가 아닌 외부자로서 그들과 상호작용하게 되는 것이고, 아무래도 전체적인 문화 현상보다는 개인의 심리적 어려움에 초점을 맞추게 될 수 있다. 이러한 딜레마를 두고 연구팀은 연세대학교 상담코칭학 전공 대학원생으로서 연구팀을 소개하되, 세월호 광장이라는 문화 공유 집단에 내부인으로서 참여하기로 합의하였다. 즉, 문화 현상에 대한 객관적 관찰을 진행하는 연구자로서뿐 아니라 자원봉사자로서 세월호 광장에 참여하기로 하였다.

이러한 논의 과정을 거치고 나니 어떠한 연구 주제에 초점을 맞춰야 하는지, 상담자로서의 정체성은 어떻게 다뤄야 할지, 문화기술지 연구자가 견지해야 하는 태도는 무엇일지 등에 대한 의문들이 어느 정도 해소될 수 있었다. 이제 416 연대 사무실에 연락하여 방문할 차례가 되었다. 방문하기에 앞서 연구 주제와 의의 그리고 연구자의 정체성에 대해 소개하는 편지와 문서를 작성하였다. 또한 문화기술지 연구방법론에 대한 자세한 소개와 연구 윤리에 대한 내용도 준비하여 문서화하였다. 특히 Creswell(2011)이 소개한 Bogdan과 Biklen의 질문들을 고려하였다. 질문들에는 '연구를 위해 왜 이곳을 선택하였는가' '연구 기간에 이곳에서 무엇이 이루어질 것인가' '연구자들은 이곳에서 얼마나 많은 시간을 보낼 것인가' '연구자의 존재가 혼란을 가져올 것인가' '결과는 어떻게 보고할 것인가' '게이트키퍼, 참여자, 그리고 문화집단은 연구로부터 무엇을 얻게 되는가' 등이 있었다.

3. 게이트키퍼 소개받기: 416 연대 사무실

게이트키퍼를 만날 수 있기를 바라는 마음으로 일곱 명의 연구자들은 9월 29일에 416 연대 사무실을 방문했다. 416 연대 사무실은 을지로에 위치해 있는데, 모든 연구자들이 공통적으로 찾아가는 길이 쉽지 않았다고 보고하였다. 큰 도로에서는 보이지조차 않는 깊숙하고 후미진 골목 모퉁이 2층에 자리하고 있었다. 건물은 1970~80년대를 연상시킬 정도로 오래되고 허름했다. 건물 밖에서 보이는 노란 리본은 그곳이 416 연대 사무실임을 알려주고 있었다. 다 같이 모여 사무실로 들어가기 전에 연구팀장은 연구팀이 함께 준비한 연구 소개서를 읽으며 연구팀원들 모두가 숙지하고 기억해야하는 사항들을 다시금 환기하였다. 또한 사무실에 들어가서 조심하면 좋을 것들을 서로 나눈 뒤, 2층으로 올라갔다.

사무실 문을 조심스레 두드린 후 열자, 생각보다 넓은 공간이 눈앞에 펼쳐졌다. 칸막이 너머로 책상들이 여러 개 놓여 있었다. 노란 리본과 세월호를 상징하는 각종 물품들이 곳곳에 있었던 것을 제외하면 여느 사무실과 비슷한 풍경이었다. 광화문 세월호 가족농성장 상황실장은 연구팀장으로부터 방문목적에 대한 간략한 설명을 들으시고는 가장 안쪽에 위치한 방으로 안내해주었다. 타원 모형의 테이블이 놓여 있는 걸로 보아 회의실인 듯 했다. 연구팀은 그분께 문화기술지 연구와 관련된 자세한 이야기와 사무실을 방문하게 된 이유에 대해 설명했다. 여러모로 긴장하며 조심하는 우리와는 달리, 이야기를 듣는 상황실장은 연구를 매우 유연한 태도로 받아들이며, 그어떤 것도 다 자신들에 대한 관심이라며 고맙다고 하였다. 그는 세월호 참사가 있은 뒤 2년 6개월이란 시간 동안 정말 많은 사람들이 이곳에 왔다고 했다. 여기에는 우리처럼 학교에서 연구 활동을 하는 대학원생들을 비롯하여 일반 시민들, 특히 세월호 참사로 목숨을 잃은 수많은 고등학생 아이들의 사연에 가슴 아파하는 엄마들도 있었다. 엄마들은 심지어 해외에서까지 이곳을 찾아오기도 했다. 상황실장은 이 엄마들의 활약을 가장 인상 깊게 설명하였는데, 이들은 하루 12시간 동안 리본을 만들고, 분향소에서 대리상주의 역할을 해주었다. 또한 횡단보도를 건너려는 시민들의 발걸음을 붙들고 짧은 시간 동안 설득을 하며 서명받는 일을 마다 않고 도와 왔다고한다. 그러나 요즘은 특조위 해산 이후 세월호 광장이 예전에 비해 많이 썰렁해졌다면서 아쉬워했다.

상황실장은 연구와 관련하여 세부적인 관심 주제를 듣기도 전에, 연구팀이 세월호 유가족들을 만나 그들의 이야기를 듣고 싶은 것인지, 광화문 광장에서의 여러 활동에 참여하고 싶은 것인지 등을 자세히 물어보았다. 이전에 이미 많은 사람들이 이곳에서 세월호 참사를 주제로 연구해 왔고, 그러한 사람들과 만나본 경험이 많아서인지, 연구자로서의 우리가 대략 어떠한 것들을 기대하고 원하는지 알고 있는 듯 했다. 연구자가 그들에게 낯선 정체성이 아니어서, 그리고 무엇보다 환영받는 분위기여서 안심이 되었다. 또한 특별히 우리가 주의할 점은 없는지 물어보니, 크게 주의할 점은 없고 그냥 현장 분위기에 맞춰 편안하게 행동하면 된다고 하였다. 더욱이 연구자들을 직접 만나 보니 크게 우려 되지 않는다는 말을 덧붙이기도 했다. 연구자로서의 첫인상이 신뢰를 주는 데 좋은 쪽으로 역할하게 되어 다행이라는 생각이 들었다.

우리는 세월호 광장 활동에 참여하는 동시에, 광장에서 일어나는 문화현상을 관찰하고, 우리 자신 안에 일어나는 생각 및 느낌을 성찰하여 기록으로 남기고자 한다고 이야기했다. 그리고 이를 수행하는 데에는 인터뷰와 촬영, 여타의 기록 작업들이 병행될 것이라고 말하였다. 가능한 한 빠른 시일 내에 세월호 광장에 참여하여 연구를 진행하기를 원한다는 우리의 입장에 대해, 그는 세월호 광장의 상황실장을 소개해 주겠다고 하며 명함과 연락처를 건네주었다. 드디어 세월호 광장에 자유로운 출입을 허락해줄 수 있는 게이트키퍼의 연락처를 받은 것이다. 우리는 게이트키퍼를 만나기 위해 바로 다음날인 9월 30일에 광화문 광장을 방문하였다.

4. 게이트키퍼와의 만남

2016년 9월 30일. 연구팀은 게이트키퍼를 만나 최종적으로 연구 동의를 받기 위해 세월호 광장을 방문하였다. 416 연대 사무실에 방문할 때와 마찬가지로 연구계획서와 연구동의서를 가져갔다. 과연 게이트키퍼가 우리에게 세월호 광장의 문을 열어줄 수 있을지 다들 긴장했다. 이 날은 광장 옆 편에서 스케이트보드 쇼 행사가 진행되고 있었다. 광장 길이 그리 좁지 않음에도 불구하고, 다른 사람들과 밀착하여 걷게 될 정도로 많은 사람들이 있었다. 세월호 광장 한 가운데에는 은박 돗자리가 놓여 있었는데, 검정색 천에 구호 문구가 새겨진 조끼를 입은 사람들이 돗자리 위에서 대화를 나누고 있었다. 그 돗자리 주변으로 포스터들이 놓여 있었고, 미수습자들의 사진은 천막 하나에 크게 붙어 있었다.

연구팀원들 중 세월호 광장 방문이 처음인 사람도 있어서 먼저 첫 방문 때처럼 분향소에서 추모 시간을 가졌다. 안타깝게 목숨을 잃은 이들을 기억하는 이 분향소가 세월호 광장의 가장 중요한 공간이라고 생각했기 때문이다. 분향소에는 세월호 참사로 인해 목숨을 잃은 수많은 이들의 얼굴이 담긴 사진이 붙어있었다. 테이블 위에는 향이 피워져 있었고, 왼쪽에는 흰색 국화가 놓여있었다. 꽤 오랜 시간 묵념을 하고난 뒤, 벗어 둔 신발을 다시 신고 나왔다. 세월호 광장 상황실장님께 연락을 드린 후, 분향소 맞은편에 위치한 상황실 앞에서 인사를 드렸다. 다소 마르고 왜소한 체구에, 웃음과 인상이 선해 보이는 분이었다. 그분은 우리를 광장 가운데 위치한 은박 돗자리로 안내했다. 우리는 모두 신발을 벗고 둥글게 모여 앉았다. 상황실장은 416 연대 관계자로부터 우리가 문화기술지 연구 차 방문하게 되었다는 사실을 간략하게 전해 들었다고 말하며, 연구에 필요한 것이 무엇인지 물어보셨다. 우리는 문화기술지 연구에 대해 더 구체적으로 설명을 드리고, 연구 계획서와 동의서를 전달했다.

그리고는 세월호 광장에서 연구를 진행할 때 유의해야 하는 사항들은 없는지에 대해 물어보았다. 그는 연구 전반에 대해 우호적인 태도를 보이며, 이곳이 모든 사람들에게 열려 있는 공간이라는 것을 강조하였다. 그리고 뉴스에 나올 일들만 아니면 무엇이든 해도 좋다고 말했다. 하지만 우리가 연구할 때 필요한 녹화 및 녹취 작업에 대해 이야기를 꺼내자, 다소 긴장된 표정으로 바뀌며 경계하는 모습을 보였다. 그는 이곳이 도청되고 있으며, 여러모로 예의 주시되고 있는 상황이라고도 했다. 사진 기록 등을 조심해야 하고, 우리의 의도와 달리 각종 데이터가 왜곡되어 전달될 가능성이 있으므로 가급적 SNS(Social Network Services)의 사용은 피해 달라는 등의 이야기도 전했다.

따뜻하고 우호적이었던 게이트키퍼의 태도가 갑자기 경직되고 굳어질 때 연구자 역시 당황하게 될 수 있다. 실제로 우리는 순간적으로 당황했다. 아예 녹취가 불가능한 상황이 생기면 연구에 차질이 생길 수도 있는 것이었다. 하지만 상담자적인 태도가 도움이 되었던 것일까. 우리는 그가 이렇게 경계하게 되기까지의 심리적 어려움에 공감하였다. 보안에 대한 실제적 위협이 염려되어 당부하는 것도 있지만, 한편으로 기존에 이와 같은 이슈로 얼마나 속상하고 힘든 일이 많았을까를 떠올렸다. 그는 아마도 현장에서 그동안 힘들었던 이야기들을 토로하고 싶었던 것일 수도 있다. 그것은 우리에 대한 경계가 아니라, 누구도 믿지 못하게 만든 이곳에서의 경험들로 인해 생긴 우려였다. 모든 일반 시민들에게 열린 공간이기 때문에 참여를 원하는 사람들을 적극 환영하면서도, 다른 한편으로 이곳에서 겪었던 수많은 일들로 인해 경계하는 태도를 가질 수밖에 없게 된 것이다. 여러 사건들 중 한 예로, 하루에도 몇 번씩 찾아와 세월호 광장에서의 활동을 반대하고 방해하며 행패를 부리는 사람들 때문에 매우 지쳐있다고 말했다.

이러한 세월호 광장 사람들의 암묵적인 경계는 이 공간에서 형성되는 문화에 알게 모르게 영향을 주고 있을지도 모른다는 생각이 들었다. 즉, 이 역시도 우리 문화기술지 연구에 중요한 내용 중 일부일 수 있는 것이다. 아울러, 이와 같은 어려움에도 불구하고 문화가 지속될 수 있었던 힘은 무엇일까도 문득 궁금해졌다. 연구팀은 이처럼 문화기술지 연구자로서의 정체성과 연구 초점을 최대한 유지하고 상담자적인 태도로 공감하면서 게이트키퍼와의 관계를 형성하였다. 또한 상황실장이 당부한 내용들을 숙지할 것을 약속하며, 새롭고 낯선 공간에 들어가기 위한 마음의 준비를 단단히 하였다. 그리고 마침내 세월호 광장에서의 참여관찰에 대한 최종적인 허락을 받았다. 게이트키퍼가 드디어 문을 열어준 것이다. 우리는 이렇게 총 세 번의 방문을 거쳐 게이트키퍼와 만난 끝에, 다음 방문부터 본격적으로 참여관찰을 시작할 수 있게 되었다.

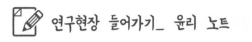
연구현장 들어가기_ 윤리 노트

김선미

　세월호 광장에서 진행될 연구원들의 참여를 위하여 416 연대 측으로부터 세월호 광장의 게이트키퍼에 해당하는 상황실장님을 소개받았다. 이후, 그 분을 찾아가 연구의 목적 및 연구자들을 소개하고, 연구 허락을 받았다. 상황실장님께서는 연구 동의를 받으러 갈 당시의 세월호 광장 상황과 분위기에 대해서 설명해주셨다. 특별히 광장에서 관찰을 하는 동안 연구자들이 주의해야 할 점에 대해서 알려주셨는데, 이는 실제적으로 연구를 진행하는 데 있어서 많은 도움이 되었다. 세월호 광장은 정치적으로나 사회적으로 이목이 집중되는 장소인 만큼 그동안 사진 등을 이용해 악용을 당한 사례가 있었다고 한다. 그래서인지 상황실장님을 비롯한 봉사자 분들은 사진과 같은 기록물에 대해서 민감해하셨다. 따라서 평소 참여관찰 시에는 간단한 메모를 통해 관찰 내용을 기록하였고, 녹음과 사진촬영은 필요한 경우 봉사자에게 미리 양해를 구하여 동의를 하는 경우에만 하기로 하였다.

　연구에 대한 사전 동의를 받음으로써 봉사자는 연구에 대한 반발 또는 부담 등을 예방할 수 있었다. 그리고 참여하는 연구자들 또한 보다 편한 마음으로 현지에 참여할 수 있었다.

참여관찰 진행하기_ 윤리 노트

김선미

광장에서 참여관찰을 시작하는 연구자에게는 혹시나 말이나 행동에서 실수를 하지는 않을까 하는 염려가 있었다. 그리고 연구 초반에는 봉사자와 연구 참여자 사이에 어색함이 있기도 하여 연구자들은 묵묵히 노란 리본 만드는 일에 집중하기도 하였다.

리본공작소를 운영하는 운영진들은 이번 연구가 진행됨을 알고 있었는데, 이것 때문인지는 몰라도 참여관찰을 진행한 초반에는 서로 어색함을 느끼기도 하였다. 동시에 연구자들은 이곳에서 일어나는 일들을 기록으로 남겨야 한다는 생각에 관찰에 집중하고, 이를 의식하다보니 스스로 좀 더 어색함을 느끼기도 했다.

참여관찰이 계속되면서 연구자와 연구 참여자들도 차츰 광장에서의 함께하는 시간이 익숙해졌다. 많은 시간을 참여관찰했던 장소인 노란리본공작소의 경우, 일정 시간 고정적으로 자리를 지키는 자원봉사자들이 계셨는데, 이들 또한 연구팀의 연구 사항을 알고 참여관찰을 자연스럽게 받아들여 주었다. 연구자들은 일정 시간을 세월호 광장에서 머무르며 리본을 만들고 서명을 받고, 커피를 내리며 자연스레 세월호 광장의 많은 자원봉사자들과 어우러져 자리를 지키게 되었다. 시간이 지남에 따라 더 많은 분들이 연구팀의 연구 사항을 알게 되면서 자신들의 깊은 속마음을 나누어 주기도 하였다.

참여관찰을 하면서 각 연구자마다 주로 머물렀던 시간 동안 자주 만나게 되는 연구 참여자들이 있다. 얼굴을 자주 보게 되는 만큼, 더 깊은 친근함을 느끼고 친밀감을 맺게 된다. 친밀해지는 만큼 깊은 속마음도 들을 수 있게 된다. 연구 참여자와 연구자 간에, 어떤 연구자가 참여자를 인터뷰하는가에 따라 나누는 이야기와 질문이 달라질 수 있는데 이는 수집하는 정보와 그에 따른 연구 결과에도 영향을 미칠 수 있다. 연구자는 주제보자와의 친밀감이 높아질수록 이것이 정서적 교류의 나눔인지, 어느 정도의 객관적 거리를 유지한 채 연구를 위한 정보를 얻고 있는 것인지를 구

분하여야 한다. 그리고 연구 참여자가 연구자와의 교류에서 감정적으로
상처를 입을 수도 있음을 살필 수 있어야 한다.

04

들어가 살펴보기_참여관찰

질적인 문화기술연구방법론

04

들어가 살펴보기_참여관찰

차재옥

참여관찰(participant observation)은 사전적 의미로 일정한 기간 동안 소규모의 사회집단에 참여하여 같이 활동함으로써 집중적으로 그 집단을 연구하는 방법이다(고영복, 2000). Lindeman에 의해 그 이름이 명명되었으며 쉽게 말해서 '직접 참여하고 동시에 관찰하는 방법'이라고 정의내릴 수 있다. 인류학자에 의해 처음 시작된 참여관찰의 문화기술지적 방법은 현지인의 일상생활에 참여하면서 그 일상을 관찰한다는 면에서 여타의 질적연구와 다른 차별성을 갖는다. 가령 문화기술지의 정수를 보여주는 저서로 Benedict의 『국화와 칼』이나 『문화의 패턴』 등과 같은 연구는 여타의 다른 문화, 혹은 원주민들과 직접 거주하고 생활하면서 관찰의 폭을 넓히고 현지민의 삶을 이해하는 과정을 생생히 보여준다. 그들 '삶의 리듬 속으로 들어가 함께 공존하는 것'이다(윤택림, 2013). 우리나라에서 문화기술지의 대표적인 저술로 조은의 『사당동 더하기 25: 가난에 대한 스물다섯 해의 기록』과 같은 연구가 있는데, 연구는 25년이라는 기나긴 시간 동안 3대에 걸친 가족사를 통해 한국사회의 구조적 모순과 '가난의 대물림'에 대한 현상을 환기시켜 보여주었다는 면에서 문화인류학과 질적 연구사에 있어 비중 있는 의의를 지닌다.

그런데 문화기술지 연구는 그 방법에 대한 생소함과 직접적인 현장 참여에 따른 긴장감, 장소선정 및 절차상의 복잡함 등 여러 가지 이유로 연구자에게 시간적, 공간적, 물리적, 심리적 영역의 부담을 줄 수 있다. 본 연구팀 역시 연구주제를 결정할 무렵, 참여관찰이 가능한 대상에 접근이 용이하고 그 사회적 상황이 빈번하게 일어나야 한다는 여러 전제로 인해 주제 선정에 고심하였다. 연구지 선정에 있어 연구자들의 심리적 중압감이 더 크게 작용하기도 하고 따라서 쉽게 참여를 결정하는 데에 어려움을 느꼈다. 그만큼 문화기술지는 연구자의 시간과 노력이 많이 투여된다는 면에서 첫 시작부터 이에 대한 지식을 갖추고 각오를 다지며 연구대상과 연구지에 몰입하고자 하는 자세가 요구된다.

　연구팀의 공식적인 참여관찰은 2016년 10월 6일부터 11월 9일까지 5주의 기간 동안 현장에 참여하여 관찰하는 것으로 시작되었다. 이를 세분화하면 앞선 2주의 시간은 참여관찰, 이후 3주는 집중관찰의 기간으로 상정하였고, 심층 인터뷰는 집중관찰 중에 이루어지거나 그 이후까지 연장되었다. 참여관찰은 월요일부터 토요일까지 두 명 이상의 연구자가 한 조를 이루어 2시간 이상의 활동과 관찰을 기록하는 방식으로 진행되었다. 하여 매일매일 바뀌는 연구자들의 상황으로 인해 연구의 주요 대상 공간인 '노란리본공작소'의 자원봉사자들과 연속적인 라포(Rapport)를 형성하는 데에 다소의 어려움이 있었다. 봉사자들의 입장에서 볼 때 매일 바뀌는 여러 연구팀원들과 고른 친밀감을 갖기 어렵고 여러 사람을 일일이 익혀나가기도 불편할 것이기 때문이다. 여러 연구자들을 대해야 하는 자원봉사자들의 피로감을 염두에 두어야 했으므로 연구자들은 말투나 행동에 있어 최대한 봉사자들 속에 자연스럽게 스며들기 위한 노력과 자세가 필요했고 따라서 연구자 상호 간에 정보공유가 요구되었다. 이번 장(章)에서는 세월호 광장에서 참여관찰을 하는 연구자의 자세와 참여관찰을 통해 얻기로 한 목표 설정의 과정, 그리고 관찰의 직접적인 기술(skill)과 이를 서술하는 기술(description)에 대해 언급하기로 한다.

1. 노란리본공작소 입문하기

참여관찰은 우선, '현지에 들어가기(entry)'라는 입문과정을 거쳐야 하는데, 이때에 가능한 개인적 연계망을 통해서 자신의 정체성과 신원을 공식적으로 확인해 줄 사람을 동원하는 것이 현명하다(윤택림, 2013). 인류학의 문화기술지 연구에서 마을의 터줏대감이나 영향력이 있는 사람과의 접촉을 통해 현장에 입문하는 과정을 경험하는데 이러한 영향력을 지닌 사람들을 보통 '게이트키퍼' 혹은 '문지기'로 표현한다(Creswell, 2010). 하여 이들과의 소통과 접촉의 과정은 대상지에 입문하는 공식적인 통과방식으로도 해석할 수 있다. 앞 선 장에서 본 연구 역시 이러한 과정이 선행되었음을 설명하였다. 광장의 관제탑이라 할 수 있는 '416 연대' 사무실에 이어 광장의 책임자를 소개받는 2, 3단계의 과정을 거쳐 세월호 광장에의 입문이 가능하였다. 그런데 광장의 게이트키퍼라 할 수 있는 '상황실'을 거치면서 연구팀의 신원이 공개되고, 참여관찰 장소인 공작소 내의 봉사자들에게 연구자들의 활동이 소개되었음에도 막상 참여관찰의 처음은 연구자들이 광장 주변을 기웃거리는 것에서 시작되었다. 광장의 상황실을 통해 '연구지로 선정하기'를 허락받았음에도 '노란리본공작소(이하 노리공)'에 들어가는 것은 연구자들에게 좀 더 구체화된 공간으로 들어가는 또 다른 입문의 과정이었기 때문이다. 특히 세월호 광장은 참사에 대한 진상규명과 애도를 주장하는 유가족들이 여러 층위의 사회적 불협화음을 겪으며 고통이 장기화되고 있는 시대적인 상황에서 생겨난 공간이며, 지난 2년간 유가족과 함께 상주하고 있던 봉사자들 역시 '내부인'으로서의 경계심이나 배타성이 존재하는 상황이었다. 따라서 연구팀은 봉사자들 안에 새로운 참여자에 대한 다소의 부담감이 있으리라 판단하였고, 본 연구팀 역시 여기에서 예외일 수 없으리라 생각하였다. 그도 그럴 것이 상황실장님과의 사전면담에서 '도청을 우려하여 녹음을 하지 말아줄 것, SNS에 내용을 올리지 말아줄 것' 등의 주의를 들었으므로 광장 참여에 대한 알 수 없는 긴장감이 생겨나게 되었다.

다소 마르고 왜소해 보이는 상황실장을 만났다. 연구 동의서를 전달하고 여기에서 주의해야 할 상황에 대한 이야기를 들었다. 도청이 되고 있으며, 예의 주시되고 있는 상황이다, 사진과 기록 등을 조심해야 하고 우리의 의도와 달리 데이터가 왜곡되어 전달될 수 있으므로 가급적 SNS를 피해 달라 등의 말을 하였다. 무엇보다 지금 여기서 오랜 동안 투쟁해온 사람들은 많이 지쳐있고 가정에도 충실하지 못해 개인적인 어려움을 겪는다는 말을 하였다. "오전 8시 30분에 출근하고 저녁 9시까지 하루 종일 근무를 한다. 집에 가면 가족들을 대할 시간이 별로 없다. 여기에서 근무하던 전임자는 타인을 위해 근무하면서도 정작 집에 가서는 아이들에게 폭언을 하는 등의 스트레스 상황을 겪었다"고 하였다. 사실 자신들은 제2의 트라우마를 겪고 있다고 말했다. 또한 하루에도 몇 번씩 찾아오는 일베(일간베스트)류의 사람들의 방문과 행패에 대해 매우 지쳐있음을 표현하였다. (2016. 9. 30. 연구자 6)

2016년 10월, 참여관찰을 위해 광장에 들어선 연구자들은 분향소에서 묵념하는 것을 시작으로 하여 건너편의 노리공 천막으로 이동하였다. 이때, 연구자들의 활동일지를 보면 자원봉사자들이 대체로 친절하고 격의 없이 맞아 주었다고 기록된다. 노리공에서 주로 하는 일이 '노란 리본'을 만들어 전국에 배포하는 일인 만큼 이곳에서 하루에 만들어내는 노란 리본의 개수는 거의 7, 8천개에 달하고 구글이나 SNS를 통해 들어오는 문의를 통해 배달물품을 정하며 국내는 물론 국외에도 택배를 이용하여 배송하고 있다. 하루 중, 오전부터 상주하는 인원은 상황실의 인력을 포함하여 5, 6명으로 많지 않으나, 오후에는 비상근 자원봉사자나 중고등학교에서 오는 학생들의 도움과 봉사가 추가됨으로 인해 적어도 열댓 명에서 몇십 명에 이르기까지 그날의 자원봉사자 수가 유동적이다.

노리공은 다른 천막과 같이 한 면이 긴 미음자의 모양이며 전면 창으로 된 미닫이문을 열고 들어가면 지면에서 한 계단 가량 올라간 곳에 바닥을 두고 있다. 바닥이 장판으로 되어 있어 신발을 벗고 들어가는데, 신발을 벗고 들어가는 공간이 다소 비좁아서 사람이 많을 때면 신발 둘 곳이 모자라기도 하였다. 들어가는 벽면부터 빙 둘러 박스와 물품보관대를 서랍식으로 두어 리본이나 다른 공작의 재료를 보관하고 있으며 이의 위치를 아는 사람은 노리공의 살림살이를 담당하는 몇 명 정도에 불과했다. 가운데 가로 1미터 세로 1.6미터 정도의 나무책상 두 개를 붙여 놓고 그 주위에 둘러앉아 리본 작업을 하는데 연구자가 참여했던 오후 2, 3시 정도에는 대 여섯 명의 인원이 둘러앉아 작업을 하고 있었다. 평균적으로 다섯 사람 정도가 고정적으로 앉아 있고 한 사람은 다소 바쁘게 이리저리 오가며 리본 만드는 것을 걷어 포장하거나 광장을 찾아 문의하는 일반인들과 접촉하며 리본을 나누어 주었다.

세월호 참사의 상징물이 된 노란 리본은 '에바'라는 고무소재의 넓은 판을 여러 번 잘라 넓이를 0.5센티 가량으로 만든 후에 다시 길이 10센티 가량으로 잘라 꼬아서 붙여 리본 모양으로 만들고 이를 금속성의 군번줄에 끼우는 것으로 완성된다. 그런데 이 일은 거의 전지 크기만 한 에바지를 작두형의 재단기를 이용하여 일률적인 두께로 재단하는 첫 작업이 필요했으며 이는 나이가 지긋한 남, 여 두 사람이 전담하였다. 재단은 아무나 할 수 없는 일로 보였고 공작소에서 이 분들은 에바를 자르는 특별한 재주를 가진 '일꾼'으로 여겨졌다. 이 '일꾼'들은 작업 역시 공작소의 구석진 한 쪽에서 매우 집중하며 수행하였다. 전지 크기의 에바지를 가로, 세로 0.5, 10센티의 성인 손가락보다 얇은 크기로 균일하게 자르는 작업이 쉽지 않았기 때문에 숙달된 사람이 전담해서 작업하는 것이 효율적으로 보였다. 다음으로 이렇게 재단된 에바지를 리본으로 만드는 작업이 책상 위에서의 주된 과업이 되었다. 균일하게 잘라진 에바지를 꼬아서 '글루건(순간접착제가 들어있는 총 모양의 기구)'을 이용해 이어 붙인 후, 이를 군번줄에 끼워 '노란 리본'을 완성하는데 연구자들이 연구를 하는 내내 주로 했던 작업 역시 군번줄에 리본을 끼우는 일이었다. 리본은 가로, 세로 25센티 안팎의 비닐 지퍼백에 100개 단위로 포장되었고, 지퍼백의 개수로 리본의 단위를 측정하였다.

연구자들이 세월호 광장에 참여했던 2016년 10월, 당시는 세월호 특조위의 해산이 결정되어 집행됨에 따라 기존에 있던 광장 중앙의 천막 두 채가 철거된 상태였고, 해산에 따른 침잠된 분위기로 인해 참사의 진상규명에 대해 '장기전'을 준비해야 한다는 여론이 형성되면서 전체적인 분위기와 사기가 저하된 시기였다. 따라서 정치적인 화두가 주를 이루었고 이에 대해 분개하며 봉사자들에게 열변을 토하는 어르신들이 있었다. 늦은 오후 참여하는 '2부'의 저녁반이 오기까지 낮 시간의 봉사자들은 대개 광장이 세워질 당시의 열악했던 상황과 유가족들을 지켜보는 과정의 아픔들에 대해 이야기하였다. 2년 동안 광장에서 벌어진 여러 사건들과 세월호 특조위 활동을 지원하며 함께 했던 경험들, 이후 정국을 둘러싼 화제 및 자신들이 사는 소소한 이야기나 잡담 등 여러 종류의 화제를 나누었는데 이 시간 동안에도 리본 만드는 손을 쉬지 않았다. 연구자들 역시 그들 속에 끼어 손으로 리본에 군번줄을 끼우며 그들의 이야기를 듣고 고개를 끄덕이거나 짧게 대답하는 것으로 친밀감을 형성해가며 조심스러운 첫 주의 참여관찰을 이어나갔다.

일주일 동안 6회의 참여관찰을 '릴레이' 방식으로 마치고 난 뒤, 연구팀은 정례모임을 하였다. 연구자들이 관찰한 내용에서 연구자의 시각에 따라 생기는 차이점과 공통된 부분을 확인하고, 서로의 정보를 살피며 각자의 경험을 공유하고 광장의 구조를 인지해 나갔다. 자원봉사자들의 인상착의와 외모, 그들 이야기의 내용 등을 맞춰가며 동일인물인지 아닌지 이야기하다 봉사자들의 개성에 맞춰 닉네임을 정하였는데, 이들에 대한 정보는 다음과 같다.

'상황실장'은 416 연대에서 광장으로 배치되어 온지 두 달이 된 광장의 총책임자인데, 여리고 착한 인상을 주었다. 광장의 여러 행사를 주관하고 아침 8시 반에 출근하여 저녁 9시에 퇴근하는 상근자이다. 가정이 있으나 일요일과 수요일을 제외하고 종일 업무를 지속하므로 다소 지친 모습을 보인다.

'터줏대감'은 3년 동안 계속 광장에 상주하는 사람으로 야간에 불침번을 서기도 하므로 광장의 '터줏대감'이라는 이름을 붙였다. 왼손의 손가락이 잘리어 손끝이 뭉툭하다.

'봄쌤'은 70세 정도로 노리공의 회계이며 공작소에서 '안방마님'의 역할을 한다. 영업직 근로자이나 자신의 업무 시간이 아닌 시간에 광장으로 나와 공작소 작업에 매진하며, 주로 노란 리본을 전국으로 배송하는 택배 업무를 담당한다.

'YJ쌤'은 60세 정도로 오후반의 '안방마님'으로 보이는데, 환한 미소와 친근감이 돋보이며 여러 일을 별 말 없이 해내는 광장의 일꾼이라 한다. 낮에 일을 끝내고 5시 이후에 출근하며 작두형태의 재단기를 이용해서 노란 리본의 재료를 자르는 일과 같이 어려운 일들을 수행한다.

'S쌤'은 47세로 주로 낮에 활동하는 공작소의 일꾼이며 말이 많지 않다. 얼굴이 까무잡잡하고 다소 통통하고 일주일에 4번 정도씩 광장에 방문하여 일을 열심히 한다. 참사 이후 3년 동안 계속 이곳에서 자원봉사를 했던 실무자로 보인다.

'H'쌤은 44세로 쌍둥이 엄마라고도 불린다. 중학생인 쌍둥이 아들, 딸 둘을 두고 있는데, 2015년까지 비정기적으로 나오던 봉사를 2016년 1월부터 오전 10시에서 오후 5시까지 출퇴근하는 생활을 하고 있다.

'Y쌤'은 48세이고 낯선 이에게 가장 호의적이며 유머가 많고 해박한 지식을 뽐내는 사람이다. 지방에서 학생들에게 역사를 가르쳤고, 광장에서의 봉사는 3년이지만 지속된 것은 아니며 서울로 완전히 올라온 것은 한 달이 되었다. 외부인인 연구자에게 계속 말을 걸어주고 전체 분위기를 화기애애하게 만들어 주는 사람인데, 광장 안에 완전히 소속되어 있지 않은 관찰자의 시선을 갖는 것으로 보인다.

'J쌤'은 40세로 세월호 팔찌(아크릴로 만든 팔찌)를 처음으로 고안한 사람이다. 몸이 다소 뚱뚱하고 말투가 어눌한데, 손재주가 좋아 세월호에 관련된 여러 제품을 많이 만들어 배포한다. 몇 년 전에 남편을 여의고 대학1년, 고2, 초5의 딸 셋을 홀로 키우나, 세월호 광장에서의 봉사와 지역사회의 독거노인들에게 반찬을 만들어 주는 봉사를 함께 한다.

'49어르신'은 67세이며 검은 중절모에 붉은 등산복 상의를 자주 입는 분으로 1949년생이라고 하였다. 광화문에 '광우병 촛불집회'때부터 이곳에서 행사에 참여하다 세월호 광장이 생긴 후에 계속 참여의 끈을 이어오고 있으며 당시의 여당과 야당을 보는 시선이 모두 비관적이고 민중의 당을 세워야 한다고 계속 말하는 다소 정치성향이 강한 사람으로 보인다.

'황영감님' 역시 연배가 높고 광장에 오래 머물고 있다. Y쌤이 계속 아버님이라 부르며 친근하게 대하는데 공작소에서 봄쌤을 어머니, 황영감님을 아버지라 부르는 봉사자들이 여러 명이다.

'노란잠바어르신'은 세월호 광장에 들어서면 누구나 만나게 되는 분으로 항상 '노란 잠바'를 입고 다닌다. 나이가 많은 듯하나, 광장을 종횡무진 누비며 서명을 받고 외국인에게 세월호 참사에 대한 내용을 영어로 설명하는 일을 한다.

'3327아재'는 33세와 27세의 아들을 두었다. 머리가 희끗하고 앞이마가 M자 모양으로 다소 벗겨진 60세가량의 아저씨다. J쌤이 주로 아재라고 부르는데, 정치적 발언을 많이 하고 자신의 일상에 대해서 말하길 즐긴다.

'반쪽쌤'은 체중이 성인 남성의 딱 반쪽 정도밖에 안 나가 보일 만큼 마른 체형을 가지고 있어 붙여진 이름이다. 짧은 머리에 잘 웃고 순박해 보이는 인상인데 무슨 일을 하는지 드러내지 않고 항상 5시 반이 되면 배낭을 메고 퇴근한다.

'김기자'는 국회신문의 보도본부장이다. 자신이 광화문에서 팽목항까지 국토대장정을 기획했다고 말했는데, 광장의 사람들과 친밀한 사이로 보였으며 농담을 잘한다. 광장 사람들의 취재원이기도 하여 광장의 일들을 잘 알고, 이곳에 와서 정국의 변화를 알리기도 한다.

이 밖에 서울신대의 교수로 천막카페에서 커피를 내리며 봉사해 온 '박찬희 교수'와 희생된 단원고 2학년 5반의 고(故) 박창현 군 어머니, 진실마중대에서 주로 서명을 받는 'JMS' 집사님과 경기도 광주에서 주 1회씩 광장에 나와 봉사를 이어가고 있어 페이스북 스타로도 유명한 초등학교 6학년의 최호영 군 등이 있다.

2. 광장의 특성 알기

광장의 특성을 아는 것은 연구의 주제와 연동된다. 실증적 연구에서는 연구의 주제가 연구 수행 당시의 사회적·역사적 상황, 그리고 연구자와 무관해야 한다. 그러나 사실상 어떤 연구도 그 시대의 사회적 필요나 요구, 문제의식 없이 이루어질 수 없고 아무리 순수한 자연과학 연구라 해도 연구는 항시 그 시대의 사회적 상황과 긴밀하게 연결되어 있다(윤택림, 2013). 현지조사도 연구가 수행되는 사회적·역사적 맥락과 긴밀하게 연관되어 있다. 어떤 연구든 연구가 진행되는 당시의 학문적 패러다임과 연구자가 속한 사회의 정치적·경제적 상황이 연구자의 문제의식에 상당한 영향을 주기 때문에, 연구자의 질문의 성격과 범위를 제한하게 된다고 보는 것이다. 본 연구팀이 '세월호 광장'에 관심을 갖고 연구 주제를 선택한 대전제 역시 당시의 사회적 필요나 요구, 문제의식과 긴밀한 연관성이 있다고 판단했기 때문이다. 사건 발생 2년이 지난 지금까지 세월호 광장의 자원봉사자들과 여러 사회단체의 사람들이 그곳에 모일 수 있는 동기와 사회적인 요구가 무엇이며, 그들이 모임으로 인해 발생하는 문화는 도대체 어떤 것일지에 대한 의문이 이 연구를 시작할만한 충분한 이유를 제시해 주었다.

여기서 먼저 세월호 광장이라는 '장소성'이 주는 의미에 대한 논의를 하자면, 세월호 참사의 가장 주된 피해지역이 안산임에도 서울 시내 한복판인 광화문에 세월호 광장이 꾸려진 까닭은 무엇일까? 이는 광장이 주는 상징성에서 기인한다. 세월호 광장은 사면이 뚫려있는 광장의 특성상 온통 빌딩 숲으로 둘러 쌓여있다. 경복궁 쪽을 제외하고는 3면이 사거리의 횡단보도와 연해있어 하루에 다녀가는 유동인구만 해도 10만 명이 넘고, 인근에 있는 광화문 지하철을 이용하는 이용객수가 하루 평균 거의 8만 명에 육박한다.[1] 그런데 평소에 그저 오르내리는 계단, 혹은 사람들이 지나는 길목에서 광화문 광장의 용도가 다르게 변화하는 순간, 광장은 새로운 '상징성'을 부여받는다. 연구팀에서 참여관찰을 시작하고 얼마 지나지 않아 시작된 '광화문 광장의 촛불시위'는 광장의 기능과 목적을 변화시켰다. 이전에도 '촛불'을 통해 민의(民意)를 전해온 광장은 더 이상 물리적인 '길'의 의미에 머물지 않는다. 이때, 광화문 광장은 '소통의 공간'이며 '자유와 평화의 광장'이라는 상징적 의미를 구축한다.[2] 광장이 주는 자유와 민주, 소통의 상징성으로 말미암아 참사의 희생 유가족들은 광화문에 '세월호 광장'을 꾸렸고 자신들의 의지를 그곳, 광장에서 알리기 시작했다.

세월호 광장에 1호천막이 세워진 것은 2016년 7월, 국회 특조위를 요구하는 단원고 희생학생의 유가족들이 단식투쟁을 벌이면서부터이다. 희생학생 중에 고(故) 김유민 양의 아버지인 '유민아빠', 김영오 씨는 46일간의 단식을 통해 목숨을 내놓으며 투쟁하였고, 이를 시작으로 세월호의 미수습자 수색과 진상규명을 요구하며 청와대로 향하는 시민들의 모임, '청운동팀'이 활동을 시작한다. 이후 광장에는 2016년, 이미 3년에 가까운 시간 동안 10

---

1) 헤럴드POP, 2010. 2. 1.
2) 뉴시스, 2017. 10. 12.

여명의 자원봉사자들이 상주해왔고, '리멤버0416의 시민연대'와 2015년에 합류한 '4월16일의약속국민연대(약칭 4.16 연대)'[3]가 지속적으로 활동해 오고 있다. 2016년 연구 참여시기에 한국에서는 미국의 미사일 기지 배치를 앞두고 '사드' 반대에 대한 집회가 들끓었는데 이들의 집회 역시 세월호 광장에 공동의 기반을 두고 움직이는 듯하였다. 따라서 공작소 옆의 '진실서명대'에서 세월호 참사 이외에 사드에 대한 서명을 받기도 하였고 이후 '백남기 농민'의 죽음에 대한 집회와 시위에도 세월호 광장의 봉사자들이 대거 참여하는 모습이 관찰되었다. 또한 세월호 광장이 있기 전에는 쌍용자동차 노동자 파업집회가 열리던 공간이라 상황실장에게 전해 들었으며 '노란 리본'이라는 상징물을 기획한 것도 쌍용자동차 노조의 영향에 의해서라고 하였다. 이렇듯 세월호 광장으로 대변되는 광화문 광장은 복합 시위문화의 공간으로 한국사회 내에서 여러 층위의 집회와 시위가 이루어지는 곳이라는 '시위문화의 산실'로서의 역사성을 지닌다. 다만, 세월호 참사 이후 광장의 모습은 여타의 '사회문화적 화두와 주장의 장(場)'이라는 다분화된 성격에서 '세월호 참사의 장(場)'이라는 단일화된 성격으로 변모한 것으로 여겨진다.

시위문화를 대변하는 광장의 특성은 세월호 광장 바깥에서도 일어난다. 세월호 광장의 서명대를 지나 세종로 횡단보도 건너편에는 '어버이연합'이라는 보수 단체의 집회가 열린다. 목요일 오후 4시를 기해서 '대한민국, 나의 조국~~반만년 역사 위에~'를 필두로 음악소리와 연설이 크게 울려 퍼진다. 광장에서 광화문 우체국 방면으로 길을 건넌 후 시청방향으로 걷다보면 동아일보 사옥과 함께 일민미술관이 보이는데, 그 바로 앞 공터에는 보수 단체의 대형 현수막이 걸려있고 서명대와 책상, 의자 등이 줄 지어 널려 있다. 세로로 세워진 플랭카드 위에 세월호의 상징인 노란 배 위에 대각선 방향으로 붉은 줄이 그어져 있고 '세월호 천막철거, 세월호 특별법반대'라는

---

3) 4.16 연대는 유가족과 일반 시민, 단체가 함께 4.16 참사에 대응하기 위해 만든 '통합적 상설단체'이다. 가족과 시민이 운영위원으로 구성되며 일반시민회원을 기반으로 한다는 점에서 의의를 지니며, 이 단체에서 광화문 광장에 상근 책임자를 두어 시민분향소와 노란리본공작소, 서명대 등과 협업한다. '안산시민연대'나 '416가족협의회'와 함께 연대하여 세월호 진실 규명과 책임자 처벌을 위해 일하는 것을 연대의 주요과제로 한다(416 연대, 2017. 11. 21).

글이 선명하다. 세월호 광장에서 사드배치에 반대하는 집회가 열리는 것에 반해 이곳에서는 '사드반대 선동, 폭행, 소요를 일으키는 주동자들과 성주 군수 체포하라'는 내용과 함께 태극기가 그려져 있고, 그 밑으로 '사도들의 한국교회, 기독교 연대'라는 소속단체명이 보인다. 광장을 나와 횡단보도를 사이에 두고 만나는 두 세계를 오가는 것은 관찰자에서 내부자로, 다시 그런 연구자 스스로를 관찰하게 하는 관찰자로 다각도의 경험을 제공해 준다.

이제 세월호 광장에 대해 구체적인 그림을 그려보도록 한다. 사람들이 세월호 광장에 들어와 처음 향하는 곳은 분향소이다. 연구팀 역시 상황실장님을 만나러 오는 길에 분향을 하며 우선 머물렀고, 이후에 참여관찰을 하는 때에도 분향소를 거쳐 공작소로 향했다. 분향소 전면에 참사 당시 희생된 단원고 학생들을 비롯한 세월호 희생자들의 사진이 액자로 전시되어 있고 그 앞에 국화와 향이 얹어진 긴 테이블이 배치되어 있다. 광장을 지나는 일반 시민들 역시 들어가 분향하고 추모하는 곳이며 '노리공' 천막과 바로 건너편에 위치하므로 연구자들이 '노란 리본 만들기 작업'을 하는 가운데에도 정면에 지속적으로 보이는 천막이라 할 수 있다. 세월호 광장의 모든 천막이 2-4평 정도의 긴 구조이며 계속 연결을 짓는 모양인데, 전체적으로 이순신 동상과 분수대 앞부터 세종로 사거리 바로 앞에까지 이르는 정방형이나 ㄷ자 구조여서 가운데는 길로 뚫려있는 형국이다.

주변의 건물을 들어 보자면, 교보 빌딩 쪽에 '분향소'가 위치하며 건너편 세종문화회관 방향으로 '노리공'과 '천막카페'가 있다. 분향소를 정면으로 바라보고 오른쪽에 '기억하라, 416전시관'이 있는데 이곳에서는 참사 당시의 영상과 진상규명에 대한 요구가 50인치 가량의 TV를 통해 지속적으로 상영되었다. 다른 한쪽에는 세월호의 모형과 바다에 빠져 있는 선체 일부를 보여주는 사진 등이 함께 전시되었다. '기억하라, 416전시관'을 나오면 광장의 끝에 '노란 리본'을 형상화한 조형물이 있고, 이내 세종로의 횡단보도가 양옆과 정면에 연해있다. 이 공간에 미수습자의 사진과 함께 참사로부터 며칠이 지났는지를 명기해 놓은 입간판이 있다. 동화 면세점을 바라보고 오른쪽에서 다시 천막이 시작되는데 그 처음은 '진실마중대'라는 곳으로 세월호 참사 이후 진상규명 및 참사에 관련된 현안에 대해 시민들의 서명을 받는 곳이다. 진실마중대의 바로 옆쪽으로 다소 긴 작업 공간이 연구자들이 주로 참여하여 활동한 '노란리본공작소'이고 그 옆으로 무료로 커피를 제공하며 시민들의 자발적인 모금을 이끄는 '천막카페'가 자리한다.4) 이를 그림으로 보면 다음과 같다.

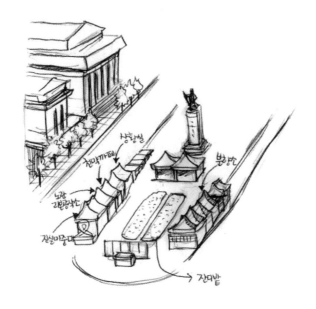

3. 광장 들여다보기

이제 참여관찰에 임하는 자세와 목표, 그리고 기술에 대한 내용을 다루고 이것이 연구팀 안에서 어떻게 운용되었는지 살펴보고자 한다. 또한 연구 주제와 관련한 맥락의 이해와 내부인, 외부인의 경험, 나아가 자기성찰에

---

4) 세월호 광장의 '천막카페'는 2018년 현재 더 이상 운영하지 않고 있으며 정부에서 광장 전체를 새로이 조성하는 것을 계획 중이므로 다른 천막과 광장 전반에 새로운 변화가 이뤄질 것이라 한다.

대한 과정을 알아보기로 한다.

우선 참여관찰을 시작하는 단계에서 반드시 유념해야 할 사항에 대해 Spradley(2006)는 첫째, 역할에 익숙해질 것, 둘째, 여러 유형의 참여형태를 이해할 것, 셋째, 대상지 관찰을 실제로 수행할 것에 대해 논하였다. 또한 참여관찰자가 "이중의 목적, 즉 참여할 방도를 찾고 동시에 자신과 다른 사람들을 관찰해야 한다는 목적"을 유지해야 한다고 말한다. 참여관찰에서는 다른 사람들이 당연시하는 일들에 관하여 스스로 분명하게 각성해야 하므로, 당면한 활동에만 초점을 맞추는 것을 넘어 "광각렌즈를 가지고 심중에 그림을 그리는 것"이 중요하다는 것이다. 그리고 마지막으로 연구자의 체험을 보다 충분히 이해하기 위한 자기성찰과 서술적 기록의 필요성을 강조한다.

연구팀은 초기의 논의를 통해 세월호 광장이 통탄과 애도의 장이라는 참사초기의 의미에 뒤이어 사회문화적 관점에서 시대적 의미와 역사성을 지닐 뿐만 아니라, 질적연구 실험의 장으로서 참여관찰을 하는 것에 충분한 의의를 지닌다고 판단하였다. 하여 참여관찰을 시작하는 단계에서 이에 대한 열띤 논의가 전개되었고, 이는 관찰의 목적을 정립해가는 과정이 되었다. 하여 연구가 진행되면서 관찰의 목적이 상황에 맞춰 변화하는가 하면, 때론 초기의 목표를 다시금 되새기는 다소 혼란스러운 과도기를 거치기도 한다. 다음으로 연구팀에게는 여러 사람이 같은 장소에서 서로 다른 시각으로 서로 다른 시간대에 관찰을 이어간다는 특성으로 인해 관찰한 바를 서로 나누고, 편견 없는 상태를 유지하고자 하는 노력이 요구되었다. 특히 많은 인원이 참여하는 팀 작업이라는 면에서 봉사자들과 친밀감을 형성하는 데에 상대적으로 오랜 시간이 소요되었고 이에 따라 연구가 끝난 후에 매주에 한 번씩 봉사자 개개인에 대한 정보를 연구자 내부에서 나누기 위한 시간이 필요하였다. 그러한 시간을 통해 처음에 노리공의 봉사자들에 대해 서로 알게 된 사항에 대해 나누고 광장에서 본 것들에 대한 관찰을 서로의 일지와 만남을 통해 공유하였다.

1, 2주의 참여관찰을 통해 연구자들이 기록한 일지를 기반으로 하여 서로의 경험을 나누며 알게 된 '세월호 광장'의 대략적인 상황은 다음과 같다.

첫째, 외형적, 공간적 측면의 내용이다. 광장은 분향소에서 시작하여 기억하라 416전시관, 진실마중대, 노란리본공작소와 천막카페에 이르는 5곳의 천막이 주요한 역할을 하며, 이러한 세월호 광장의 내부와 외부를 구분 짓는 경계가 분수대와 횡단보도라 할 수 있다. 이는 광장을 이루는 공간적 자원이라 할 수 있으며, 따라서 분수대나 횡단보도를 지나오면서 만나게 되는 미음자 구조의 광장과 천막들은 광화문 광장에서 세월호 광장을 분리시켜 독립된 공간으로 기능하게 만든다.

둘째, 인적 자원에 관한 내용이다. 광장은 매일 순번을 정해서 방문하는 유가족 몇 분과 416 시민연대 휘하 상황실의 인원 3명, 그리고 출퇴근을 하는 자원봉사자를 주축으로 하며 여기에 그날그날 찾아오는 대다수 자원봉사자들에 의해 운영되고 있었다. 특조위 해산과 함께 광장 내부의 분위기가 가라앉아 있었으나, 봉사자들은 꾸준히 공작소를 비롯한 카페와 서명대에서 봉사를 이어가고 있으며 3년째 봉사중인 인원도 상당수에 이른다. 이들 인적 자원에 의해 이루어지는 세월호 광장의 일은 시간적, 물리적 크기뿐만 아니라 매스미디어를 비롯한 사회, 문화계 전반에 미치는 파급에 있어서 큰 영향력을 지니는 것으로 파악되었다.

셋째, 세월호 광장이라는 공간에서 자원봉사자들이 하는 구체적인 '일'에 관한 것이다. 특히 연구팀이 광장에서 주로 참여관찰을 한 곳은 노란 리본을 만드는 공작소인데, 이곳에서 만들어지는 노란 리본은 하루에 몇 천개에서 많게는 만개에 달하고 이는 필요한 곳이면 어디든 배포된다. 하루에 만들어내야 하는 리본의 수량이 많으므로 이곳에서 작업하는 봉사자들은 일상의 이야기나 잡담을 나누면서도 일하는 손을 멈추지 않는다. 심지어 자신의 집에 재료를 가지고 가서 리본을 만들어오기도 한다. 또한 공작소 봉사자들 내부에 특별한 위계가 있는 것은 아니나, 총무와 회계를 두어 시민들에게서 들어오는 돈이나 물적 자원을 관리하고 재무를 운영한다.

넷째, 광장의 미래에 대한 불안이 내재해 있다. 관찰 2주째에 접어들면서 연구팀에 조금씩 친밀감을 느낀 봉사자들이 털어놓은 속내는 세월호 참사가 잊힐까 하는 걱정, 자꾸 줄어드는 봉사인원에 대한 염려로 자칫 사회적 관심이 사라질까 하는 불안이 많았다. 이는 봉사자 개인의 특성과 연관되어 광장의 상황만이 아닌 자신의 이력과 경험에 의한 개인차에 있어서도 차이를 보였다. 광장의 활동이 중요한 의미를 갖는 봉사자일수록 광장에서 작업할 공간이 사라질까 걱정하는 모습을 드러내었다.

초기의 참여관찰을 통해 알 수 있는 사실들이 다소 피상적이기는 하였으나 이러한 관찰을 진행해 나가면서 연구팀에서 익히고 활용한 참여관찰의 방법과 기술들은 다음과 같다.

첫째, 질적연구에서 연구자들의 '판단중지'5)가 얼마나 어려운지 경험하며 선입견을 가지지 않을 것에 대해 주지하였다. 연구자는 눈으로 보는 모든 것을 있는 그대로 볼 수 있도록 노력하는 것이 중요한데, 그래야만 연구자가 보고 싶은 것만 보는 오류를 범하지 않을 수 있기 때문이다. "세월호 광장에 가기 전에는 단지 막연하게 슬픔이 넘칠 것 같고, 무거운 분위기만 가득할 것 같았는데. 여기는 오히려 아늑하다. 안정적이면서도 생기가 느껴진다. 참 아이러니 하다"라는 연구자 7의 성찰은 자신의 편견을 접고 습관적인 생각과 거리를 두어야 함을 알려준다. 실제로 긴장하며 찾아간 광장에서 자원봉사자들의 모습은 그리 우울하지 않았고 외려 가족 같은 분위기로 서로를 위해주는가 하면 먹을 것이나 세월호 관련 기념품, 배지, 팔찌 등을 나누었고 큰 소리로 말하거나 웃는 봉사자들도 있었다. 이는 사전에 외부인에 대한 경계가 있음을 듣고 긴장해 있던 연구팀에게 그나마 맘 편히 관찰을 해나가게 되는 계기를 마련해 주었다. 하지만 참여관찰이 어느 정도 진행되고 공작소의 일상에 익숙해질수록 연구팀은 봉사자들과 '거리두기'에 소홀해지지 않기 위해 노력해야 함을 깨닫게 된다. 이는 관찰이라는 면에서 참여와 균형을 맞춰야 하는 이유인데, 연구팀 역시 이러한 문제에 봉착한 순간이 많았다. 하여 봉사자들과 너무 깊이 대화를 나누거나 차나 밥을 나누는 행위, 간식을 준비해가는 문제와 어느 사람과 더 친밀해지지 않는지

---

5) 에포케(Epochê)는 Husserl이 말하는 '판단중지', '괄호치기'라고 불리는 것으로 기존의 믿음이나 지식이 틀렸다고 부정하는 것이 아니라 다만 그 영향력과 효력을 괄호 속에 넣고 잠시 유보하거나 정지시키자는 것이다.

또는 특정인에 대한 거부감을 가지고 판단하지는 않는지 등에 대해 연구팀 내에서 끊임없는 소통이 이어졌다.

둘째, 세월호 광장의 '문화 특성'을 이해하고 이를 빠른 시간 내에 숙지하며 적응해 나가기 위한 노력이 필요하였다. 우선, 공작소에서 작업을 하며 느낄 수 있는 분위기는 순박한 시골의 마을회관 같은 모습으로 '나누고, 보듬어주는 문화'라는 보고가 많았고 따라서 관찰이 진행되는 과정에서 연구팀 역시 봉사자들에게 친근함과 진정성 있는 태도를 유지하기 위해 노력하였다. 그럼에도 내부자이면서 외부인으로서 적절한 경계를 지켜야하기에 균형적 시각을 잃지 않아야 했다. 또한 공작소의 문화를 이해하는 데에 봉사자들이 사용하는 용어를 아는 것은 문화기술지 연구의 중요한 기술이 된다. 예를 들어 공작소에서 사용하는 용어들, 가령 노란 리본에 사용되는 고무성질의 물질을 '에바'라고 부르거나 리본에 군번줄을 끼우기 전 상태를 '팝콘'이라 부르는 등의 작업용어를 아는 것은 연구자 모두가 참여관찰을 통해 학습한 것이다. 따라서 용어를 먼저 알게 된 연구자들이 이를 전체적으로 공유하고 각자 알고 있는 용어를 서로 확인하는 시간이 매주 되풀이되었다.

셋째, 참여관찰 과정에서 '참여자'이면서 동시에 '관찰자'라는 지위를 얻는 것은 다소 모순된 모습으로 비춰지기도 하는데, 이는 문화기술지 연구에서 필연적으로 겪게 되는 과정이기에 연구팀 역시 이에 빠르게 적응해 나가야 했다. 연구를 시작하는 단계에서 광장으로의 진입과 참여관찰을 마치고 나서 광장을 빠져나가는 과정은 마치 '두 세계를 오가는 것 같은 느낌', '다른 공간에 왔다가 나가는 것 같은 느낌' 등의 내용이 많이 보고되었다. 이때, 연구자는 연구대상에 대한 넓은 스펙트럼을 가져야 한다. 때로는 참여관찰을 하는 나 자신을 비롯한 팀 동료들을 관찰하고 있음을 깨닫기도 한다. 이는 사물에 대한 감정을 내부자와 동시에 외부자로서 체험해야 한다는 것이다.

남자는 일어나서 물품 대 위에 놓여있는 장비들과 에바(노란 나비 만드는 합성고무)를 집어 들어 살피지를 않나 이쯤 되자, 눈치백단 Y쌤이 잔뜩 경계하는 눈빛으로 그를 오히려 살피기 시작한다. 자신이 화가라는 남자는 잠시 여러 말을 하는 듯, 듣는 듯 산만하게 살피더니 이내 나가버렸다. 남자가 나간 뒤, 포털에서 그의 이력을 찾았으나 찾지 못했고 모두 그 남자가 했던 이상한 행동에 대해 이야기하였다. (2016. 10. 13. 연구자 6)

공작소에 찾아오는 이들에게 어떤 의도가 있거나 없거나를 떠나서 참여관찰 2주째에 접어든 연구자 6은 외부인을 경계하거나 의심하는, 깊숙한 '내부자' 경험을 하게 되는데, 여기에서 스스로를 살피는 관찰자의 시선이 함께 작동되어야 한다. 연구자는 당면한 목표를 넘어 그 안에 있는 자신, 참여자 스스로를 또 다른 렌즈로 살피는 다각도의 시각을 장착할 수 있어야 한다는 것이다.

넷째, 참여관찰을 하는 동안 '의식의 선명성'을 갖기 위한 노력이 필요하다. 관찰이 진행되면서 연구의 기조가 흐려지는 일은 비일비재하다. 특히 오랜 기간의 조사를 하다보면 이러한 일들이 더 많아지는데, 하여 관찰을 하는 연구자는 연구기간 내내 연구목적에 대한 분명한 의식을 가지고 있어야 한다. 연구팀에게 초기에 확립한 연구 계획을 머릿속에 뚜렷하게 가지는 것은 '맨 처음 이곳에 올 때 생각했던 기조는 무엇이었는지', '지금은 어떠한 방법을 행할 수 있는지', '어떠한 질문을 해야 하는지' 등에 대한 끊임없는 논의와 토의를 하는 것으로 가능하였다.

마지막으로, 연구팀은 '기억하기' 위해 매진하였다. 관찰 중에 많은 일들이 일어나지만 그 모든 상황, 언어, 행동 느낌들을 모두 기록하는 것은 불가능하다. 대개 만 하루가 지나기 전에 기억하는 것을 기록하면 거의 완벽하게 복원 가능하다고 하지만 이것이 말처럼 쉽지 않다. 따라서 가능한 빠른 시간 내에 참여관찰의 내용을 기록할 필요가 있다. 연구팀 역시 기억을 위해 참여관찰 중, 휴대전화를 이용하여 잃어버리기 쉬운 일의 메모를 하거나 관찰이 끝나기 무섭게 수첩을 꺼내들고 기록하는 시간을 가져야만 했다. 관찰을 기록하기 위해 기억해야 하는 임무는 간혹 사실만을 기억하고 분위기나 대상을 기억하지 못하게 만드는 우를 범하기도 하는데, 따라서 사실적 기록의 중요성과 관찰대상에서 발견되는 사실 외적인 기록, 공작소 안의 상황이나 분위기, 언어 이외의 느낌을 알아내는 일 역시 중요하다.

4. 관찰 기록하기

'빠른 시간 안에 기록하는 것'은 문화기술지 연구에서 참여관찰을 뺀 '나머지'라고 할 정도로 중요한 작업이다. 보석을 가공하기 전의 과정, '원석'을 만지는 작업이라 할 수 있다. 세월호 광장의 분위기가 전반적으로 녹음을 불편해하는 상황이었으므로 관찰의 기록은 광장을 빠져 나온 후에 바로 이루어져야 한다. 따라서 하루 2시간 이상의 참여관찰은 관찰 당일에 '필드노트'로 바로 작성하였고, 이는 한 주에 공통의 문서로 모두 모아졌으며, 모아진 문서를 주단위로 분류하여 보관하는 방식으로 연구 작업이 진행되었다. 기록된 일지는 서술관찰의 기반이 됨은 물론이요, 연구 후반에 문화기술지의 공통된 주제를 산출하는 재료가 되기도 하였고, 범주화와 영역분류 등에 활용되었다. 연구팀에서 참여한 연구의 주된 장소가 '노란리본공작소'이나 일부 연구자들은 노리공 양 옆의 '천막카페', '진실규명대'에도 관심을 기울이고 참여하였다. 이를 바탕으로 참여관찰을 진행하면서 이후의 선택관찰, 서술관찰의 범주를 무엇으로 할 것인가, 가령 기준을 공간으로 할지, 인물로 할지를 두고 고민하였다.

우선, 서술관찰 내용을 뒤로 미루지 않고 최대한 빨리 기록하고 나눔으로 인해 개인이 인지하거나 보지 못했던 사실들을 서로 보충해 가며 보다 구체적이고 사실적인 관찰을 이끌어 낼 수 있다. 처음 1, 2주까지 참여관찰을 통해 연구팀에서 보았던 것은 세월호 광장의 외면적인 모습이었다. 그곳을 한 번이라도 방문한다면 볼 수 있는 외연의 모습에 대한 관찰과 서술을 통해 일반적이고 객관적인 것들을 세밀하게 관찰하고 충분한 묘사를 통해 기록에 남기려 노력하였다. 이는 자칫 연구팀의 참여관찰 횟수가 거듭될수록 익숙해져 놓칠 수 있을만한 것들이어서 연구자 모두가 초기관찰에 더욱 집중하였다. 이때 세월호 광장을 구성하고 있는 천막들과 각 천막들의 기능, 그리고 각각의 천막을 채우고 있는 사람들과 어떠한 목적에서든지 그곳을 지나치는 사람들의 동선(動線)을 통해 그들의 정체성, 즉 관광객, 조문객, 예술가, 종교인, 사회운동가, 자원봉사자 등에 대해서도 관찰하여 서술하였다. 이 서술관찰을 통하여 외적으로 드러나는 세월호 광장의 풍경과 사람들에 대해 지속적으로 관찰할 수 있었다.

다음으로, 세월호 광장의 전반적인 외관에 대해 관찰한 후에는 천막 안으로 관찰의 시선이 옮아갔다. 대부분의 연구자들이 중점적으로 참여하여 관찰했던 '노란리본공작소'에 들어가 그곳을 구성하고 있는 사람들, 자원봉사자들의 말과 행동을 통하여 관찰되는 개인적인 성향과 서로간의 관계, 배치되어 있는 물건들과 쓰임새, 그들이 맡아서 하는 일, 고정적인 자원봉사자 이외의 방문자들의 목적이 무엇인지 관찰하여 서술하였다. 이 작업을 통해 연구자들은 보다 구체적인 연구대상을 정하고, 앞으로의 연구 과정에 있어서 좀 더 집중해야 할 부분과 연구팀에 도움이 될 만한 정보들을 얻었다. 반면, 노리공에서 관찰하는 광장의 모습을 서술하는데, 이때는 처음에 외관으로만 보던 세월호 광장을 노리공 내부인의 시선에서 서술할 수 있었고, 하여 외부에서 들어오는 자극에 좀 더 예민하게 반응하게 되었다. 동시에 안팎의 관찰자로서 노리공을 살피는 시선을 갖고 서술해야 하는데, 이는 관찰이 끝난 후 광장 밖 '또 다른 세계'로의 진입을 통해 좀 더 넓은 스펙트럼을 갖으며 여러 층위로 기록되었다.

마지막으로, 자기성찰 기록에 대해 언급하고자 한다. 연구팀은 집단의 작업임으로 인해 연구주제의 선정, 왜 연구를 하게 되었나 하는 초기의 문제제기를 잊지 않으려 매 주 단위로 모임을 가지며 서로의 관찰기록을 나누고 소통하였다. 가령, 첫 주에 광장에서 참여관찰을 하며 보고된 내용으로 가장 많은 것은 '관광명소를 방불케 하는', '외국인이 많이 오가는', '시원한 분수대 옆을 지나는', '분수대 앞에서 사진을 찍는' 등의 여러 관광객, 학생, 일반인들의 움직임에 관한 것이다. 광장 한가운데에서 보는 기록과 노리공 안에서 보는 광장의 기록 모두 팀원들은 세월호 광장의 경계를 이룬 분수대 주변의 풍경을 보고함으로써 기록하였다. 그런데 여기서 관찰한 사실 이외에 연구자가 느끼는 '자기성찰'이 없다면 기록은 사실의 나열에 머문다. 이에 관찰에 대한 성찰이 필수적이라는 생각에 연구자 모두 동의함으로써 연구팀의 일지는 '관찰과 성찰'로 나뉘어 기록되었다. 사실을 관찰하여 기록하는 일과 사실만으로 알기 힘든 상황과 비언어적 메시지, 분위기 등 느낌에 대한 부분을 포괄하는 내용이 자기성찰 속에 함께 담겨져 나갔다. 그리하여 앞의 기록에서 본 관광지로서의 광장에 대한 사실적 묘사와 함께 연구자의 자기성찰이 기록되었고 그 내용은 다음과 같다. '무심코 지나가며 구경하는 사람들을 보며 이게 구경할 일인가', '사진을 찍고 돌아가는 관광객들에게 광장이 어떻게 비춰질까', '광장 안에는 보이지 않는 선이 있어 두 개의 세계가 공존하고 있는 듯', '2시간 넘게 리본을 만들다보니 손가락 끝이 벌겋게 올라오는데 여기 계시는 분들은 3년이란 시간 동안 어떻게 버텨오셨나' 등이 연구자들의 성찰 기록이다. 여기에서 객관적 기록과 다른 연구자의 인간적인 고뇌와 스스로를 되새기는 자세를 느낄 수 있다. 그러나 이는 연구자 간 기록을 공유하는 연구모임에서 서로의 정서와 감정을 나누고 소통하는 시간으로 공유될 뿐, 직접적인 관찰의 시간에 연구대상자들에게 반영되는 일은 없어야 함을 재확인하는 과정이 되기도 하였다.

05

집중관찰

질적인 문화기술연구방법론

05

집중관찰

주희연

1. 참여관찰에 대해 질문하다

문화기술지 연구의 주요 부분을 차지하는 현지조사에 대해 Harry F. Wolcott(2005)는 과학적인 동시에 예술적인 작업이라고 하였다. 현지조사의 중심이 되는 참여관찰은 과학적이며 예술적인 작품의 결과물을 만들어내는 과정의 일환으로 필요한 재료를 수집해가는 과정이라고 볼 수 있을 것이다. 그렇다면 작품이 완성되기까지 어떻게 재료를 준비해야 할까? 이번 장에서는 재료를 준비하는 과정, 즉 참여관찰 과정에서 연구자들이 직면했던 질문들과 어려움들, 그리고 이로 인해 참여관찰의 방향을 조정해야 했던 필요성과 과정에 대해 살펴보고자 한다.

문화기술지 연구는 연구자가 실제 현장에 참여함으로써 현장에 있는 사람들의 입장에서 문화를 이해하고 해석한 바를, 연구자가 다시 현장의 문화를 해석해내는 과정으로, 좋은 문화기술지는 현장의 문화를 중층적으로 기술한 내용을 포함한다. 이에 연구자들은 심층적이고 두껍게 기술할 수 있는 문화기술지 연구를 위해 어떻게 연구를 할 것인가에 대해 고민하며 참여관찰을 하였다. 특히 연구자들은 '얼마동안 참여관찰을 할 것인가?' 그리고 주어진 시간 내에서 '참여관찰을 어떻게 할 것인가? 어떻게 재료를 준비할 것인가?'에 대한 질문을 가지고 연구를 진행하였다.

참여관찰을 통해 충분한 경험과 자료를 수집하기 위해 문화기술지 연구자에게는 다른 연구방법론에 비해 현장에서 오랜 시간을 보낼 것이 요구된다. 충분한 시간이 필요하다는 것은 단순히 오랜 기간을 의미하지는 않는다. 즉, 참여관찰의 기간이 연구의 질과 반드시 비례하는 것은 아니다. 참여관찰의 기간은 상황에 따라 짧게는 몇 개월에서 수년까지 다양해질 수 있으며 연구자들이 현장의 사람들과 라포를 형성하고 현장의 다양한 문화를 경험하고 자료를 수집할 수 있을 때 심층적이고 두꺼운 기술이 담긴 문화기술지 연구가 가능해진다.

참여관찰의 기간만 길어지는 양적인 진전뿐 아니라 그 과정도 진전을 이루는 질적인 참여관찰을 위해 연구자는 참여관찰에 대한 계획을 가지고 본 연구팀의 경우 연구 주제선정에서 발표까지의 시간이 10주로 정해져 있었으므로, 참여관찰은 총 5주 동안 진행하는 것으로 계획하였다. 참여관찰 기간이 한정적인 만큼 연구자들은 주어진 시간 내에 '참여관찰을 통해 어떻게, 어떤 재료를 준비할 것인가?'에 대해 고민하게 되었다. 연구자는 현장에서의 시간을 충분히 확보하면서도 질적으로도 풍성한 자료를 수집할 수 있는 참여관찰을 진행하고자 계획을 세우고 수정해가는 과정을 거쳤다.

2. 참여관찰, 난관에 부딪히다

연구자는 참여관찰이 언제, 어디서, 어떻게 진행될 것인가에 대한 전반적인 계획을 가지고 참여관찰을 시작한다. 이 중에서도 참여관찰을 어떻게 진행할 것인가에 대한 질문은 연구자들의 논의 과정을 통해 유연하게 설계해나가게 된다. 연구팀은 '참여와 관찰의 비중을 어떻게 할 것인가'에 대해,

그리고 '어디에 참여관찰의 초점을 맞출 것인가'에 대해 지속적으로 논의하는 과정을 거쳐 참여관찰을 진행하였다.

연구자는 참여자와 관찰자의 입장을 오가며 어느 정도의 비중에 치중해야 하는지 고민하게 된다. 세월호 광장에서 보내는 시간이 쌓여가며, 연구자들은 점차 세월호 광장의 활동들에 익숙해지고, '노리공'과 같은 용어들과 '봄쌤'이나 '터줏대감'처럼 세월호 광장의 봉사자들의 이름이 익숙해져 갔다. 시간이 지날수록 연구자들의 참여자로서의 입장이 자연스럽게 드러나고는 했다. 노리공에서 노란 리본에 군번줄을 끼는 작업에 몰입하여 주변의 상황을 인지하지 못하다가 문득 연구에 대한 질문과 고민을 하기도 하고, 진실마중대(서명대)에서 참여하며 지나가던 행인이 세월호 참사에 대해 비난하는 이야기를 들을 때면 화가 나기도 하고 무서워지는 것을 느끼기도 하였다. 연구자 1의 필드 노트에서 이런 고민들이 드러난다.

현장에서 일을 하면서 일과 사람, 장소에 어느 정도 익숙해지고 나자 관찰과 영역분류, 순수한 관찰보다 인터뷰대상을 찾아 조원들에게 배치해줘야 한다는 생각과 질문이 지속적으로 들어서 대상에 집중하기 어려워진다.

윤택림의 충고와 같이 참여자와 관찰자의 이상적인 또는 절대적인 기준은 정해져 있지 않다(윤택림, 2013). 참여자와 관찰자의 입장은 연구자가 틀에 정해놓는다기보다 자연스럽게 변환이 일어난다. 이 과정에서 연구자는 참여자로서 몰입을 하다가도 틈틈이 자신을 성찰하는 과정을 거침으로써 한 가지 역할에만 머무르지 않을 수 있다. 연구자는 함께 논의하고 필드 노트를 기록하는 것을 통해 자기 성찰을 촉진할 수 있는 경험을 하였다. 따라서 얼마만큼의 참여자와 관찰자 역할을 맡을 것인가 수치화하기보다는 연구자 자신에 대한 지속적인 성찰이 요구된다.

연구자는 참여관찰 과정에서 어디에 초점을 맞출 것인지에 대해서 또한 고민하게 된다. 참여관찰을 위해서는 한 가지의 도구가 아닌 여러 가지의 도구가 필요하다. 연구자는 광범위한 시각으로 바라보는 시각을 유지하면서도 점차 연구범위를 좁혀가야 한다. 연구자는 초기자료를 기록, 분석하고 난 뒤 집중관찰을 하고 연구 범위를 좁혀 보다 깊고 반복적인 관찰을 하게 된다. Spradley는 이를 광범위한 시각으로 참여관찰을 진행하는 서술관찰로 시작하여 집중관찰과 초점관찰로 이어져야 한다고 하였다. 그러나 집중관찰이 이뤄진다고 하여 서술관찰이 끝나는 것은 아니며, 서술적인 관찰을 지속할 것을 강조하였다(Spradley, 2006).

이 역시도 연구자에게 유연성과 자기성찰 능력을 요구한다. 연구자는 참여자와 관찰자의 입장을 오가며 현장에 머물고, 현장에 일부를 가까이 보기도 하고 큰 그림을 보기도 하며 자신의 경험과 수집된 자료를 어떻게 연구결과로 나타낼 것인가에 대해 돌아보게 된다. 문화기술지 연구자들은 이를 서술관찰과 집중관찰을 통해서 진행한다고 보았다.

연구자는 우선 광범위한 서술관찰을 통해 초기자료를 기록, 수집하며 초점을 맞출 영역의 가능성을 찾아보았다. 참여관찰 시간이 쌓여감에 따라 필드 노트와 현장에서 수집한 자료들도 점차 늘어났다.

연구자는 관찰자이면서 참여자로서 외부에서는 볼 수 없었던 것들을 보게 되었다. [참여자의 입장으로서 현장 활동에 몰입] 또는 연구자들의 편견이나 인식 등이 변화하는 것을 볼 수 있었다. 연구자들은 새로이 알아가는 참여관찰의 매력 그리고 현장의 모습을 통해 참여관찰의 의미를 알아가기 시작했다.

연구자료들이 모여감에 따라 몇몇 문제점과 의문점들이 드러나기 시작했다. 참여관찰 2주차에서 3주차로 넘어가며, 연구팀은 '중간 점검'에 들어갔다. 그동안 모인 필드 노트와 자료들을 돌아보며, 앞으로 우리의 연구과정에서 다가올 과정들 심층면접과 분석하고 해석하는 과정에 대한 방향성을 재점검하게 되었다. 연구모임에서 나온 질문들은 문화의 개념, 연구현장의 범위설정, 참여관찰의 초점과 관련된 다음과 같은 질문과 의견들이 나왔다.

- 문화의 단위를 어떻게 설정해야 할까요?
- 우리의 연구 대상이 되는 세월호 광장의 천막들을 모두 관찰하기에는 너무 넓지 않나요?
- 특정 자원봉사자들의 이야기에 초점을 맞추어야 할까요?

- 자원봉사자의 문화와 장소(예: 노란리본공작소)의 문화가 구분지어진다고 볼 수 있을까요?
- 참여관찰을 하다보면 봉사자들의 이야기에 푹 빠지기도 하고, 리본을 만드는 활동에 몰입되기도 해요. 때로는 필드 노트를 쓰려고 할 때 너무 많은 내용과 사건들이 일어나 어떻게 다 적어야 할지 막막해요.
- 봉사자들과 대화를 하다보면 정치적인 주제에 대해서만 초점이 맞춰질 경우가 많아요. 다른 이야기도 들어보고 싶은데, 어느 방향으로 질문하면 좋을지 고민이 돼요.

이와 같은 질문들은 공통적으로 어디에 초점을 맞출 것인가에 대한 의문을 내포하고 있다. 연구의 주제는 '세월호 광장'이라는 장소에 한정되어 있고, 연구자들 모두 공통된 목적, 즉, 세월호 광장의 문화와 이 문화가 위치하는 사회역사적 맥락을 조명하는 것과 열 가지로 추려진 연구 질문들을 가지고 참여관찰을 시작하였다. 비록 공통된 장소, 목적, 연구 질문들이 있었으나 연구자는 '광각렌즈의 시각'으로 참여관찰하는 과정에서 막대한 다양성을 어떻게 조정해야 하는지 고민에 빠지게 되었다.

'광각렌즈의 시각'으로 진행된 참여관찰의 필드 노트들을 보면, 연구자들의 참여 일에 일어났던 사건들, 현장에서 만난 사람들, 개인적인 선택 등에 의해 매우 다양한 이야기들이 소개되는 것을 볼 수 있다. 그리고 연구자들은 동시에 자신이 놓치고 있는 내용들에 대한 고민을 표현하고 있었다.

> [노리공에 참여하는 봉사자] 인원이 너무 많은데 이 모두를 관찰하는 것은 어디까지일지 매우 어려운 과제로 여겨진다. 또한 이렇게 여러 사람의 시점으로 분류와 분석이 가능한걸까 고민이 되었다.
> 관찰시간을 한정짓고 보니 관찰해야 하는 것들이 더욱 많이 보이는 것 같다. 하루 2시간 동안 관찰하는데 한계가 느껴진다.

참여관찰 초반의 필드 노트를 보면, 세월호 광장 내에서도 노란리본공작소(노리공), 천막카페, 서명대, 분향소, 상황실뿐 아니라 세월호 광장 주변의 분수나 이순신장군 동상에 대한 관찰 내용이 등장한다. 주변에 일어나는 사건이나 활동 역시 세월호 광장 내의 활동 외에도 주변에서 일어나는 낙태죄폐지집회나 예술계 블랙리스트 진상규명집회 등 다양한 집회와 행사들이 진행되고 관찰되고 있었다.

이처럼 넓게 보는 '광각렌즈의 시각'을 통해 세월호 광장의 큰 그림을 볼 수 있다. 그러나 다양한 주제를 깊이 있고 자세하게 담아내기에는 한 개인이 범접할 수 있는 역량에 한계가 있다. 또한 연구의 시간적 제약으로 본 연구가 어디에 초점을 맞추고, 연구 목적과 질문을 돌아보며 연구의 다음 과정을 준비해 나가야 했다. 문화기술지 연구에서 강조되는, 외부자로서 또는 잠시 머무는 시간으로서는 놓치기 쉬운 깊이 있고 두껍게 기술하는 연구가 되기 위해서는 참여관찰 방식의 변화가 필요하게 되었다. 이에 참여관찰 2주차에서 3주차로 넘어가는 과정부터 우리는 어떻게 초점을 맞출 것인가에 대해 논의하기 시작했다.

3. 초점 맞추기: 가까이, 깊이 있게 다가가다

연구자는 서술관찰 내용을 바탕으로 초점을 정할 영역을 잠정적으로 선택하고 연구의 범위를 좁히는 집중관찰로 나아간다. 연구자는 표층적인 것과 심층적인 것을 구분하고, 연구의 범위 선정, 어디에 초점을 맞출 것인지에 대한 제안 사항은 있으나 정해진 방법은 없다. 연구자는 연구주제의 문화 영역 중 연구자가 흥미를 갖는 부분을 선택, 사회적으로 중요한 이슈라고 생각되는 영역을 선택하는 등의 방법이 있다(McCurdy, Spradley, Shandy, 2005).

연구자들은 Spradley의 방식을 따라 필드 노트를 바탕으로 공통적으로 나타나는 주제, 행위, 장소들에 대해 논의하였다. 여기서부터 연구팀의 혼란이 가중되는데, 광장에서 보여지는 여러 문화 현상들을 몇 가지의 주제로 추려야 할지, 아니면 장소와 행위 등 광범위한 현상을 분석해내는, 즉 영역 분석과 분류분석의 기준을 잡는 데에 있어 그 프레임 구성의 기준을 무엇으로 정해야 할지 어려워지기 시작하였다.

연구팀은 연구가 시작된 시점으로 돌아가 연구목적과 질문에 대해 논의를 시작하였다. 비록 연구자 개개인의 차이가 나타나나 그럼에도 불구하고 '세월호 광장의 문화는 무엇인가?' 그리고 '이 문화를 통해 세월호 광장에서는 우리 사회에 어떤 메시지를 던지고 있는가? 우리 사회에 어떤 영향을 미치고 있는가?' 하는 질문과 우리가 참여관찰을 통해 모은 자료들을 돌아보는 과정을 거쳤다. 논의과정에서 점차 나타나는 공통점들이 있었다. 이에 연구 질문의 범위를 좁혀, 참여동기와 목적을 중심으로 참여관찰을 진행하였다. 그리고 참여관찰의 활동 범위를 '장소성'에 입각하여 좁힘으로써 집중관찰을 시도하였다. 일차적으로 참여관찰의 범위를 기억하라. 416전시관, 분향소, 노란리본공작소, 진실마중대(서명대), 천막카페로 좁혔다.

점차 다섯 장소 중에서도 자연스럽게 장시간 참여하고 관찰할 수 있으면서 여러 봉사자들과 함께 시간을 보낼 수 있는 장소인 노란리본공작소와 천막카페로 참여관찰 장소가 좁혀졌다. 연구자들은 Spradley의 방법론에 따라 현장에서 일어나는 행동, 장소, 상호작용 방식, 언어로 나누어 논의를 진행해보고자 하였다. 그러나 여전히 초점을 영역으로 나누어 보기에는 어려움이 있었다. 그 영역 안에서 문화에 대한 의미 또는 분석과정을 도출해내기에는 논의가 이어지지 않았다.

따라서 연구자들은 월콧이 말한 집중관찰의 의미구조에 초점을 맞추는 것으로 방향을 재설정하였다. 즉, 참여관찰을 영역으로 나누어 집중관찰을 이어가는 것이 아닌, 주제에 따른 집중관찰을 시도한 것이다. 연구자들은 좁혀진 장소 영역에서 연구의 질문에 초점을 맞추어 집중관찰을 진행하는 과정에서 논의를 계속하였다. 그 결과 필드 노트에서 반복적으로 드러나는 주제들을 발견할 수 있었다. 연구 논의 끝에 다섯 가지의 주제, 1) 애도, 2) 모성애, 3) 정치의식/저항, 4) 책임의식과 공동체 의식, 5) 소속감으로 설정하였다. 그러자 각 주제와 관련된 필드 노트의 기록과 참여관찰의 경험이 풍성하게 모아지기 시작했다. 그러나 여전히 주제들과 상응하는지에 대한 작업과, 현장의 이야기에 대해 더 깊이 있는 이야기가 필요했다. 연구자들은 위의 주제들을 바탕으로 현장의 깊이 있는 목소리를 개인의 이야기를 통해 듣고자 심층면담을 준비하였다.

참여관찰은 연구가 생생한 현장의 문화를 전달하기 위해 주요한 과정이다. 만일 현장의 문화적 요소들이 연구를 위한 재료들이라면 그 재료들을 단순히 보여주는 것이 아니라, 그 속에 담긴 문화적 메시지를 전달하기 위한 재료를 발굴하는 것이 참여관찰의 과정이라고 할 수 있다. 이는 연구자들이 현장의 모든 이야기를 다 글로 담아내는 것이 불가능할뿐더러 그것은 다른 사람이 현장에서 발견하게 되는 문화의 이야기가 전달되지 못하게 된다. 따라서 연구자는 현장에서 일어나는 모든 목소리를 날 것으로 전달하는 것이 아닌 신호가 전달되도록 참여자들의 목소리를 담아내는 작업을 위해 '어떻게 참여관찰을 할 것인가' 끊임없이 고민하고 노력해야 하였다.

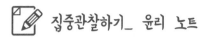

집중관찰하기_ 윤리 노트

연구자들은 참여관찰이 지속됨에 따라 노란리본공작소를 비롯한 광장 곳곳에서의 기존 자원봉사자들과 친숙해졌고, 광장이라는 장소에도 익숙해지고 있었다. 동시에 연구자들은 참여관찰 이후, 필드 노트를 작성함에 따라 그날 참여관찰을 통해 느꼈던 점이나 좀 더 집중 관찰이 필요하다고 느껴지는 부분들이 생겨났다. 오랜 시간, 광장이 많은 사람들로부터 지지받고 유지되고 있음에는 자원봉사자들인 참여자들의 힘이 크다. 이들이 자신의 개인적인 것들을 희생하면서까지도 광장을 꾸준히 찾는 여러 계기에 대해서 호기심이 생겼다. 더불어 광장의 각 공간마다, 이끌어가는 참여자들이 구분되어 있는데, 각 공간에 대한 집중관찰의 필요성을 느끼게 되었다. 연구자들은 자신에게 익숙하게 여겨지는 공간을 집중적으로 참여관찰하기로 하고, 연구자들끼리는 집중관찰하고자 하는 공간과 대상에 대해 사전에 팀 회의에서 정보를 공유하였다. 집중관찰을 하다보면 참여자들에게 집중하게 되는 경우가 많다. 다양한 사람들이 광장을 찾을 수 있고, 참여에 있어서는 어떠한 제재도 없다. 그러다보니, 이곳에는 참여자들의 다양한 성격과 가치관, 정치 성향 등이 혼재되어 있음을 알 수 있었다. 연구자들은 이 경우, 자신의 가치관이나 정치 성향과는 다른 의견에 대해서 거부감이 들 수도 있고, 혹은 영향을 받게 될 수도 있다. 이에 연구자는 연구에 방해가 되지 않도록 객관성과 중립성을 유지할 수 있어야 한다. 이를 위해, 연구자는 자신을 성찰하는 습관과 능력을 배양할 필요성이 있다고 여겨진다.

06

현장 속 깊은 이야기_심층면담

질적인 문화기술연구방법론

현장 속 깊은 이야기_심층면담

김효실

윤택림(2013)에 따르면, 인류학적 현지조사에서 심층인터뷰는 전체 현지조사 중의 일부이며, '인터뷰'는 연구자와 연구 참여자 사이의 상호작용이 '공동'으로 구체적으로 이야기가 생산되어 완성되어 가는 기회이고, 면담은 상황 의존적인 것으로 연구자와 연구 참여자 사이의 서로 협력을 통하여 진행할 수 있다. 또한 심층면담은 흔히 '인터뷰'로 알려져 있으며 '목적을 가진' 연구자와 연구 참여자의 긴밀한 대화를 의미하며 연구자가 연구 참여자의 시각에 접근하여 이를 이해하는데 목적을 가지고 실행하고 있다. 이렇듯 질적연구의 인터뷰를 통해 생산되는 지식은 대화적, 언어적, 맥락적, 상호 인간관계적, 이야기적 그리고 실천적 특성을 지난다는 점에서 질적연구에서 가장 중요한 위치를 차지하고 있다.

문화기술지의 현장에서 연구에 있어서 면담은 참여관찰과 더불어 현장연구의 가장 대표적인 자료 수집 방법이며, 연구자가 자료 수집을 위해 사용하는 방법은 참여관찰, 면담, 영상자료 수집, 설문조사 등등 다양하다. 그 중 문화기술지 연구에 있어서의 면담은 참여관찰과 함께 현장연구의 가장 대표적인 자료수집 방법이다(박순 외, 2016). 여기서 기억해야 할 것은 참여관찰과 심층면담은 밀접한 관계이며, 상호 보완적이라는 점이다. 먼저 참여 관찰을 통해 연구대상자들의 삶, 행동 양식 등을 객관적으로 살필 수 있으며, 동시에 심층면담을 위한 '라포'도 형성할 수 있다. 라포를 충분히 형성한 이후에는 관찰만으로 알 수 없는 연구대상자들과 연구자 간의 심연의 이야기를 통하여 상호 대화를 시도한다.

본 장에서는 연구자들은 우리말 용어이자, 서로 간 대화가 이루어지는 상황을 연상시키는 '면담'이란 단어를 사용하겠으며, '면담 대상자'는 '연구 참여자'라는 단어로 사용할 것이다. 참여관찰 이후에 연구 참여자들의 깊은 마음속을 대화를 통해 살핀다는 의미에서 '심층면담'이란 단어를 사용하기로 한다.

'세월호 광장'에서의 심층면담의 시작은 그 공간의 다양한 장소에서 활동을 하고 계신 연구 참여자의 삶의 경험과 시대적 상황들을 파악하고, 이들 만의 언어와 행동의 관점들을 더 깊이 이해하기 위해 연구자들이 자주 얼굴을 익히고 대화해 나가며 지속적인 만남을 유지하면서 출발한다.

따라서 광화문 광장의 심층면담은 연구자가 연구 참여자 각자에게 직접 관찰할 수 없는 것들이나 의식과 활동 내용을 발견해 내기 위한 연구 방법으로서 연구 참여자의 감정, 생각이나 의도, 활동 상황이나 범주등, 활동 주체자들의 행위들의 의미와 이들의 주변 세계를 해석하는 방법을 읽기 위해 그 현장 속으로 더 들어가서 깊은 이야기를 나누기 위해 사용하기로 하였다.

이렇듯 세월호 광장의 질적연구에서 다루고 있는 연구 참여자들의 심층면담을 통해 생산되는 생각과 지식들을 언어적 대화를 통하여 '세월호 광장'의 현재 벌어지고 있는 실제 상황들의 맥락을 잡기 위해 상호 인간 관계적이고, 실천적 특성을 지난다는 점에서 우리들의 질적연구에서 가장 중요한 위치를 차지하기도 하다.

이하부터는 연구자들이 실제 세월호 광장에서 어떻게 심층면담을 진행하였는지를 중심으로 살펴보고자 한다. 심층면담에 관한 기존의 이론을 간략히 소개하는 동시에 그 이론이 실제 '세월호 광장' 문화기술지 연구에서 어떻게 사용되었는지, 또한 그 과정을 통해 새롭게 정립하게 된 이론 등을 서술해 나가고자 한다.

1. 한 걸음: 준비 단계

(1) 참여관찰을 통한 면담대상자 선정하기

준비 단계에서의 심층면담은 한 걸음씩 나아가서 구체적인 여러 상황들을 깊이 이해하기 위해 유용하게 사용될 수 있겠다는 점과 연구자가 직접적으로 관찰 할 수 없는 그곳에서 일어나고 있는 현상을 이해 할 수 있는 중요한 도구로 사용 할 것이다(조영달, 2005). 그리하여 관찰하려는 상황에 대한 폭넓은 견해와 이론들을 구성하기로 하였다. 즉, 현장 속에서 어떤 문제를 탐구하고. 이에 대한 연구 대상 자신들의 설명을 이해하려는 경우에 더욱 적합하기 때문이다.

Spradly(2006)의 이론에 의해 제안하였던 문화 기술지적 인터뷰를 활용하여 심층면담을 진행하기로 하였다. 연구 참여자 각자에게는 면담 시 녹음기 사용에 대한 사전 동의를 얻은 후 실시하며 면담 내용들은 필요에 따라 축어록(전사)을 활용하여 연구 일지에 메모하였다.

참여관찰 기간 중의 연구자들은 내부적 관점들을 한걸음 더 내딛어 구체적으로 조사하며, 확인하기 위해서 연구의 마지막 단계로 보며 보다 더 체계적이고 심층적으로 이루어졌다.

앞서 언급한 것처럼 연구자들의 참여관찰과 심층면담은 매우 밀접한 관계이기에 참여관찰이 전제 되지 않은 면담은 정보 탐색하는 것처럼 딱딱하고 형식적인 대화만이 가능할 뿐이다. 먼저 참여관찰을 통해 각 연구자가 한걸음씩 자연스럽게 현장에 녹아들어 현장의 상황, 구성원 등을 파악한 뒤에 면담대상자를 선정하기로 했다. 면담은 우리의 연구 주제나 장소의 특수성에 따라 개인 면담을 선택하였다.

이러한 흐름에 따라 연구자들은 참여관찰을 통해 만난 모든 연구 참여자들의 장소나 특징들을 고려하여 각 인물의 목록을 작성하기 시작했다. 목록을 작성할 때 이곳에 잠시 다녀간 사람은 제외하였다. 즉, 세월호 광장에 견학 온 학생들, 주변에 용무가 있어 지나가다 들리는 사람, 국·내외 관광객 등 잠깐 머무를 사람들은 연구대상으로 볼 수 없었다. 왜냐하면 참여관찰의 과정에서 연구자는 낯선 문화에 대해 끊임없이 의무를 갖게 되고 관찰의 현장에서 그 의문들을 면담의 형식으로 풀어나가기 때문이다. 그러나 관찰과 면담의 상호 보완성을 감안하여 광화문 광장이나 이 집단에 오랜 연고를 갖고 있어서 그 문화를 속속히 잘 아는 사람이나 대체로 연구 참여자가 적극적이고, 능동적으로 이야기 하는 것을 즐겨하는 사람들로 구성해보기로 하였다. 이러한 점들을 감안하여 연구자들은 세월호 광장이 조성될 때부터 심층 면담 상황까지 최소한 수개월~ 1년 이상 상주하며, 그곳에서 일정한 역할을 지닌 사람들을 중심으로 목록을 작성하였다. 참여관찰 1주차부터 4주차까지 각 연구자들과 '라포'를 형성하고 친밀해진 인물 총15명을 심층면담 대상자로 선정하였으며, 인터뷰 의뢰는 참여관찰 5주차 현장 방문을 통해 이루어졌다.

(2) 세월호 광장의 특성 고려하기

심층면담을 통하여 적극적으로 현재 우리 사회에서 일어나는 어떤 현상에 대한 이해나 탐구를 넓히기 위한 측면에서 이론들을 재구성하기 위하여 연구자들은 좀 더 박차를 가하기 시작했다. 연구 참여자의 집단 구성원들이 그들의 일상적 삶을 통하여 구성하는 사회적 실체에 대해 경험과 관점들을 자신들의 일상적 언어로 이야기하는 내용들을 연구자는 구체적으로 들음으로써 이들의 실제 상황을 재구성할 수 있기를 기대하였다.

앞서 설명 했듯이 세월호 광장에는 가보면 각 역할에 따른 여러 가지 공간이 있다. 광장 초입에 있는 '진실마중대(각종 서명하는 곳)'을 시작으로 '노란리본공작소', '천막 카페', '상황실', '유가족 대기실', '분향소', '기록 저장소' 등의 공간이 있다. 심층면담을 위한 연구 참여자 선정할 때 이러한 다양성을 반영하려 하였다. 비교적 접근이 쉬운 '노란리본공작소' 뿐만 아니라 그 외의 공간에서 상주하고 있는 사람들과 친밀한 관계를 지속적으로 유지하였으며, 연구 참여자는 공간 활동에 따라 각자의 다양한 개인의 경험을 통한 이야기 들의 전개 과정을 통해 면담의 결과에 따른 자료의 결과도 얻을 수 있을 것 이다. 또한 상담을 전공하는 연구자의 숙련도에 따라 인터뷰 결과 자료의 질 이 결정되기 때문에 가장 탐색적인 연구에 적합한 단계로 보았다.

(3) 질문 만들기

"그동안 여기서 과연 무슨 일이 일어나고 있는 걸까?"

"저 곳에서는 무슨 일들이 지속적으로 전개되어지고 있는가?"

"광화문 광장의 여러 장소에서 보여지는 활동 간의 공통점들은 무엇인가?"

"왜 이들은 이렇게밖에 할 수 없었던 것일까?"

"광화문 광장에서 저들은 무엇을 말하고 싶었던 것일까?

등의 궁금증들을 연구자들은 끊임없이 의문점들을 서로서로 던져보며 다양한 이들의 내면세계를 보다 더 깊이 들어가면서 이해하고자 하였다.

여기서 우선 문화기술적 심층면담에서는 연구자의 의문들을 풀어주고, 그 문화를 보다 잘 이해 하고 연구자의 의문들을 풀어 줄 수 있도록 정보를 제공해 주는 사람을 '제보자'라고 하는데(조용환, 2012) 우리 팀은 '연구 참여 자'라고 부르기로 하였다. 주로 연구자와 심층면담에서 많은 이야기를 하는 사람은 연구 참여자이므로 이런 오랜 시간의 대화를 위해서는 이들과의 인 간적인 이해가 선행되어야 한다. 즉, 일상생활 기술적 연구의 심층면담은 원칙적으로 유연하며, 연구 참여자들과 우호적이면서 목적적이어야 하므로 감정이입이 되어 있고, 이야기를 충분히 들을 수 있는 것이어야 한다. 또한 연구자의 정해진 방향이나 결론으로 유도하지 말아야 한다. 또한 일반적인 질문에서 초점이 모아지는 질문으로 진행해야 한다.

본 연구 역시 후반부에 심층면담에 들어가서 연구 경험이 연구자 개개 인에게 어떠한 영향을 미쳤는가를 살펴보고 이것들을 자신의 방식으로 표현하여 해석하게끔 하였다는 면에서 집중관찰 이후의 연구해석에 대한 방식을 새롭게 적용하였다.

4주까지의 집중관찰과 함께 5주차에 들어가 선별 관찰, 심층 인터뷰를 진행하였다. 이때까지 만나 일상적 대화를 기록한 사람은 집중관찰에서 11명(연구 참여자. 1~8, 14, 15, 16)이었다.

이 과정들이 어떤 문화적 구조나 인공물들이 만들어지는가에 따라서 문화의 속성들을 파악하기 위한 심층 면담은 무엇이 행해지고 있으며, 왜 행해지고 있는가를 더욱 완전하게 기술하기 위해서 실시하는데 중요한 다리의 역할을 할 것이다.

① 질문은 반드시 사전에 준비한다.

면담의 질문은 사전에 철저히 준비하는 것이 좋다. 참여관찰 과정에서는 즉흥적이고, 가벼운 일상적 대화로 이루어지지만, 이후에 이어지는 심층면담은 참여관찰 과정에서 파악하지 못한 내용들을 1:1 대화를 통해 알아가는 과정이다. 질문의 사전 준비를 위해 약 4주간 '세월호 광장'에서 여러 단계를 거쳐 체험한 것들을 토대로 연구자들 각자는 질문을 마련하였다. 연구자 14명이 그곳에서 보고 듣고 느낀 것을 바탕으로 취합된 질문은 약 100개가량 되었으며, 중복되거나 유사한 내용의 질문은 재검토 해 나가면서 삭제하거나, 하나로 통합시키는 과정 등을 거쳤다.

② 상대방의 눈높이와 마음에 맞추며 질문하기로 한다.

연구자들은 대개 고등 교육을 마치고, 각종 시사나 보도, 또한 논문과 저술 등을 접하는 시간이 많기 때문에 학술적인 용어와 단어, 추상적인 개념에 익숙하다. 그러나 연구 참여자들은 일상 대화 속에서는 대부분은 이러한 학문적인 용어, 전문적인 개념 등을 일상에서 사용하지 않았다. 이러한 점들을 고려하여 연구자들이 연구 관찰자의 질문을 어려움 없이 이해할 수 있도록 질문을 만들어야 했다. 질문 자체를 구술자의 눈높이에 맞추어야, 심층면담에 응하는 연구 참여자도 질문을 잘 이해하여 편안하게 인터뷰에 임할 수 있는 질문들을 연구하였다. '세월호 광장'에는 다양한 스펙트럼을 가진 사람들(연구 참여자)들이 상주하고 있다. 따라서 추상적, 전문적인 개념보다는 가능한 한 쉬운 용어로, 구어적으로 질문해 응답자가 이해하기 쉽도록 해야 한다.. 각자 살아온 배경도 다르고 생각하는 것이 달라 최대한 간결하게 질문을 구성하였다.

예를 들면,
- 이곳에 참여로 인한 부담감이나 고유 생활을 방해받는다는 느낌도 있으신지요?
- 혹시 활동을 하시면서 불편한 것은 어떤 것들인가요?
- 주변에서 응원해주거나 도와주는 정서적 자원이 있으신지요?
- 주변에서 힘이 되는 사람이나 친구들이 있으신지요?
- 인생에서 지금의 이 순간은 어느 정도의 비중이라고 여겨지시는지요?
- 이 후, 세월이 지나 지금을 생각한다면 어떤 시간으로 기억되실 것 같으신지요?
- 지금 이곳에서 해결하고 싶은 일이나 이루고 싶은 일이 있으신지요?
- 세월이 지나 지금을 생각하신다면 어떤 시간으로 기억되실 것 같으신지요?

등의 내용들이다.

③ 대화가 이어지는 질문을 위해 "예", "아니오"를 유도하는 질문은 되도록 피하기로 한다.

단답형으로 대답하는 취조식의 질문은 피하는 것이 좋다. 연구 참여자가 능동적으로 이야기할 수 있도록 돕는 질문을 통해 계속해서 대화를 이어나갈 수 있다. "…에 대해서 구체적으로 설명해주세요", "이곳은 ㅇㅇ님에게 어떤 의미가 있으신가요?" 등으로 연구 참여자가 자신의 이야기를 풀어낼 수 있는 질문을 미리 준비하는 것이 원활한 심층면담을 위해 필요하다. 광범위한 질문으로 시작하여 구체적인 질문으로 진행하였다.

④ 각 연구 참여자에 맞는 인터뷰 전략을 마련하라.

연구의 일반성을 높이기 위하여 연구자는 주요 연구 참여자 ○○명을 선정하고 자료를 수집 해석하는 과정에서 성별과 나이를 고려하여 개인적 편차를 최대한 고려하였다.

⑤ 자연스러운 태도를 갖는다. 연구자는 응답자가 편안히 이야기할 수 있도록 자연스럽게 행동하는 것이 중요하다.

연구자들의 참여관찰을 통해 알게 된 점은 세월호에는 다양한 스펙트럼을 가진 사람들이 상주하고 있고, 시대적 특유의 문화를 만들어 내고 있다는 점이다. 10대~ 70대의 연령분포, 가정주부, 학생, 일반인, 사회운동가, 종교인 등의 다양한 직업 등을 가지고 있었으며 세월호 광장에 오기 전까지 각자의 삶에서 사연을 가지고 있었다. 참여관찰을 통해 각 대상자의 특성에 맞게 인터뷰 전략을 마련하였다.

⑥ 모든 질문에 대한 즉시 답을 얻으려고 하지 말라.

연구자와 연구 참여자로 만나는 관계의 한계 속에서 예상보다 부족함이 느껴질 수 있다. 답변이 부족하거나 미진한 내용은 다음 면담에서 해결하면 될 것이며, 면담이 종료되었다고 해도 추후 질문 등을 통해 해결 할 수 있다. 그리고 성급한 답을 얻기 위한 유도 질문은 특정 답변을 이끌 수 있고 대답을 강요할 수 있기 때문에 유념해야 한다.

나아가 연구자들은 되도록 질문에 중립적인 태도를 유지하려는 자세로 임하였다. 연구자가 특정한 이야기에 관심을 표명하거나, 흥미를 보이면 연구 관찰자는 연구자가 어떤 정보를 원하는지 알게 되어 이들의 답변에 영향을 미치게 되는 점을 우려하였다.

⑦ 효율적인 대화를 위해 필기보다는 녹음이 더 효율적이다.

인터뷰 자료의 정확성을 보장하기 위해 녹음하기로 하였다. 녹음이 불가능하다면 지속적인 메모가 필요하다. 과거에는 녹음장비가 활성화 되지 않았고 보이스 레코더를 따로 구입하여 연구자들은 기억 혹은 필기에 의존하여 심층면담을 진행하였다. 손으로 받아 적는데 장점도 있겠으나, 그에 따른 한계도 만만치 않다. 모든 말을 그대로 옮겨 적기에는 한계가 있으며, 받아 적는 것에 치중하여 질문 할 타이밍을 놓치는 등 대화에 집중하기가 어렵다. 또한, 상호간 자연스러운 대화가 기본이 아닌 연구 참여자는 말하는 자-연구자는 적는 자로 양분될 가능성도 있다. 최근에는 스마트 기기에서도 훌륭한 품질의 녹음이 가능하여 녹음에 대한 접근성이 과거보다는 높아졌다. 세월호 광장의 심층면담 역시 녹음을 기본으로 하였다. 녹음을 하는 것에 대한 양해를 미리 구했으며(윤리문제), 녹음한 파일은 외부로 배포되는 일 없이 오로지 연구에만 쓰인 이후에 완전히 폐기된다는 것을 참여자들에게 이야기하여 신뢰를 구축하였다. 그러나 녹음할 때 유의할 점은 오로지 녹음에만 의지하면 안 된다는 것이다. 녹음을 하는 본연의 이유는 대화에 더 집중하기 위함을 망각하고 나중에 들을 생각으로 대화에 집중하지 못하는 일이 일어나서는 안 된다. 그리고 전자기기 사용 미숙이나 배터리 부족이나 기기결함 등으로 녹음이 되지 않을 시 재 면담을 요청하는 것은 연구 참여자에게 결례뿐만 아니라 참여관찰부터 쌓아왔던 신뢰마저 무너뜨릴 수 있으므로, 녹음장비에 대한 만반의 점검이 필요하다.

이런 점들을 고려하여 심층면담을 실시하고, 면담 내용은 그 녹음 기록들을 전사한 것들로 분석 수준에 맞게 텍스트로 옮겨 분석 자료로 삼은 다음, 14명의 심층면담과 참여관찰에서 얻은 자료들과 함께 문화 기술지 작성을 위한 기초 자료로 활용하였다.

2. 또 한걸음: 실행 단계

공교롭게도 연구자들의 본격적인 심층면접 과정 중에서 '최순실 사건'으로 야기 된 '박근혜 하야' 탄원 사건의 가장 정점을 이루는 시점에서도 계속 진행되고 있었다. 날씨 마져 갑자기 기온이 뚝 떨어진 추운 늦가을이었다. 역사적인 '최순실 게이트' 이후의 변화로 연구자들과 연구 참여자들과 함께 '광화문 광장'의 실제를 직접 경험하기도 하며, 함께 힘든 사건이 발생됨으로 그 역동과 상황의 변화들을 몸소 체험할 수 있었다. 또한 연구 참여자들의 심리적 변화도 감지 할 수 있었다. 다소 흥분되어 있던 어떤 연구 참여자는 많은 군중들 속에서 격렬하게 시위하는 모습도 보였다. 광화문 광장의 상황은 시위대의 한편에서는 깃발을 들고 촛불 시위하고, 다른 편에서는 전경들과 맞대응하고 있었다.

(1) 장소

연구자들은 심층면담이 이루어지는 장소에 대해서는 큰 제약을 받지는 않았다. 연구자와 연구 참여자의 상호간의 협조로 편한 장소를 선택하면 된다. 광화문 주변이 다양한 행사의 진행으로 인하여 너무 시끄럽거나, 집중력을 분산시키는 등의 장소나 공간을 피하여 진행하는 것이 좋다. 이 점을 감안하여 '세월호 광장'의 연구 참여자들에 대한 인터뷰는 주로 광화문 근처 까페나 조용한 장소에서 대체로 진행되었다. 또한, 연구 참여자들은 대부분 각자의 생활을 꾸려 나가기 위해 생업을 하면서 자원봉사의 형식으로 상주하는 연구 참여자들이 많다 보니 따로 제3의 장소에서 만나는 것이 현실적으로 어려웠다. 각 연구 참여자들이 세월호 광장에서 활동하는 때나, 상주하는 요일이나 시간대, 각자의 역할을 마친 이후 등을 고려하였기에 광장 주변 카페 등을 이용하여 면담을 진행하였다. 질문은 실제로 얻으려는 정보의 종류와 관련되어 있으며 정보 전달자가 자신의 경험을 자세하게 표현할 수 있게 질문하고, 자신의 해석을 전달 할 수 있게 분위기를 조성해야 할 것이다.

(2) 소요 시간 및 횟수

심층면담은 대체로 연구 참여자의 내면 깊숙한 심리적 상태를 조사하기 위해 한 사람의 응답자를 대상으로 응답자의 태도와 행동에 내재하는 보다 근본적인 동인을 밝히는데 있다. 연구자들은 또 한 걸음씩 나아간다. 세월호 광장에서의 자기만의 목소리나 감정과 생각들을 표현하지 못한 내용들과 알려지지 않은 심리를 포착하기 위해 숙련된 연구자가 자유로운 분위기 속에서 대화를 나누는 형식으로 진행하며 1시간－2시간 내에서 면담을 끝내도록 약속하였다. 처음에는 부드러운 주변 이야기로부터 시작하여 대화하면서 자연스럽게 내용들을 담을 수가 있었다. 이렇게 세월호 광장에서의 심층면담은 최소한 50분~90분 정도로 진행되었다. 심층면담은 고도의 집중력을 요하고, 상호간 긴장 상태에서 이루어지기 때문에 지나치게 긴 시간의 면담은 오히려 집중력의 저하를 가져올 수 있다. 또한, 앞서 언급한 것처럼 연구 참여자 대부분이 각자의 직업을 가지고 있고, 여성들은 대개 주부의 역할을 하면서 광장에 나오기 때문에 광장에서의 역할을 다 한 이후에 이루어지는 면담은 길게 이루어질 수 없었다.

본 연구는 대학원 수업(상담연구방법론 중 질적연구방법론)의 일환으로 진행되어서 60일 내에 모든 연구가 집약적으로 이루어지는 한계가 있었다. 짧게는 수개월에서 수년 동안 진행되는 연구는 참여관찰 이후에 심층면담이 여러 차례 이루어질 수 있을 것이다. 예를 들어, 20시간의 면담을 계획하여 10회 차로 나눈다거나 10시간을 5회 차로 나누어 진행하는 등으로 이루어질 수 있겠다(윤택림, 2013). 그러나 본 연구의 특성과 한계로 인해 1회~ 5회 미만의 면담이 이루어졌으나, 10여 명의 연구자들의 심층면접을 통하여 동시에 폭넓은 방법으로 다양하고, 신속한 정보나 특성들을 파악하였다. 이와 같이 학업을 진행하고 있는 연구자들의 특성을 고려하여 시간적·재정적 여건이 허락지 않거나, 대학원 수업의 실습 등 단기 연구를 진행하는 연구자들에게 적합한 방법이라 할 것이다.

(3) 심층면담의 질문

심층면담 초반에 시작할 경우, 자칫 취재나 정보를 얻기 위한 인상을 주지 않기 위해 처음부터 상세한 질문은 피하기로 하였다. 따라서 면담 초반에 연구와 관련된 내용들을 빨리 유도하여 상황들을 듣고 싶었으나 광범위한 질문으로부터 시작하여 귀납적인 결론을 얻는 방법에 바람직하게 부합하려고 세월호 광장의 연구 참여자들에게 아래와 같은 질문을 먼저 던졌다.

공통 질문은 아래와 같다.

- 처음에 이렇게 거리로 무엇을 하기 위해 광화문 광장에 나오게 되셨나요? 나오시게 된 이유는 무엇이었는지요? (목적)
- 이곳에서 무엇을 이루고자 하시나요? (구체적인 목표)
- 처음에 세월호 광장에 오게 되신 계기나, 함께 일하게 된 계기는 무엇인지요? (동기)
- 어떠한 경위로 오게 되셨나요? 혹시 주변에 함께 하는 분들도 있나요?
- 여기에서 이루고자 하는, 또는 바라는 것은 무엇이 있을까요?(바람)
- 2년이 지나도록 이 집단에서 진짜 이야기하고 싶었던 것, 그리고 현재 이야기하고 싶은 것은 무엇일까요?
- 이러한 활동을 하는 내면에 진정 원하는 것은 무엇일까요?(욕구)
- 힘든 시간을 버틸 수 있게 해주는 힘과 도와주었던 원천은 무엇일까요?
- 이곳 활동을 통해 새롭게 깨닫게 된 점은 무엇이며 본인의 삶에 어떤 영향을 주는 것 같은가요?
- 광화문 광장에서 일하시면서 가장 보람 있었던 최고의 순간은 무엇인가요?

<자세한 질문지 작성표는 부록 참고>

Q1. 세월호 활동 참여계기?
A. (눈물 글썽) 말을 시작하려면 자꾸...
4월 16일 출근 준비 중이었는데 참사 이야기 나오는 것을 보던 것 생생하게 기억이

나요.

학원으로 출근하는 길이었어요. 퇴근하는 길에 라디오에서 배철수 라디오를 듣고 있었어요. "많은 사람들이 희생되었는데 대부분이 학생들이었다는 데에 분노했다"라는 거에요. 뉴스를 그제서야 확인했는데 대부분의 학생들이 죽었을 것이라는 내용을 접했어요. 차가운 바닷물에서 죽은 아이들을 생각하니 미칠 것 같았어요. (중략) 그런데 결정적으로 나오게 된 것은, 5월 첫 주인가부터 집회가 시작했어요. 그 때부터 남편, 아이들이랑 집회 나오기 시작한 거에요. 주말마다 나오고, 그러면서 유민아빠 단식 시작하고.... 유민아빠 단식 35일, 이렇게 지나가고 그랬었잖아요, 그런데 집회장에서 봤을 때 유민아빠가 이미 피골이 상접해가지고 제대로 걷지도 못하는 상황이었어요. 그런데 뉴스에서는 "이분 생명이 위독하다" 이러잖아요. 그래서 그날은 퇴근을 해서 주부니까 저녁시간이라 쌀을 씻고 있는데 도저히 못 견디겠는거에요. 내 눈으로 가서 그 천막 앞에 가서 '소리'라도 들어야 살 것 같은 거에요. 그래서 쌀을 씻다 말고 나왔어요. 그렇게 광화문에 가가지고 그 천막 앞에, 이미 그 때는 10시가 다 되는 시간이라서 천막 다 내려져 있고, 그 앞에서 한참을 서 있었어요. 그런데 누군가 천막 안에서 나오는데 그분이 민우아빠였어요. 유가족 민우아빠랑 상우(?) 아빠랑 상주하고 계셨었잖아요. 민우아빠더라구요. 그때는 유가족인지 몰랐었는데, 부모님들이 아이들 명찰을 달고 다녔었잖아요. 유가족인걸 알았죠. 유민아빠 상태 물어보고, 걱정하지 말라고 하시더라구요. 주치의도 옆에 있고, 119도 있고 그러니 걱정하지 말라고. 그리고 잠깐 민우 이야기하고 돌아갔어요. 그 다음 주부터 국민 단식을 시작했어요. 평일에는 할 수 없으니까 주말에 하겠다고 왔어요. 금요일부터 일요일까지 2박 3일 하겠다고 왔는데 나는 중계동에 사는데, 집까지 왔다 갔다 하기가 어려운거에요. 그래서 이제 가지를 않았어요. 집에에.. 그때 여름이니까 사람들은 앉아서 자기 할 일 하고 그러는데 보니까 파라솔? 파라솔 천막이 있는데, 천막도 아니지. 왜 편의점 가면 그런 거 있잖아요. 우산같이 생긴 거. 그거 파라솔 밑에 비닐 같은 거 깔아놓고, 동조 단식 같은 거 하는 단체들이 있었어요. 그런 단체들이 천막 하나씩 차지하고 있고, 천막과 천막 사이에 쪼그만한 공간이 생기니까 거기다가 파라솔을 쳐놓고 사람들이 리본을 만들고 있는 거에요.

Q2. 세월호 광장에서 하고 싶은 말, 목소리가 무엇일까요?

A. 가장 하고 싶은 이야기가 뭐냐 하면요, 우리나라가 대의민주정치잖아요. 우리는 대표를 선출을 하잖아요. 그 대표를 통해서 법률도 만들고 하는데, 그 막강한 권한을 맡겨놓고 우리는 전혀 감시하지 않아요. 그들이 뭐하는지... 우리 대표 똑바로 뽑아 감

시하자. 우리가 제대로 감시를 하고 있으면, 그러면 최소한 무당에게 국권을 맡기는 일은 없겠다. 국가 시스템이란게 제대로 작동을 했더라면 그렇게 무리하게 세월호가 출항을 하지 않았을 것이고, 설사 출항을 해야 할 어떤 극적인 이유가 있었더라도 그렇게 죽게 내버려두지는 않았겠죠. 그리고 국가 시스템이라는 게 제대로 작동을 했더라면, 최소한의 생명은 보장되는 세상이어야 한다는 거지. 저는 그 얘기하고 싶어요. (중략)

세월호 광장은 저한테는 광야였어요.(울먹) 그러니까 광야는...버림을 받는 곳일 수도 있고. 부르심을 받는 곳일 수도 있고. 아무것도 없는 나락일 수도 있는...광야는. 춥고 배고프고 힘들고. 아무 것도 없는 허허벌판이고... 모세는 떨기나무 아래에서 불꽃에서 하나님 음성을 듣고 거룩한 신을 벗으라고 해서. 신발을 벗었던 그런 광야이지만 저한테, 거기는...뭐라고 해야 할까.(눈물이 고임) 그냥 기가 막힌 곳이었어요. 그냥 빼앗긴 곳? 보내심을 입은 곳이라고 부르심을 입은 곳이라고 그렇게 알고 갔는데. 만신창이가 되는 곳이었어요. 내가 뭐를 줄 수 있어서 간 게 아니거든요...왜냐하면 나는 하루 벌어 하루 먹고 사는 그냥 영업 사원이예요. 다니면서도 일을 하긴 했는데. 그 1년 동안은. 2016년 그 1년은 아버지가 돌아가시기 생사를 오락가락. 병원으로 요양원으로 모시고 다녀야 되는....상황... 12월 31일까지 그 기간은... 마지막은 저한테는'거의 죽어라, 너는 죽어야 된다'. 휴,...절망, 나락인거죠. 일이 안되니까 돈은 없어요. (중략) 몇 년 동안은 그런 상황..하루하루가 절박했던 상황인데. 제가 왜 거기를 갔어야 했는지 저는 모르겠어요... 그 전에도 그랬지만.... 2016년은 정말 최악이었죠. (2016.11.6. 오후 4:00~5:00. 광화문ㅇㅇ커피숍)

Q3. 세월호 광장에 어떻게 나오게 되셨어요?

A. 멍멍했죠.. 한편으로는 속이 상하기도 했고 한편으로는 아프기도 했고. 나도 자식 키우는 부모 입장이고. 내 손주가 지금 고등학교 1학년이거든요. 그러니까 그 아이들 연배잖아요. 그러니까 눈이 뒤집어진 거죠. 그 상황을 보고 나서 4월 달 영업을 못했어요. 숨이 막혀서. 그리고 4월 23일부터 청계광장에서 시위가 열리기 시작했어요. 내가 할 수 있는 일은. 내가 아마추어 사진 찍는 사람이거든요. 동호회도 있고. 그럼 이 시점에 내가 할 수 있는 사진 찍는 거다. 역사는 사진으로 남는 거니까. 그래서 사진 찍는 것을 시작했어요. 집회 따라다니며 사진 찍고. 청계천도 가고.

그때 광화문 분수 광장 옆에서 시민들이 피켓을 들기 시작했어요. 그 때 유민이 아버지가 단식을 시작했어요. 유가족이 단식을 시작한 거죠. 그 때 가천막이 세워지고. 유가족 농성을 시작하고. 시민들이 동조단식을 시작하고. 여기 천막이 들어서기 시작했어요. 영화인들, 종교인들 단식 농성 시작할 때. 천막과 천막 사이에. 지금은 잘 돼 있는데, 처음에는 이렇게 안 생기고 허름한 천막이었어요. 그 사이에 이거 반쯤 되는 공간이 있는데, 거기에 비 가림막을 치고 리본을 만들기 시작했는데. 그 때도 조심스 러우니까 사람 얼굴은 못 찍고 사진을 찍어 갔어요. 그런데 사진을 찍다 보니까 매일 나왔어요. 영업직이니까. 매일 와서 기록을 하고 사진을 찍어 기록한다는 게 역사적으 로 의미가 있겠지만 지금 일손이 달리는데. 지금 리본을 만들어야 되고. 리본을 만들 어서 청계광장에 가서 나눠주고 그랬거든요. 밤중에. 이렇게 리본이 많이 필요하고 사 람 손이 모자란데, 내가 도와주는 게 좋겠다고.. 와서 사진을 찍다가 리본을 만들고, 그리고 회사를 가고. 사진도 기록을 하긴 하는데, 지금 여전히.. 그렇게 해서 5월부터 광장에 나오기 시작했죠.

거짓이 난무한 거죠. 나라에서. 할 수 있는 모든 것을 안 한 거예요. 사람들이 죽어 가는데. 건지러 간 사람들은 해경이 아녜요. 왜냐하면 우리는 보니까. 엄마, 아빠들 얘 기는 들으니까. 여기서 사셨어요. 단식을 하시다가 들어가셨잖아요. 그때 전부터 영석 이 아버지가 여기서 살면서 광화문을 지키셨죠. 추석이었어요. 2014년 추석을 유민 아 버지와 영석이 아버지하고. 아이들 첫 차례 상을 차린 거예요. 그런데 얼마만큼 기가 막히냐면. 17살 아이들 차례상을 60이 넘은 이 할머니가 차리면서 어동육서 홍동백 서... 이러고... 80 넘은 할머니가 와서 그 앞에 와서 절을 하는 거예요. 세상에. 그런데 그 추석이 여기서 3번 있었던 거죠. (2016.11.10. 2시 10분 ~ 3시 15분. 상황실)

Q4. 어떤 게 그렇게, 여기에 나오게 한 것 같으세요?

A. 아이들이 배안에서...그런 생각을 해봤어요. 우리 아이가 그 배 안에 있다고...바 꿔서 생각을 해봤거든요. 저는...아이를 그렇게 잃고...못살 것 같아요. 어머니들이...아 버지들도 그렇지만 되게 대단하다고 해야 하나? 그런 생각이 들고. 내가...돈으로는 못 해줘도 내가 만든 거 하나라도 더 사람들이 가방에 매달고 다니고...그 하나라도 더 만 들어서 더 알리고...가방에 달게끔 해주고 싶어요. (참여자 5)

Q. 그렇지만 선생님 책임도 아니잖아요? 몇 년씩 이렇게 할 수 있는 그 마음은 무엇 일까요?

A. 지금 얘 네들이 살아있으면 대학 간 애들, 사회 나와서 직장 생활하는 애들, 군 대 가는 애들도 있을 거잖아요. 이 나라에서 우리 아이들이 어떻게 살아갈...나라..만들 어줘야 하잖아요. 아버지, 어머니들이 하시는 말이 안전한 나라, 사고 없는 나라 그러

는데...저도 그런 생각이 많이 들어요. (참여자 5)

이렇게 광범위한 질문에 이어 범위를 좁혀 정치의식, 모성애, 공동체 의식, 소속감 등에 해당하는 구체적인 질문을 토대로 면담을 진행하였다. 각 범주들의 내용이 연결되어 있어 범주화 하는 것이 다소 인위적이라고 판단하였지만, 질문과 답변을 원활히 하고 다양한 역동이 있는 세월호 광장의 모습을 간결하게 만들기 위해 다음은 예시의 질문을 만들어 인터뷰를 진행하였다.

① 정치 의식

Q. 이 사회의 변화를 원하신다면 이 안에서 어떤 역할을 하고 계시다고 느껴지시나요?

Q. 세월호 광장에서의 활동이 사회에 어떤 메시지(이야기)를 던진다고 생각하시나요?

Q. 이 사회의 변화를 원하신다면 이 안에서 어떤 역할을 하고 계시다고 느껴지시나요?

Q. 그 전에도 현장에서 활동을 해 본적이 있는지, 있다면 이곳과의 차별성은 무엇인지요?

Q. 목표를 추구하는 과정에서 전하고 싶은 메시지나 목표를 이루지 못하는 데에 가장 큰 장애물이나 어려움은 무엇이 있을까?

Q. 지금 여기 시위가 참 많은데, 여러 가지 이슈가 겹쳐진 것이 세월호 사건에 어떤 영향을 미친다고 보세요?

A. 이게 뒷전으로.... 자꾸 세월호가 뒷전으로 밀리는 거 같아요. 왜냐하면 세월호 참사의 진상규명을 밝히고, 특검을 실시해서 책임자를 처벌했으면 여기까지 안 왔어요. 이거는 뒷전으로... 죽기 살기로 싸워 놓고는... 일어나는 일들이 세월호 참사를 3년이나 끌고 왔다고밖에 못 봐요. 왜냐하면 그 당시에 특검을 했어야 돼요. 그래서 조사권, 수사권을 다 뺏어 왔어야 돼요. 그런데 겨우 박근혜가 해경을 해체를 해요? 겨우 이름만 바꾸고 거기 있던 사람들 모두 승진시켰어요. 안 했기 때문에 그래요. 특검

해서 제대로 조사를 해서 책임자 문책했어야 해요. 너 7시간 동안 어디 갔다 왔느냐 그 때 끝냈어야 되는 거예요. 지금 3년이나 지나서 무슨 7시간을. 그거 어쩔 건데요? 이건 정치적인 이슈가 아니고요 사람 생명에 관한 거예요. 304명의 생명에 대한 책임을 물어야 되는 거예요. 구하러 온 외국에 있는 선박도 몇 번이나 퇴짜를 놨잖아요. 그러니까 뭔가 있는 거죠. 사람이 죽어 가잖아요. 누구든 구해야죠. 뛰어들어가서. 그러니까 한 번 거짓말을 하면 그걸 덮기 위해 또 거짓말을 해요. 계속 거짓말을.. 이런 것들이 저는 다 싫어요. 세월호 참사가 배 가라앉듯이 가라앉는 거예요.

B. 그럼요.. 와야죠.. 사실..국가적 큰일들이 사실 마찬가지긴 한데, 반성들을 하는 부분이 수신제가치국평천하에 수신이 안되는데 어찌 제가치국을 하겠느냐..라는게 제 생각이라 생업을 포기하기까지는 못하구요. 우리 애들 쳐다보면 죽은 아이들 생각이 나는데, 얘네들한테 이런 나라를 물려줘도 되나?

C. 연구 참여자 8: 사고야 아무리 잘해도 있을 수 있어. 그건 있을 수 있다고. 그런데 이 나라에 진짜 지가 대통령이라면 잘 잘못을 떠나서 설마 지가 그랬더라도 '내가 못 챙겼습니다. 제가 죽을죄를 지었습니다.' 그랬으면 됐단 말이야. 그런데 다 가로 막았잖아요 언론에서 다 죽여 버리고. 내 주권을 빼앗아 간 것도 화가 나고 진실도 덮어버린 것이 너무 화가 나는거에요. 이게 화가 나는거에요. (참여자 8과의 심층 인터뷰중)

D. 저는 일단 정치가 변하길 바라고, 정치가 가장 기본적인 것부터 변하길 원하는데 그건 법 준수입니다. 가장 먼저 법을 지키기를 바랍니다. 일단은 사회가 그렇잖아요, 강자에게는 약하고 약자에게는 강하잖아요. 그런 부조리부터 바뀌기를 원하는 거죠. 원칙적으로,,

(A. B. C... 각, 참여자)

② 모성애

Q. 같은 엄마로써 느껴지는 감정이 남다를 것 같은데 2년 전 사고가 있었을 때 어떤 마음이었는지요?

Q. '엄마'라는 같은 위치에서 느껴지는 마음은 무엇이며 다른 봉사자들

과 마음 속에서 올라오는 다른 특별함이 있으시다면 무엇일까요?

Q. 인생에서 지금의 이 순간은 어느 정도의 비중이라고 여겨지는지.

Q. 세월이 지나 지금을 생각한다면 어떤 시간으로 기억되실 것 같은지요?

A. 젊은 학생들이라서 불쌍하고, 안타까워서 나왔지 .. 무엇부터 해야 하나 마음으로 봉사하는 차원으로 참여하고 있어.

B. 저 같은 경우는 세월호 참사가 전이된...유가족들, 단원고 아이들의 엄마가 저한테 전이된 거죠. 4월 16일이 죽을 만큼 힘들었던 날이거든요. 저한테는. 그러니까 그런 것을 외근 나갔다 와서 다 봤으니까. 배가 뒤집어져서 가라앉는 것을. 72시간 동안 생중계로 본... 모든 국민이 다 그랬겠지만 저 같은 경우에는 더 감정이입이 잘 되는 사람이라 특별히 좀 더 속이 더 뒤집어지는 타입이라서.. .광장에서의 일들에 좀 더 민감할 수 있어요...광우병 때는 쇠고기 안 먹으면 되지, 에휴... 무슨 일 있으면. 쌍용... 나도 직장 다니고 삼성이 뭐..그렇긴 하지만 거기서 밥 얻어먹고...벌어먹고 살고 있지... 내가 어떻게 회사를 뒤집나... 그냥 욕이나 하고...반도체에서 무슨 일이 나면 안전장치나 좀 하지...그러나 내가 어떻게 할 수 없고...어쩌면 방관자라고 할까...이랬던 내가 세월호 참사를 겪으면서 반성을 하게 된 거죠. 저거 내가 무관심해서. 무심해서 저거 따지고 챙기지 못해서...자기반성, 그런 자기검열이라고 해야 하나... 그러나요. 그런 것들이 생기잖아요. 왜. 이거 내 탓 아닌가... 그런 것들...그런 것들이 생겨서 그래서 더. 사실, 계속 도와줬던 입장이었어요. 그 초창기 때도. 그냥 도와주는 입장이지 내가 뭐 그렇게 하고 싶은 생각이 없었어요. 내가 그렇게 뭐... 그렇게까진 하고 싶지 않았고.

C. " 자식... 부모는 땅 속에 묻지만 자식은 가슴에 묻는다잖아요.
제가 자식 죽는 건 아직 겪은 적은 없지만 제가 형은 겪었거든요.."

D. "형을 잃어도 이렇게 아픈데 저렇게 자식들을 잃은 세월호 사람들은 어떨까 부모 입장에서 아이들을 생각하는거에요. 자식들이 아무 이유 없이 차디찬 바다 속에서 있는데 그 부모의 마음이 어떨까..
그때 애들한테 약속한거야. "내가 너희부모는 배신할지언정 너랑은 항상 함께 하겠다."(참여자 8과의 심층 면접 중)

E. 내가 태어나서 지금껏 살아올 때까지...제일 아픈 장소. (참여자 5)

③ 공동체 의식

Q. 집단 내부에서는 어떤 구체적인 문제들이 있었고, 어떻게 해결해 오셨나요?

Q. 지금 이곳에서 우리 사회의 문제 중에 해결하고 싶은 일이나 이루고 싶은 일이 있으신지요?

Q. 세월호 참사에 대해 기성세대로서 느끼는 책임감이 있는지, 있다면 그것은 무엇인지요?

Q. 사회문화적으로 어떠한 다른 움직임과 상응할 수 있는 문화일까?

Q. 이곳에서 당신이 주고자 하는 도움은 무엇인가요?

A. 세월호가 금방 해결 될 줄 알았는데 유가족들만 보면 마음이.. 미안한 마음 때문에 답답

C. 나는 거제에서 왔다고 힘주어서 얘기를 했어. 유민아빠한테 옆에서 꼭 함께 할 테니까.. 지치지 마시라고.
한편으로는 얘네들이 살아있으면 대학 생활할 아이들도 있고,,, 대학 나와서 직장 생활을 할 아이도 있고... 또 군대 갈 아이들도 있는 애들도... 있잖아요... 이 나라에서 우리 아이들이 살아갈.. 그걸 만들어줘야 하잖아요. 그러니까 아버지, 어머니들 하는 말이 안전한 나라, 사고 없는 나라... 그런 생각이 많이 들어요.
죽은 아이들이 왜 죽었는지를 부모님들이 알고 싶어 하니까.. 부모님들이 싸움하는 과정이 처절했고, 그걸 막는 경찰의 모습이 너무 의아했어요. 이해가 안 되고. 저건 뭔가를 감추려는 게 틀림없는데, 부모님만의 힘만으로 그걸 풀어내기는 어려울 것이다. 왜냐면 부모님들은 전부 다 상주가.. 가족이잖아요. 저거들 그들에게 다 냅두기에는 이 사회의 공감능력과 이 사회의 마음이 이어져 있다는 연결의 힘을 보여줘야 한다는 생각이 들었어요. 그거를 사회에 알리고 그거를 알아야 한다는 생각이 들었어요. 당신의 아이가 당할 수도 있었던 거를. 모든 부모의 마음은 다 한마음이었으면 좋겠다는.. 그런 모습..

B. 내가 여기서 하시는 일이 억울한 약자 편에서 소리를 내주고 지켜 주는 것이 보람이에요.

D. 말도 안 되는 역사를 물려주는 어른이 되어서는 안되겠다. 나는 사람이 언제부턴가. 인간이 갖고 있는 힘이 있다는 것을 알게 되었어요. 세대를 넘겨서 주는 생명력이라는 큰 힘이 세대를 거쳐 받는 거예요. 다음 세대에서. 역사의 힘이라는 것을 느끼거든요. 역사의 힘인데, 좋은 힘을 넘겨줘야죠. 이렇게 넘겨주면 안돼요. 한다니까.

④ 소속감

Q. '이곳' 사람들과의 교류가 어떤 의미를 주는가요?

Q. 당신이 '이곳'에서 도움받고 있다고 느끼는 것이 있나요?

Q. '이곳'에서 만난 다양한 사람들이 작업하고 교제하는 방식이 다른 곳과 어떻게 다른 것 같나요?

Q. 모든 과정이 다 지나간 후에, 이 장소가, 내가, 사람들이 어떠한 모습이었으면 좋겠는가?

A. "추모의 장이다." 이 나라의 슬픔을 간직해야 되는 장이에요. 진실이 규명이 돼서 누군가 거기서 노래를 부르고 춤을 춰도 그곳은 계속 역사의 추모의 장이 되도록.. 내 주권을 찾아오고 아이들의 진실이 규명되고, 그러면 아이들과 같이 춤을 추겠지 거기에서.... 그래도 여기는 계속 추모의 장... 못된 기업인들이 지나갈 때 생각할 수 있는 장.

제 2의 세월호를 만들면 안 되겠구나 기억할 수 있는 장..이 되어야 해요"

Q. 여기서 사람들 사귀면서 좋은 것도 있었을 것 같은데 어떤 게 좋으세요?

A. 그렇죠. 일단 '좋다'라고 느끼는 사람들은 내 것이 없는 사람들. 내 것이 그냥 내 것이 아니고 있으면 뭐든지 다 여기 안에 있는 사람들한테 나눠 주는 사람들. 그리고 하다 못하면 집에 가서 만들어다 드릴까요. 이런 식으로... 세월호 참사에 대해서 애착을 가지고 슬픔을 공감하고 유가족들한테 뭔가 도움이 되려고 하고. 이것을 조금이라고 알리고 싶은..

B. 저는 다 아끼고 사랑하는 역할을 해야 해요. 저의 능력 중에 하나인거예요. 친화력과 사람을 좋아하는 것과..그래서 여기 써야죠. 사람을 믿어요. 사람만이 희망이다. 제가 평생을 살아가는 데에 핵심은 사랑인 거 같아요.

<자세한 질문지는 부록 참고>

3. 마지막 발걸음: 면담 후 단계

이렇게 심층면담을 끝내는 것, 역시 연구자와 연구 참여자 사이의 사회적 상호작용 과정의 일환임은 언급할 필요가 없지만 이러한 유익한 과정을 통하여 연구자와 연구 참여자는 어떤 관계를 형성하고 서로가 어떤 기대를 갖게 되었다. 이러한 마무리 과정에서 연구자는 연구 참여자들에 대한 감사와 함께 신뢰를 형성해 나갔다. 예로, 처음에 약속한 대로 연구물이 출간될 때에 연구 참여자에게 반드시 연락할 것임을 말하거나, 연구자가 연구 참여자에게 반드시 연락할 것임을 말하거나, 연구자는 연구 참여자와 서로의 이야기와 베푼 친절과 아량을 깊이 존중하고 있음을 말하는 것 등은 하나의 마무리 절차이기 때문이다.

각 보고서에는 연구자 자신의 삶의 자리에서 어떠한 관점과 태도로 연구를 시작하게 되었는지, 실제로 관찰된 '세월호 광장'의 문화, 관찰된 문화와 연구자 자신의 상호작용 과정, 연구 참여자와의 심층면담을 통해 발견한 내부적 관점에서의 '세월호 광장' 문화의 의미, 연구를 마친 연구자의 입장에서 결론적으로 해석하게 된 이러한 의미들이 연구자들의 정성과 연구 참여자의 협조로 우리들의 '세월호 광장'의 깊은 이야기들로 소복히 쌓여져 갔다.

(1) 심층면담에 참여한 감사함의 표시로
인류학 등 인문학에서의 문화기술지 연구는 연구 참여자에게 일종의 금전적인 보상이 따르지 않는 것이 대부분이다. 하지만, 연구에 참여한 연구 참여자들에게 최소한의 감사 표시를 하지 않는 것은 도의상 어려울 것이다. 이런 경우를 대비하여 일부 연구에서는 심층면담 후에 연구 참여자들에게 소정의 선물을 증정한다. 불필요한 오해를 방지하기 위해 참여한 모든 연구 참여자들에게 동일한 선물이 주어진다.

세월호 광장에서의 우리들의 연구 역시 그렇게 진행하는데 동의하였다. 대학원 수업의 실습 일환으로 단기간에 이루어졌지만 연구 참여자들과 깊은 관계를 맺고 충분한 이해로 '라포' 형성이 이루어졌기 때문에, 심층면담까지 기꺼이 응해준 참여자들에게 작은 보답이라도 하고 싶었던 마음은 연구자들 마음에 한결 같았다. 앞선 연구처럼 동일한 선물을 준비할 것도 논의되었지만, 문화기술지 연구답게 세월호 광장의 현장에 정말 필요한 것은 무엇인지 고민하였다.

연구가 마무리되어 가는 시기는 늦가을에서 겨울로 넘어가는 쌀쌀한 11월말이었다. 전기 난로조차 갖추어지지 않은 세월호 광장의 각 공간의 연구 참여자들이 따뜻함을 유지할 수 있게 '핫팩'을 대량으로 구입하였다. 또한, 누구나 편하게 들러 차/커피 등을 마시고 갈 수 있는 천막카페에는 항상 '티백과 믹스커피'가 필요했다. 세월호 광장에 상주하는 사람들 혹은 주변에 현장학습나온 학생들, 근처에 볼 일이 있어 잠시 지나가는 사람들 등 모두 자유롭게 무료로 이용할 수 있기 때문이다. 12월로 접어드는 시기에는 따뜻한 음료에 대한 수요가 높아질 것을 예상하여 '티백과 믹스커피'도 대량으로 구입했다. 그리고 현장에 상주하는 스탭과 그곳을 거쳐 가는 시민들이 나눠먹을 수 있는 제과류 등도 구입하여 세월호 광장에 전달하여 연구에 참여한 것에 대한 감사의 표시로 따뜻한 핫팩을 증정하였다.

(2) 심층면담의 윤리적 문제: 마무리하면서

실제로 연구자는 현장에서 윤리적 판단에 대한 결정을 급히 내려야 하는 경우도 많다. 윤리적 문제들의 종류를 미리 생각해 보고 이에 대비하여야 한다. 예기치 않은 문제에 봉착했을 때 윤리적 원칙에 따라 사고하고 행동하여야 한다.

　연구자들은 '세월호 광장'에서의 관찰이나 면담에서 벌어지는 실제 상황에서 각기 다른 상황에서 일어날 수 있는 상황이나 일에 개입하지 말고 연구자는 개입하지 않고 어떠한 요청에 있어서도 정중한 거절을 하며 끼어들어서는 안된다. 또한, 연구자는 질문에 대하여 연구 참여자의 사생활이나 그들 자신의 이야기하고 싶지 않은 이야기나 내용을 묻지 않아야 하며, 개인의 충격이나 실수나 곤란한 불법행위에 관한 것을 묻고 있지는 않은지? 또는 불안을 야기시키거나 질문으로 인해 근심이 생기는 질문을 하고 있지는 않은지 살펴보아야 할 것이다.

　또한 묻는 방식에서는 연구 참여자를 속이거나 '세월호 사건'에 관한 특정 주제에 집착하여 혼란시키지 않는가?, 질문하는 방식이나 태도에서 연구 참여자를 마음을 불편하게 만들고 있지 않는가를 숙지하며 정중하게 진행하여야 한다.

　특별한 시대의 특별한 사건으로 말미암아 형성된 '세월호 광장'에서의 심층면담의 내용들은 간략질문, 대표질문, 공통적인 내용 등을 통하여 연구자들은 기본으로 적어 내려갔다. 특정 연구자에게는 개인의 정치성 논란이나 비난에 대한 전사된 기록들은 지면에 올리는 노출정도는 연구자가 순화하여 기록하였다. 따라서 연구자들은 특정인과의 대화 중에서 어느 정도까지의 대화 내용(노출 수준)을 기록하여 집필하여야 할지 상당히 고민되는 문제점들을 보게 되었다. 그러나 연구자들의 심층분석을 정리하고 기록하여 추론해 내는 과정에서는 이러한 심층면담의 결과에서 나타난 상황들은 최종적 분석에 과정에 포함하여 포괄적으로 정리하여 나갔다. 여기서 가장 중요하게 다룬 점은 비밀 보장과 익명성을 보장해야 한다는 것이었다. 연구 관찰자를 밝히지 않을 것임을 약속함으로써 부담 없이 이야기를 진행할 수 있도록 하였다. 따라서 14명의 심층면담에 관한 내용들은 빠짐없이 분석하여 '세월호 광장'에서 문화기술지 연구에 관련하여 최대한의 솔직함과 진정성을 유지하며, 연구자들은 연구 관찰자의 각자의 소리들을 연구하고, 다듬어서 최종적인 그들만의 목소리를 올리게 되었다.

4. 발걸음을 옮기며

광화문 광장에서 특히 '세월호 광장'의 심층면담의 진행 상황은 지금 우리 사회 연구에서 많이 활용되어질 것이다. 연구자들은 이 과정을 통하여 연구 참여자들의 주관적 시각에서 나타나고 경험되어진 현상에 대한 주관적 해석을 듣게 되었고, 연구자들은 연구 참여자들과의 심오한 대화를 통해 여러 각도에서 노출되는 해석과 이해에만 접근이 가능했다. 연구 과정에서 발상하는 서로 열악한 상황에서의 심층면담은 연구 관찰자의 거리의 일상생활 속에서 그들의 경험과 생각, 그들의 배후에 있는 인식의 틀과 가치 체계, 구조를 끌어냄으로써 사회 현실을 기술하고 분석하는 데 도움을 다소 받을 수 있었다. 이런 과정에서 연구자들의 연구 참여자들이 추구하는 사람들의 삶 속에서 일어나는 구체적 경험에 대해 자세한 설명을 제공받음로써 특정 맥락으로부터 형성되었던 '세월호 광장'의 사회 현실을 이해할 수 있었다.

세월호 광장 연구의 경우에는 비교적 연구 참여자들과 '라포' 형성이 잘 되었으며, 참여관찰과 더불어 심층면담 역시 원활하게 이루어졌다. 항상 스스럼없이 편하게 이야기를 주고받으며 꼭 심층면담이 아니더라도 짧은 대화 속에 속 깊은 이야기도 나눌 수 있었다. 면담과정에서 이해되지 않거나 더 질문하고 싶은 사항은 이후의 만남과 대화를 통해 해결하였다.

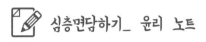

심층면담하기_ 윤리 노트

김선미

집중관찰까지 진행된 이후, 참여자들 중 한 두 명과 심층면담을 진행하기로 하였다. 연구자는 사전에 게이트키퍼와 노란리본공작소에서 행정적 책임을 지고 있는 참여자에게 이곳에 참여하는 여러 자원봉사자들을 대상으로 하여 심층면담이 진행될 것을 알리고 동의를 구했다. 이러한 사전 동의는 이후 불특정 자원봉사자들을 대상으로 하여 심층면담을 요청했을 때, 좀 더 수월하게 동의를 얻는데 도움이 되었다. 연구자는 여러 참여자들 가운데, 연구자들끼리의 심층면담 대상자가 겹치지 않도록 사전에 조율하는 과정을 거쳤다. 연구자에게는 그동안 참여관찰과 집중관찰을 하면서 자신이 많이 만나보았던 참여자들이 익숙하기 마련이다. 서로가 익숙해지는 과정을 통해 연구자와 참여자는 개인적으로 좀 더 친숙하게 느껴지기도 한다. 이는, 연구자와 참여자 간에 라포가 형성되어, 심층면담 시, 광장에 관한 참여자의 보다 진솔한 이야기를 들을 수 있기도 하지만, 과도한 친밀함으로 인하여 광장의 이야기와는 무관한 개인적인 이야기에 머무를 수도 있기에 이를 경계해야 한다. 특별히, 이번 연구를 진행한 연구자들의 전공이 상담코칭학임을 참여자들도 알고 있기에, 일부 참여자들은 개인적인 아픔을 연구자들에게 이야기하기도 하였다. 이로 인하여, 연구자들은 참여자의 개인적 아픔에 대해 공감은 하지만, 상담자로 반응해야 하는지, 아니면 연구자로 한정시켜야 하는지 그리고 어느 적정선에서 어떻게 이야기를 매듭지어야 하는 지에 대한 고민이 따르기도 하였다.

심층면담을 진행하기 앞서, 연구자는 연구자로서의 객관성을 확보하고 연구에 대한 전문성이 느껴질 수 있도록 사전에 연구질문이나, 연구동의서 등의 자료를 준비하여야 한다. 이에 앞서 연구자 스스로는 이 연구 주제와 연구과정에 대한 깊은 이해가 있어야 한다.

앞서 말했듯이 어느 정도 라포가 형성되어 있기 때문에 심층면접 대상자와 친숙하고, 이로써 면접이 자연스러울 수는 있지만 자칫하면 친숙함이 과하여 연구의 주제, 질문들에서 벗어난 개인적인 이야기들에 머무르는 것을 경계해야 한다.

📝 보고서 작성하기_ 윤리노트

김선미

　　참여관찰과 정보제공자들의 인터뷰를 토대로 얻은 자료들을 정리하는 과정에서 연구자들은 연구 참여자들의 익명성을 보장하기 위하여 참여자 1, 2, 3..등으로 정리하였다. 또한 참여관찰을 통해서 친밀감이 높아진 참여자의 경우, 보고서 작성에 있어서는 연구자들의 필드 노트와 심층면접을 토대로 최대한 객관적인 글쓰기를 하려고 노력하였다. 특별히 이번 주제는 세월호 참사라는 아픔을 바탕으로 한 광장이라는 공간과 그 공간을 채워주는 사람에 대하여 참여관찰을 통한 문화기술지 연구가 진행되었는데, 연구자마다 자신들이 느끼는 정서적 슬픔이 연구에 얼마나 반영되고 또 드러날 수 있을 지에 대한 고민이 깊었다. 방대한 양의 필드 노트와 참여자와의 심층면접, 연구자 개인이 연구의 과정에서 느낀 점들을 토대로 보고서를 작성했을 때, 연구자들은 주제에 대해 정서적으로 너무 치우치지 않고, 광장에서 드러나는 여러 정치성향에 대해서도 중립성을 유지하려고 하였다. 그리고 연구자들은 각자 참여관찰하는 광장 안 세부 장소가 다르고, 요일과 시간대에 따라 만나는 참여자들도 다양했으므로, 연구자들끼리 꾸준한 소통과 상황에 대한 알림을 통해 보고서 작성에 필요한 내용들을 보충하거나 내용을 재확인하는 등의 과정을 거쳤다.

07

연구자들의 이야기를 마무리하며

질적인 문화기술연구방법론

07

연구자들의 이야기를 마무리하며

성기정

일곱 명의 연구자들이 세월호 광장 문화에 대해 분석했던 내용들은 다음과 같이 요약될 수 있었다. 도출된 문화 주제들은 연구팀 회의를 거쳐 분류 및 범주화를 통해 애도, 저항, 공동체 의식, 그리고 삶의 의미라는 총 네 가지 주제로 좁혀졌다.

연구자	세월호 광장 문화	세월호 광장 문화의 의미
차재옥	광화문은 동막골이다	매트릭스 문화
	생활 속 정치로서의 문화를 보다	
	인간적인 사회, 대접받는 세상	
	복합 문화 시위 공간: 포스트모던을 쓰다	
김선미	공동체 의식	과거와 현재, 미래를 잇는 기억의 다리 문화
	정치 의식	
	죄책감	
	이타적 사랑(희생적 사랑)	
	역사 의식	
성기정	유가족들에게 공감과 위로와 힘 더하기	

	함께 자유롭게 애도하기	더불어 행동하는 애도 문화
	사회적 변화 외치기	
	다양한 구성원들과 더불어 살기	
방희조	저항적 목소리의 분출	기다림 문화
	트라우마 극복을 위한 애도	
	공동체적 실천을 통한 한걸음	
	개인적 삶의 실현	
주희연	사회적 변화에 대한 메시지	품앗이 문화
	애도의 공간	
	삶의 의미 실현	
김하나	저항 및 더 나은 세상에 대한 열망	나와 너의 경계가 없는 공동체 실현의 문화
	애도와 희망	
	연대하는 공동체	
	삶의 의미 실현	
김효실	그들만의 작은 문화를 만들어 나가는 아주 작은 사회	자기실현의 장
	민중의 소리샘터	
	미래의 희망을 만들어가는 광장	

　애도, 저항, 공동체 의식, 삶의 의미는 참여관찰이 깊어짐에 따라 발견된 주제이기도 하다. 세월호 광장은 열린 공동체로서, 참여를 원하는 누구에게나 개방되어 있다. 하지만 연구자들은 세월호 광장 주위에서 일종의 '유리막'을 느끼며 그 근처에조차 쉽게 다가가지 못하였다. '유리막'은 연구자 각자의 마음 안에 자리하고 있는 벽이기도 하였다. 어떤 이는 처음부터 찾아가 돕지 못했다는 죄책감 또는 채무의식으로 인해 다가가지 못했고, 또 어떤 이는 정치적으로 프레임화되는 것에 대한 거부감과 불안으로 인해 다가가지 못하였다. 하지만 그 유리막을 뚫고 들어가 유가족들의 아픔과 세월호 참사로 인한 여러 상실에 대해 애도하였다.

　그리고 그곳에서의 애도는 부조리한 사회구조에 대한 분노와 저항으로 표출되기도 하였다. 세월호 광장 사람들은 진실마중대에서 그 앞을 지나다니는 사람들에게 사회의 안전과 진실규명으로 대표되는 정의 구현을 위해 거대한 부조리에 맞서 뜻을 모아 서명해 주기를 부탁하고 노란 리본을 나눠 주었다. 그들은 정치를 삶과 밀접한 연관이 있는 것으로 보았기 때문에, 세월호 사고로 인한 실제적인 삶의 어려움과 아픔들을 해결하기 위해 사회적 변화의 메시지를 외치는 것을 당연한 것으로 보았다. 이와 같은 메시지는 연구자들에게도 전달되어 사회정치적 이슈에 대한 관심을 불러일으켰다.

또한 다양한 일반 자원봉사자들이 많이 모이는 노란리본공작소에서는 사람들이 리본을 만들며 서로의 삶을 나누는 모습을 발견할 수 있었다. 성별도, 나이도, 사회적 지위도, 직업도, 참여 기간도 다 다른 구성원들로 이뤄진 그 공동체에는 정해진 리더도 없고 금전적 이득도 없었지만, 세월호 참사로 인해 각자가 경험한 충격, 아픔, 의문들을 자유롭게 나누는 가운데 치유 받기도 하고, 서로 사소한 것이라도 나눠 갖고 챙겨주며 일종의 품앗이 공동체 모습을 띠기도 했다.

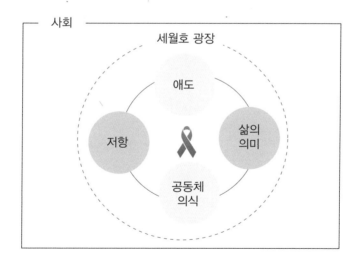

심층 면접을 진행하면서 발견한 것은 세월호 사고와 세월호 광장이 연구 참여자들의 삶에 어떠한 의미를 갖고 있는가에 관한 것이었다. 어떤 이들은 이 공간에서의 활동을 통해 보다 의미 있고 가치 있는 삶을 살아가게 되었다고 느끼기도 하고, 어떤 이들은 자신의 삶을 되찾는 공간으로 여기기도 하였다. 세월호 광장에 외면적으로 드러나는 활동들 이면에서 각 구성원들은 자신들의 삶에 대해 돌아보고 그 의미를 재구성하고 있었던 것이다. 연구팀은 세월호 광장이 긴 시간동안 유지되어 하나의 문화로 자리 잡을 수 있게 된 것은 외면적으로 드러나는 애도와 저항을 둘러싼 동기 및 신념뿐 아니라 그 활동 기저에서 각 구성원들이 서로 간의 상호작용을 통해 주고받고 있는 위로와 따뜻함과 삶의 의미가 있었기에 가능하지 않았을까 생각해보았다.

무엇보다 세월호 참사의 대표적인 상징물인 노란 리본은 세월호 참사의 아픔을 기억하는 애도, 부조리한 사회구조에 대한 저항, 함께하는 따스한 마음, 그리고 각자의 삶을 돌아보고 의미를 재구성하는 과정 모두를 함축하고 있었다. 그리고 세월호 광장의 이 네 가지 문화 요소들은 순환하고 반복되는 과정에서 광화문 광장의 역사를 새롭게 쓰고 있다.

세월호 광장의 아직도 못다한 이야기

김선미

1) 연구자의 이야기

아직도 그 날이 기억난다. 2014년, 4월 16일 그 날에, 수학여행을 가는 수 백 여명의 아이들과 다양한 목적으로 배에 올라탄 사람들을 데리고 제주도로 향하던 그 큰 배가 바다 한 가운데 가라앉고 있으나, 다행히도 전원 무사히 구조되었다는 속보가 TV속 화면에서 계속 나오고 있었다. '전원구조' 라는 속보가 화면에 나오고 있었지만, 뭔가 이상했다. 화면 속의 아이들을 구조하러 가는 해경들의 모습도, 자꾸 바뀌는 구조자의 수도, 계속 같은 화면만 반복되는 듯한 장면도 뭔가 일이 심상치 않게 돌아가고 있음을 느끼게 하였다.

내 옆에는 이제 막 돌이 지난 아이가 있었다. 여전히 모유 수유를 하고 있었기 때문에 아이와 나는 하루 대부분의 시간을 거의 한 몸처럼 붙어 있었다. 아이와 함께 하는 시간이 많아질수록 나의 모성애도 점차 강해지는 것만 같았다. 그 애 한번 보고, TV 한번 보고… 뭐라 설명할 수 없는 오묘한 감정이 밀려들었다. 나는 당시의 상황을 전하고 있는 화면을 온전히 바라 볼 수가 없었다.

결국 배는 가라앉았고, 수많은 희생자가 발생했다. 대다수의 희생자는 꽃보다도 더 빛나고, 에너지 넘치고, 아직 청춘의 시절에조차 들어서지 못한, 수학여행을 가던 어린 학생들이었다.

그리고 몇몇의 희생자는 아직도 가족의 품으로 돌아오지 못했고, 세월호는 여전히 인양되지 않고 있다. 어떤 사람들은 그만 잊으라 말하고, 심지어 이제는 지겹다고도 한다. 그럼에도 시간은 멈춤 없이 제 몫을 하여 그후 2년도 훨씬 넘은 약 900여일의 시간이 훌쩍 지나가 버렸다. 그리고 나 역시 희노애락이 있는 나만의 일상을 살아내고 있었다.

이번 학기, 질적방법론 수업을 들으며 문화기술지 연구조에 속하게 되었다. 특정 집단을 선정하여 참여관찰을 하는데, 그 집단만이 가지고 있는 혹은 형성하고 있는 문화가 무엇인지를 연구하는 것이었다. 스터딩맘, 할마·할빠, 사생팬 문화 등 여러 주제가 제시되었고, 여러 의견 끝에 세월호 광장 연구로 주제가 정해졌다. 문화기술지 연구조에서는 약 한 달 동안 세월호 광장에서의 참여관찰을 실시, 그곳에 머무르는 사람과 그곳을 지나가는 사람들의 일상에 깊숙이 개입하여 그들을 관찰하고, 그들이 바라보는 세월호 참사 및 세월호 광장은 어떤 의미를 갖고 있는지, 그곳을 지키고 있는 사람들은 어떤 또 다른 문화를 형성하고 있는지를 알아보고자 하였다.

나는 참여관찰자이자 연구자로 이번 연구를 수행하면서 세월호 광장의 모습에 대하여 객관적인 자세를 갖추어 현장을 보고, 들으려 하였으며 이후, 분석한 결과를 바탕으로 글쓰기할 때도 연구자로서의 의미를 되새기며 객관적인 글쓰기를 하려고 하였다. 다시 말해, 현지에서 관찰되는 다양한 모습과 정보들에 대하여 특정 누군가가 전해주는 소식 또는 내가 듣고 싶은 것, 내 입맛에 맞는 것들만 골라 받아들이는 것이 아니라 참여관찰을 통해 직접 보고, 듣고, 체험하는 많은 것들에 대하여 최대한 객관적인 시선을 가지고 관찰하고 기록하고자 하였다. 그리고 그것을 통해 이곳에서 형성되고 있는 문화를 이해하고자 하였다.

2) 세월호 광장의 문화

(1) 세월호 광장과 마주하기

가. 연구 주제 선정

연구를 시작하기 위한 주제 선정, 즉 어느 집단을 연구할 것인가에 대해 토론을 하며, 세월호 광장이 제시되었을 때, 사실 난 피할 수 있다면 피하고 싶은 마음이었다. 왜냐하면 난 세월호 광장을, 그 사건을, 그 수많은 희생자들을 바라볼 용기가 아직 없었기 때문이다. 어쩌다 단원고 인근의 고등학교를 방문했을 때, 굳게 닫혀진 학교 정문과 노란 리본을 달고 있는 아이들의 모습에서 내 스스로는 어찌 해볼 수 없는 자괴감이 들었었다. 그리고 미안한 마음, 분노의 감정 등 뒤엉켜 있는 이 복잡한 감정을 정리해내기가 쉽지가 않았다.

우연인지 필연인지, 채플시간에 만난 세월호 가족 합창단은 이런 나에게 세월호 참사를 바로 보고, 잊혀져가는 희생자들을 기억해줄 것을 부탁했다. 진상규명이 제대로 이루어지지 않고 있고, 세월호 인양도 원활하지 못한 상황에서 유가족들이 가장 가슴 아파하는 건 내 사랑하는 아들, 딸들이 사람들로부터 잊혀져가고 그로 인해 세월호 참사 자체가 잊혀져가는 것이었다.

이에 나는 가슴으로만 슬퍼하는 데에 그치지 않고, 이제는 용기 내어 세월호 참사와 마주해야 했다.

나. 연구 과정

세월호 광장은 나뿐만 아니라 온 국민의 미안함, 슬픔, 애잔함 그리고 분노의 감정이 함께 자리하고 있는 상징적 장소이다. 연구를 하기 이전, 광화문 일대를 지나면서 세월호 광장을 몇 번이나 보았었다. 하루에도 수많은 사람들이 오고 가는 횡단보도를 기점으로 그곳, 세월호 광장은 마치 투명막이 씌워져 사람들과는 동 떨어진, 분리된 느낌이었다. 아마 그건 순전히 내 감정이었을 수도 있다. 연구를 시작하기 이전에 이미 여러 차례 그곳을 지나갔음에도 불구하고, 난 단 한 번도 자발적으로 광장으로 들어가 보지 못

날 짜	장 소	내 용
9.21	연세대	세월호 광장, 주제로 선정
9.25	광화문	연구 가능성 알아보기
9.28	연세대	연구 요청 편지 작성
9.29	416 연대사무실	연구 허락을 위한 방문
9.30	광화문	게이트 키퍼와의 만남, 연구 승인
10.6	광화문	참여관찰 시작
11.2~	광화문	인터뷰 대상자 선정 및 인터뷰
11.16~	연세대	연구 분석 및 분류

했다. 그것은 세월호 참사의 아픔을 애써 피하고 싶은 나의 마음, 세월호 참사의 희생자들을 차마 마주 볼 수 없는 나의 마음, 남겨진 유가족 분들에게 너무 죄송스러워 어찌 해 줄 수 없는 미안한 나의 마음이었다.

세월호 광장을 연구하기로 결정이 된 후, 난 나의 마음과 마주 앉아 바로 보면서 내가 지금부터 해야 할 일들에 대해 정리하고, 내가 이 연구를 통해 무엇을 보고자 하는가, 무엇을 얻고자 하는가에 대해 깊이 생각해 보아야 했다.

다. 사전 작업 및 참여관찰 진행

연구주제가 명확해진 후, 세월호 광장을 연구하는 문화기술지 연구팀은 우선 416 연대사무실을 방문하여 우리의 연구 목적을 밝힌 후 세월호 광장을 연구하고 싶다고 전했다. 워낙 정치적으로도 민감한 주제이기 때문에, 이번 연구를 수행한 팀원들 사이에서도 연구 주제 선정 시점에서부터 부정적인 의견을 표하거나 연구 거부 가능성에 대하여 많은 걱정이 있었다. 그러나 다행히도 416 연대 측에서 본 연구를 흔쾌히 허락해주었고, 적극적인 협조 및 도움까지도 주겠다고 하여 감사한 마음이 들었다. 416 연대 측에서 광화문 광장 내에 계시는 상황 실장님, 즉 현지 게이트키퍼와의 만남에도 도움을 주어 연구팀의 연구가 좀 더 수월하게 진행될 수 있었다. 더불어

416 연대 측에서는 그동안 세월호 참사가 다양한 이들에 의해 연구가 이루어졌었고, 기록물 또한 많이 저장되어지고 있음을 알려주시면서, 이번 연구에 대해서 '세월호를 기억해주러 오는 분들이기 때문에 흔쾌히 괜찮다'라고 하였다. 지난 번 채플에서 뵈었던 유가족분들이 얘기해주었던 '기억함, 잊지 않음'이 떠올랐는데, 이들에게 '기억'이란 어떤 의미이고, 또 얼마나 깊고 중요한 '기억'인 것인가 하는 의문에서부터 나의 참여관찰은 시작되었다.

노란 리본이 활짝 피었습니다. _ 노란리본공작소
참여관찰이 주로 이루어진 노란리본공작소는 자원봉사자들이 자유롭게 오고 가면서, 세월호 참사의 상징인 노란 리본을 쉴 새 없이, 대량으로 만들어내는 공간이다. 이곳에서는 자원봉사자들의 인사가 자연스럽게 오고 가고, 어느 누구나 쉽게 자리에 앉아 리본 만들기에 참여할 수 있다. 수북이 쌓여있는 리본과 군번줄을 보면 저걸 언제 다 만드나 싶다가도 이내 한 봉지에 노란 리본 백 개가 가득 채워지는 것을 보면 묵묵히 앉아 노란 리본을 만들어 내는 수많은 자원봉사자들의 손길이 대단해 보인다.
참여관찰을 위해 이곳에 처음 방문했을 때, 나는 세월호 참사의 무게감 때문에 조심스럽고 행여나 말이라도 잘못하여 분위기를 어색하게 만들까 싶어 수동적인 참여관찰자로서 자리를 지키고 있었다. 자원봉사자 중에는 이곳에 매일 나오는 분도 계시고, 일주일에 몇 번씩, 혹은 틈틈이 찾아오는 분들도 계셨다. 또한 오랜 시간 이 자리를 지켜온 자원봉사자들이 여럿 계셔서 이들을 중심으로 일상 생활을 나누고, 편안한 말, 재미있는 말들이 쉴 새 없이 이어지곤 했다. 이런 분위기는 처음 방문으로 낯설어하는 자원봉사자들로 하여금 거리낌 없이 앉아 자연스레 노란 리본만들기에 동참할 수 있도록 하였다.
이곳의 가장 중요한 일은 리본을 만드는 일이다. 무의식적으로 리본 만들기에 정신없이 빠져들고 나면, 시간이 잘 가기도 하지만, 이들에게 그 많은 노란 리본을 끊임없이 만들어내는 것이 과연 무슨 의미가 있는 것인가? 궁금해지기도 하였다. 때로는 노란 리본을 붙이기 위해 사용하는 강력본드가 손에 묻어 살갗이 뜯어지기도 하는데, 이들은 그 마저도 즐겁게 받아들인다.

"리본끈을 배로 생각하고 오른쪽을 돌려 배가 가라앉고 왼쪽을 돌려 인양한다고 생각하면 쉬워요."(참여자 2)

노란 리본을 만드는 것은 마치 수행 중 행하는 의식행위처럼 느껴진다. 이들에게 노란 리본은 곧 '세월호'다. 노란 리본은 희생자들의 귀환을 바라는 '기다림'의 상징적 의미인데, 이들은 리본을 만드는 때조차도 희생자들을 생각하고 그들이 무사히 돌아오기를 간절히 바라고 있었다. 그렇기에 노란 리본 하나 만드는 것에도 아무렇게나 빨리 만들어 수 채우기에 급급한 것이 아니라, 예쁜 노란 리본 모양이 되고 불량이 되지 않도록 집중하고 또 집중한다.

유가족 역시 노란 리본을 만들고, 노란 리본을 통해 사람들이 여전히 세월호를 기억하고 있음을 확인한다. 그렇기 때문에 유가족들은 '사람들이 얼마나 많은 노란 리본을 달고 있나'에 큰 의미를 둔다.

"리본공작소가 하는 일은 리본을 만들어서 나누어줘요...유가족이 그거 세고 앉아 있다니까요. 나 다섯 명 봤어. 난 한 명도 못 봤어...(참여자 4)

"유가족 분들은 지나가는 분들 리본만 봐요. 유가족 분들이 제일 무서워하는 게 뭔지 아세요? 잊혀지는 것. 내 아이들이 잊혀지는 것. 이거는 굉장히 어마어마한 일이고, 여러분 도와주세요... 하는 일인데 아무도 도와주지 않고 외면하는 것. 제일 무서워하고 두려워하시는 거예요. 그런 얘기를 들을 때마다 우리는 리본을 좀 더 열심히 만듭시다. 하죠"(참여자 4)

"노란리본공작소는 세월호를 알리는 최 말단의... 근데 누구나 참여하기 쉽고, 누구나 한 번쯤은 거쳐 가면 좋을 곳. 리본 하나가 아이라고 생각하고 만드니까..."(참여자 4)

자원봉사자들은 이곳에 오기 위해 금전적 또는 비금전적 비용을 치른다. 직장이 있음에도 불구하고 퇴근 후 고된 몸을 이끌고 오기도 하고, 가정이 있는 주부들의 경우 일주일에 몇 번씩 고정적으로 몇 시간씩 머물다 가기도 한다. 어떤 자원봉사자는 이곳에서 하루 종일 노란 리본을 만듦에도 부족함을 느끼는지 집에 재료를 가지고 가서 만들어 오기도 한다. 또 사비로 '세월호'를 상징하는 물품들을 사서 타인들에게 나누어 주기도 한다. 이들은 서로가 가진 것들을 아낌없이 나누며, '세월호 참사'를 기억하도록 독려한다. 서로가 '세월호 참사'를 잊지 않고, 기억할 수 있도록 독려하는 곳, 바로 노란리본공작소이다.

(2) 세월호 광장에서 형성되는 문화들

가. 공동체 의식

개인들이 집단의 이익 및 조직의 권위를 존중하고, 공동체의 조화로운 발전을 염두에 두고 생각하고 행동하는 자세를 공동체 의식이라 한다. 사람이 모이고 '낯선 자'끼리의 라포가 형성되고 나면, 이내 뜻 맞는 사람끼리 자연스레 어울리게 된다. 여기 세월호 광장 또는 노란리본공작소에 모인 이들 역시 자원봉사자들이 자발적으로 이곳에 모인 것이다. 이들은 자체적으로 총무며, 회계며 직책을 정해 살림을 꾸려나간다. 노란 리본을 만드는 일 역시 비용이 드는데, 모든 것은 후원금에 의해 가능해진다. 때론 그 안에서 갈등이 발생할 수도 있다. 어떤 면에선 생각이 같고, 저런 면에선 생각이 다를 수도 있다. 그러나 이들은 다름에 집중하기보다 이곳에 모인 이유, 그것을 위해 함께 하는 것에 가장 큰 의의를 두고 서로를 이해하고 받아들이려 하며, 특별히 개인적 아픔이 있는 사람들은 커다란 공동체 의식 아래서 그 아픈 마음을 치유받기도 한다.

"혼자 문득 있는데, 아... 우울증이구나... 느낌이 확 들었어요. 거기서 벗어나기 위해서 한 노력들이 사람들과 함께 있고 호흡하고 그런 부분으로 봐야 하는데, 대신 어떤 사람들과... 뜻을 같이 하는 사람들? 의미 있는 일을 하는 사람들과 함께

있으면 호흡하는데 스킨십을 하는 것과 같은 것이라 생각해요." (참여자 4)

"죽은 아이들이 왜 죽었는지를 부모님들이 알고 싶어하니까... 부모님들이 싸움하는 과정이 처절했고, 그걸 막는 경찰의 모습이 너무 의아했어요. 이해가 안 되고. 저건 뭔가를 감추려는 게 틀림없는데, 부모님만의 힘만으로 그걸 풀어내기는 어려울 것이다. 왜냐면 부모님들은 전부 다 상주가... 가족이잖아요. 저것을 그들에게 다 내버려두기에는 이 사회의 공감능력과 이 사회의 마음이 이어져 있다는 연결의 힘을 보여줘야 한다는 생각이 들었어요. 그것을 사회에 알리고 그것을 알아야 한다는 생각이 들었어요. 당신의 아이가 당할 수도 있었던 것을. 모든 부모의 마음은 다 한마음이었으면 좋겠다는..그런 모습." (참여자 4)

"그때 ○○에서 왔다고 김장훈이랑 유민아빠랑 같이 단식을 하고 있더라고... 제가 ○○에서 왔다니까... 이거 보라고. 되지 않냐고. 모두가 외면하고 있다고 생각하고 있구나. 모두 다 기억하고 있는데... ○○에서 왔다고 힘주어서 얘기를 했어. 유민아빠한테 옆에서 꼭 함께 할테니까... 지치지 마시라고." (참여자 4)

"무조건 세월호 진상규명을 해야 한다는 생각에 동의하는 사람들. 여기저기에 시류에 흔들리거나... 하지 않을 사람들이 어떻게 모여서 뜻을 모은 거예요." (참여자 4)

나. 정치의식

참여관찰을 시작하면서 예상치 못했던 것이 세월호 광장에서의 정치의식이다. 어쩌면 세월호 참사에 대한 진상규범이 제대로 되고 있지 않다는 점에서부터 현 정권에 대한 불신과 불만이 많다는 것을 짐작할 수 있었을 것이다. 세월호 광장에서 느낀 현 정권에 대한 불신은 아주 평범한 주부마저도 분노하고, 잔인한 감정을 품게끔 하였다.

참여관찰 중에 바깥에서 소란이 일기도 하였다. 지나가던 행인이 "누구 땜에 우리가 이만큼 먹고 살고 있는데, 니들이 이러느냐…" 라며 시비를 걸어 온 것이다. 그런 일이 한 두 번이 아닌 듯 연구 참여자 한 분이 목소리를 높이고 있는 행인을 잘 달래어 상황이 종료되긴 했지만, 세월호 광장이라는 특이성 아래, 정치적 성향이 극과 극으로 나뉘는 대립적인 모습을 보면서 한 지붕 아래 같은 사회 속에서 살아가는 사람들로 하여금 서로를 헐뜯고, 서로를 적으로 돌리며 이들에게 남게 되는 것이 과연 무엇인가 하는 의문이 들게 되었다.

집회에 참여하는 어떤 이는 벌금형을 선고받았는데, 개인적으로 그 벌금을 감당하면서도 끊임없이 세월호 광장으로 나오고 있었다. 사람들마다 개인적으로 지니는 정치적 성향은 다양할 수 있겠지만, 많은 이들이 결국은 세월호가 인양되어 진실을 알고 싶어 하는 것을 알 수 있었다.

"청와대로 쳐들어가면 또 무슨 의미가 있어. 그렇지만 경찰로 막혀 있는 곳을 뚫어가면서 희망은 볼 수 있는 거지." (참여자 3)

이들에게는 각자의 희망과 소망이 있다. 그것이 개개인마다 달라 때론 마찰을 빚더라도 희망으로 나가는 그 길을 찾기 위해 이곳에서 따로 또 같이 함께 하는 것이다.

다. 죄책감

노란리본공작소에 앉아 있으면, 묵묵히 앉아 노란 리본 만드는 것에만 집중하는 분들이 있다. 이들은 기계보다도 더 빠른 속도로 노란 리본을 만들어 낸다. 그 와중에 노란 리본이 올바르게 잘 만들어졌나를 살피며, 불량도 찾아낸다. 어떤 분들은 지니고 다니는 소지품이 한 가득 노란 리본 상징물들로 가득하다. 가방에 노란 리본 여러 개를 달고, 노란 리본 스티커를 붙이고, 노란 팔찌를 하고 있고, 노란 리본 핸드폰 줄에, 노란 리본 귀걸이에, 노란 리본이 그려진 티셔츠까지 온 몸 전체가 노란 리본으로 뒤덮여 있다. 과하다 싶을 정도로, 때론 저걸 어떻게 만들었을까 신기할 정도로 노란 리본으로 자신과 소지품을 잔뜩 치장한다.

어떤 분은 곧 결혼을 하는데, 신혼여행으로 방문하게 되는 외국에도 노란 리본을 가져가 외국인들에게 나누어 줄 것이라 하였다. 이들은 어느 누구보다도 아이들을 지켜주지 못함에 대한 미안함을 온 몸으로 표현하고 있었다.

"말도 안 돼... 어떻게 애들을 생으로 죽이고서는 뻔뻔하게 있을 수 있어. 이 시대 살고 있는 어른들 다 죽어야 돼... 말도 안 돼 이거는 진짜 말도 안 돼"(참여자 4)

"우리 아이들 돌아올 때마다, 엄마들이 케이크 가져 올 때마다 제일 힘들었고, 그거는 진짜... 엄마들이 삭발하던 날... 그 날을 잊을 수가 없어요." (참여자 4)

"너 이거 왜 해? 나 이거 안하면 미칠 것 같아서... 나 이 사회에서 못 살 것 같아... 너 언제까지 할거야? 너 얼마나 할 건데? 다 처음엔 기한을 정했어요. 2년만 할거예요,... 설마 2년 더 가겠어? 아구... 모르겠다."(참여자 4)

"어떤 거대한 힘이 그 사회에 애들만 골라 죽였어. 범인은 다 살았어. 니들 왜 그랬어...에 대한 답을 못 들은 거야 지금... 장례를 아무도 못 치러 줬잖아. 이거는 지금 기본도 못 하고 있는 거야.
사회에서, 이런 사회에서 살고 싶지 않다는 거야... 아픔... 그걸 못 느끼고 살아가면 그건 괴물인거지...
계속 찌르고 있는데. 누군가는 해야 하는 거잖아..."(참여자 4)

라. 이타적 사랑(희생적 사랑)
세월호 광장에는 엄마들이 참 많이 온다. 416 연대를 방문했을 때도 세월호 광장이 유지되는 것은 엄마들 때문이라고 했다. 내 자식이 그렇게 됐다면 견딜 수 없었을 것 같아서, 자식을 잃어버린 엄마들의 찢어지는 마음에 깊이 공감하기 때문에, 그 마음으로 광장에 나오는 것이라 하였다. 분향소를 방문하는 이들을 살펴봐도 유모차를 끌고 오거나, 아이를 데리고 오는 엄마들은 분향소에서 한참을 머무른다. 때론 상주 분의 손을 꼭 붙잡고 한참을 이야기하기도 한다. 노란리본공작소에도 엄마들이 많다. 출퇴근 하듯, 매일 오기도 하고 이 일을 하느라 정작 자신의 아이는 돌보지 못하는 경우도 있다. 그런 자원봉사자들의 자녀들은 정작 자신은 제쳐두고, 세월호 광장으로 가는 엄마들의 모습에 섭섭함을 느끼기도 한다. 연구자인 나는 엄마들의 이러한 행동을 단지 모성애로 한정짓기에는 한계가 있음을 느꼈다. 아마도 그것은 모성애를 바탕으로 한 더 큰 사랑, 즉 희생적 사랑 또는 이타적 사랑이기에 가능한 것이 아닐까 하는 생각을 해보았다.

"제가 평생을 살아가는 데에 핵심은 사랑인 거 같아요. 사랑이 뭔지 알고 싶어요. 죽을 때까지도 사랑이 뭔지 모르고 죽을 수도 있어요. 좀 더 큰... 뭔가 일 거 같아요.

제가 우울증으로 아플 때, 선배가 두 세 번씩 집 앞에 찾아 왔어요. 과거사를 정리하게 하고, 네가 어떻게 살아왔는지 돌아봐야 한다... 그 선배 땜에 산 거 같아요. 제가 받은 사랑이 너무 많아서... 그거를 받는 만큼 풀고 가야 하는. 내가 하면 할수록 내 마음이 차분해지는..." (참여자 4)

"내가 정말 바로 죽는다 하더라도 내가 조금 더 사랑할 껄 이 사람들에게 조금 더 잘해줄 껄... 하는 후회감들이 없게... 조금 더 하고 싶어요" (참여자 4)

마. 역사의식
세월호 광장을 연구하는 동안 '최순실 게이트' 사건이 온 나라를 강타했다. 국민들은 자신의 권리가 짓밟혔음에 분노하고, 이 분노를 '촛불 집회'라는 평화적인 방법으로 드러내고 있다.

'세월호 광장'의 경우 특조위가 해산되면서 분위기가 많이 가라 앉았었고, 현 정부와 특정 정당에 대한 많은 반감을 드러내기도 했다. 그러나 나라를 뒤흔든 사건으로 인해 '세월호 참사'도 새로운 국면을 맞이할 것으로 기대하고 있다. 지금 일어나고 있는 일들은 단지 특정 누군가에게 한정되는 일이 아니다. 나라가 제대로 운영되기를 바라고, 내 아들·딸에게 지금과는 다른 나라를 물려주기 위해서 많은 이들이 광장으로, 거리로 나왔다. 그것은 지금 우리에게 일어나고 있는 일들과 그 과정에 주체성을 가지고 참여하고 행동하려는 역사의식이다.

"대구참사, 김해 비행장... 세월호... 대처했었던 행태가 다... 제대로 한 게 하나도 없는 거예요. 그렇게 하면 우리나라 국민들은 다 죽을 수밖에 없어요. 제 조카애들이 어려요. 두 살, 세 살, 네 살... 그런 애들한테 이런 걸 물려준다면 너무 미안한 거예요." (참여자 4)

"말도 안 되는 역사를 물려주는 어른이 되서는 안 되겠다. 나는 사람이 언제부턴가. 인간이 갖고 있는 힘이 있다는 것을 알게 됐어요. 세대를 넘겨서 주는, 생명력이라는 큰 힘이 세대를 거쳐 받는 거예요. 다음 세대에서. 역사의 힘이라는 것을 느끼거든요. 역사의 힘인데, 좋은 힘을 넘겨줘야죠. 이렇게 넘겨주면 안돼요." (참여자 4)

3) 세월호 광장 문화의 의미

노란 리본의 의미_ 기다림과 기억

연구를 시작할 때, 연구자에게 세월호는 차마 못 보겠는 '아픔'이었다. 자꾸 들추어내면 더 아파질 것 같아서 차마 들여다 볼 수가 없었다. 어느 연구 참여자에게 세월호는 '통증'이었다. 세월호를 두고 느끼는 각자의 느낌은 다양할 것이다. 그러나 많은 사람들이 세월호 참사를 보고 자신에게도 일어 날 수 있는 일들이라 여기고, 그 아픔을 이겨내는데 든든한 버팀목이 되어주기 위해 광장으로 모여들었다. 함께 울어주기 위해 광장으로 나왔다. 필요하다면 함께 나서 투쟁해주기 위해 광장으로 나섰다.

"세월호 광장은... 통증이다. 네, 아파요, 많이... 난 내 자신에게 화가 많이 났어요. 너무 괴로웠어요. 한 명 한 명 다 사연이 있잖아요... 사실 너무 이것 때문에 너무 많은 일들이 일어났어요.. 사람들 인생을 바꿔놓은 거죠.. 세월호 하나가..."
(참여자 4)

사람에 의해 엄청난 희생이 따라왔다. 그리고 또 사람이 그 아픈 마음을
붙잡고 버텨주고 있고, 지지해주고 있다.

"사람을 믿어요. 사람만이 희망이다... 사람만이 희망이다... 그 말을 붙잡고 열
심히 어딜가서든..." (참여자 4)

우리는 그동안 세월호에 대해 얼마만큼 관심을 가지고 있었고 얼마나
적극적으로 그 관심을 표현했는가. 마음이 아프다면서도 정작 아무런 행동
도 하지 않고, 그저 편안한 자리에 앉아 말로만, 글로만 그들에게 애도를 표
하지는 않았는가. 아니면 이제는 할 만큼 했으니 그만 좀 하라고 말했는가.
노란 리본이 어떻게 만들어지는지, 그 노란 리본이 무엇을 상징하는지
알고 있었는가. 노란리본공작소에서 수많은 자원봉사자들에 의해 수백 개,
수천 개의 리본들이 만들어지고 그 리본들이 전국 방방곡곡으로 퍼져나감에
도 불구하고 여전히 유가족들은 사람들의 소지품에서 자신의 잃어버린 아이
를 찾듯 노란 리본을 애타게 찾아 헤매는 것을 알고 있는가. 그 수많은 노
란 리본은 대체 어디에 있는 것인가? 노란 리본을 하나 하나 찾을 때마다
유가족들은 마치 자신의 아이를 찾은 듯한 안도감과 기쁨을 느끼는 것을 알
고 있는가.
처음 연구를 시작할 때 내가 집중한 것은 '기억'이었다. 내가 알고 있는
사전적 의미의 '기억' 너머의 더 큰 의미가 있는지 알고 싶었고, 참여관찰을
통해 알 수 있기를 바랐다.
연구가 진행되는 동안에 여러 정치적인 발언, 때로는 과하다 싶을 정도
의 분노를 표출하는 것에 대해 불편함을 느끼기도 했고, 사람들 간의 역동
에서 순수하고 참된 참여 의도에 대한 의구심을 품기도 하였다. 참여자들과
라포가 형성되고 마음을 나누면서 그들의 개인적인 슬픔과 아픔·고통으로

부터 함께 슬퍼하기도 하였다.

세월호 광장에 찾아오는 다양한 사람들은 저마다 살아온 세월의 시간과 무게도 다르고, 세상을 바라보는 시각도 다르다. 그런 다양한 배경을 가지고 있는 이들이 이곳에 모이는 공통적인 분모는 바로 '아이들 또는 희생자'이다. 돌아오지 못한 곳으로 가버린 아이들, 희생자들을 온전히 다 찾아주지 못한 미안함, 그리고 그런 그들을 가족의 품으로 돌아오길 바라는 '기다림'과 오랫동안 '기억'하여 다시는 그와 같은 일이 반복되지 않도록 하고 싶은 간절한 소망이 바로 '노란 리본' 속에 담겨있는 남겨진 자들의 염원인 것이다.

우리가 할 수 있는 것은 바로 그들과 함께하고 기다리고 기억하는 것이다.

나와 너의 경계가 없는
공동체를 향한 움직임

김하나

1) 연구자의 이야기: 아프지만 외면하던 그곳에 문을 두드리다

세월호 참사가 터졌을 때, 국민들이 느꼈던 비통함과 안타까움, 분노는 그 어떤 말로도 표현할 수 없을 것이다. 굳이 애국심과 세상 돌아가는 일에 대한 관심 여부를 떠나서 모든 사람들이 비통함을 느낄 수밖에 없는 사건이었다. 세상의 단 하루를 지워버릴 수 있다면 싹싹 다 지워버리고 싶은 그날, 하필이면 희생자들이 고등학교 학생들이라는 것이 더 큰 좌절감과 비통함을 가져왔다. 다 피지도 못한 꽃들, 특히 즐거운 추억을 쌓으러 가는 수학여행 길에서 그토록 무서운 파도에 휩쓸려 꼼짝도 못하고 그대로 바다의 한가운데에서 피지도 못한 채 져버렸다. 두려움에 떨고 절규하는 그 목소리에 누구도 응답하지 않았다. 한 명도 아니고 무려 304명이 희생된 것이 너무나 비통하고 그 슬픔과 분노의 감정이 어떻게 다루어져야 할지도 모르는 채 지나갔다. 생각하면 가슴이 아프고, 그렇다고 어떻게 할 도리가 없다고 느꼈다. 뉴스에서 보도되는 크고 작은 사건들을 접할 때와는 다르게, 세월호 사건은 차마 어떻게 다루지도 못할 슬픔이었다. 그렇게 오히려 묻어두었다. 생각하지 않고, 다시는 이런 일이 일어나지 않기를 바라면서 아픔이 떠오르려고 하면 다시 마음 깊은 곳으로 누르고 누르면서 2년이 넘는 시간이 지났다. 세월호 참사는 국민적 트라우마를 가져오는 사건이었다. 종종 뉴스를 통해 세월호 유가족들이 정부를 향해 목소리를 내는 것을 접할 때는 안타까운 마음과 함께 나와는 다른 타인으로 느꼈던 것이 사실이다. 내가 어떤 도움을 줄 수 있다는 생각이 들지 않았기에 어떤 작은 힘이라도 보태 줄 수 있다는 생각을 못했다. 그럴 때 취할 수 있는 태도는 한 가지, 마음은 아프지만 외면하는 일이었다. 잠시 소식을 접할 때 느끼는 왠지 모를 미안한 마음, 그리고 지나간 일이지만 너무 큰 슬픔이 다시 올라오는 느낌, 그 후 바로 다시 그것을 눌러 내리고 내 일상으로 돌아가 외부인의 시선으로 내 할 일에만 신경 쓰고 사는 일상이었음을 고백한다.

그렇게 지내다가 얼마 전, 학교 채플시간에 세월호 참사로 귀한 자녀를 잃은 부모님들의 합창소리를 듣고는 차마 외면할 수도 없는 아픔과 희망의 목소리에 눌러두었던 눈물이 다시 터졌다. '그렇지, 아무리 누르고 아파하지 않으려 해도 한 국민으로서 아직 애도의 과정을 다 하지 못했구나. 그래서 이렇게 아프구나'라는 생각이 들었다. 그런 비참하고 분통터지는 사건을 접한 나라의 한 국민으로서, 그리고 나 역시 자녀를 둔 엄마로서 이 사건은 다른 집 자녀에게 일어난 일이 아니었다. 나에게도 애도가 필요했고, 그런 의미에서 학교를 오가는 길에 있는 광화문 광장에 한 번도 지나가다가 들러보지 못한 세월호 광장에서는 아직까지도 어떤 목소리들이 울려 퍼지고 있을까, 그곳에서는 무엇을 위해서 여전히 광화문 광장의 한복판에 노란 리본을 걸고 만들고 있는 것일까 하는 궁금증이 생겼다. 하지만 참으로 두려웠다. 뉴스만 보고도 맘이 아프지만 어찌할 도리를 몰라 외면하던 그 큰 사건의 아픔 한가운데로 뛰어 들 자신이 없었다. 망설이고 망설이는 마음이 들었다. 그곳에서 자녀를 잃은 유가족을 만났을 때, 내가 먼저 눈물이 터져 나올지도 모른다는, 따뜻한 그 어떤 한마디도 건네지 못하는 것은 아닐까 하는 불안한 마음, 광장의 한가운데서 꿋꿋하게 버티는 그 사람들에게 잠시의 따뜻함이 되었다가 사라지는 사람이 될지도 모른다는 미안함과 부담감이 동시에 밀려왔다. 무거운 마음도 들었지만, 더 이상은 외면할 수만도 없는 내 마음 속의 역동은 '그냥 묻어두지 말라'고 말하고 있었다. 혼자의 작업이 아니므로 같은 조 동료들의 따뜻한 에너지에 힘을 얻어 우리는 그곳에 가기로 결심했다. 역사의 한복판 광화문 광장, 세월호 천막의 가장 깊숙한 곳으로.

2) 세월호 광장의 문화

노랑 리본 공작소(이하 노리공)에 처음 들어갈 때 느껴졌던, 스스로 어색했던 공기가 기억난다. 나에게는 참 낯설었던 사람들이 옹기종이 모여 있었고, 그 공간이 너무 좁고 개인적인 영역이 없이 가까워서 잠시 다른 핑계를 대고 나왔다가 다른 연구자가 올 때 같이 들어가고 싶은 심정이었다. 그만큼 노리공의 첫인상은 개인적인 영역이 없이 친밀한, 그러나 나에게는 어색한 분위기였다. 그렇게 한 명의 이방인으로써 느꼈던 첫 만남 이후에 5회에 걸쳐 그곳에서 나 역시 옹기종기 붙어 앉아서 그들의 이야기를 듣고, 함께 웃고, 함께 나누는 음식을 먹으며 리본을 만드는 동안, 나의 오른 손 엄지와 검지에는 리본을 끼우는 군번 줄을 당기느라 희미하게 살갗이 벗겨지게 되었고, 그러는 사이에 어색했던 첫 분위기는 익숙한 것으로, 불편한 친밀감은 아늑한 편안함으로 바뀌면서 노리공의 자원봉사자들의 일상과 그곳에서 나누는 삶의 모습을 관찰할 수 있었다. 한 달 여간의 참여관찰을 통해 내가 발견한 그들의 문화를 세 영역으로 나누어 살펴보려고 한다. 첫째, 광화문 광장의 세월호 천막에서는 무엇이 일어나고 있는가? 둘째, 그곳에 모인 사람들에게는 어떤 정서가 자리잡고 있는가? 셋째, 그들은 무엇을 향해 나아가는가? 이 세 가지 질문을 통해, 세월호 천막 안의 문화를 다층적으로 이해해보고자 했다.

(1) 애도와 희망

"우리가 그토록 아픈 것은 잘 이별하지 못했기 때문이다. 애도는 사랑이나 우정 등 친밀한 관계가 깨어졌을 때 느끼는 총체적 감정을 의미하며, 애도 작업은 이별 이후 과정을 적극적으로 이행하여 긍정적 결과로 이끄는 일을 말한다."(Verena kast, 2007)

　애도는 누군가를 잃었을 때 휩싸이는 아주 강력하고 복합적인 감정이며, 죄책감, 수치심, 외로움, 공포, 당혹, 깊은 슬픔, 절망감, 무력감 등의 애도 정서를 경험하게 된다(Anderson & Mitchell, 1983: 이정선, 2016에서 재인용). 누구도 예상할 수 없었던 세월호 사건에서 유가족들은 그 누구와도 바꿀 수 없는 삶의 가장 귀한 자녀를 잃었다. 아무런 준비도 할 수 없었고, 분통이 터지고 가슴이 미어진다는 말로도 표현이 안 될 만큼 있을 수 없는 사건으로 삶의 가장 귀한 보석을 바다 한 가운데서 잃어버렸다. 이러한 상황에서 어떠한 애도가 가능할까? 국민의 한 사람, 아니 국민이 아니더라도 한 명의 인간으로서 세월호 사건을 대할 때 그 참담한 심정은 말로 표현할 수가 없다. 내 자녀가 아니더라도, 내가 아는 사람이 아니더라도 세월호 광장 분향소의 학생들 사진을 보면 눈물부터 터져 나온다. 가족이 아님에도 어떠한 애도가 필요하다. 그것이 개인적인 애도일 수도 있고, 광장에 모여서 하는 집단적인 애도일 수도 있다.

　이처럼 기본적으로 노리공의 자원봉사자들은 세월호에서 희생된 학생들에 대한 애도를 위해 이곳에 모였다. 유가족들에게 조금이라도 도움이 되기 위해서, 그들의 슬픔을 외면하지 않기 위해서 모인 것이 일차적인 목적이다. 그래서인지 900여일이 지난 지금은 그 아픈 마음이 조금은 진정되고 일상적인 일들을 하고 있다고 말하는 봉사자들이지만, 그 날의 일을 떠올리거나 유가족들의 이야기를 하거나 세월호 참사가 터진 날을 회상할 때면 눈물부터 터져 나온다.

　"지금은 그래도 좀 나아졌어요. 그런데 처음에는 우는 것 말고는 어떻게 할 수가 없었어요. TV도 볼 수가 없었고, 그 슬픔을 어떻게 감당할 수가 없더라구요. 그전까지는 내 자식들만 잘 키우면 됐지 하고 지내왔는데, 그럴 수가 없었어요. 저도 자식 키우는 엄마라서 그런지, 그게 남의 일이 아닌 거예요. 그런 일을 해본 적이 없으니까 사실 뭘 어떻게 해야 할지 몰랐지요. 내가 무슨 도움이 될 거라는 생각도 못했구요. 그런데 가만히 방에 있을 수가 없었어요. 숨 막히게 아픈 그 감정이 저도 감당이 안 되더라구요. 그러다가 마스크를 쓰고 처음으로 홍대에 나갔어요. 왜 마스크를 썼는지는 모르겠는데, 제가 그냥 집에서 애 키우던 엄마가 홍대 거기에서 거리 행진을 하는 것이 어색했던 것 같아요. 그래도 가만히 있으면 그 슬픔이 감당이 안 되니까, 그렇게 하나씩 하나씩 할 수 있는 일들을 찾았던 것 같아요. 처음에는 리본을 하루에 9시간씩 만들었어요. 어떤 날은 집에까지 가져가서 하루에 두 세시간만 자고 계속 만드는 때도 있었구요. 그런데 시간이 그만큼 지나는 줄도 몰랐어요. 그러지 않고는 감당이 안되니까, 지금 생각해보면 어떻게 그럴 수 있나 싶기도 하지만, 그때는 아픔이 너무 크니까 시간이 지나가는 것도 몰랐던 것 같아요." (참여자 3)

　　연구 참여자 3의 경우는 세 아이를 키우는 엄마이다. 그 전에 어떤 정치적인 활동도 한 적이 없는 평범하게 자기 자식 키우던 한 가정주부였다. 하지만 그녀가 안산의 집에서 나와 2년이 넘는 시간 동안 매일 광화문 광장에 나오고, 리본을 만들어서 캐나다와 미국 등지로 보내고, 이것, 저것 자신이 할 수 있는 일을 알아보게 된 이유는 바로 세월호 희생자들에 대한 감당할 수 없는 슬픔이었다. 그녀는 꽤 오랜 시간 동안을 아무 것도 할 수 없는 슬픔 속에 있었다고 한다. 내 자식만 그저 모른 척 하고 키우기에는 엄마로서 느껴지는 슬픔이 너무 컸고, 못다 한 애도를 위해 그곳에 나와서 묵묵히 리본을 만든다. 그리고 리본이 필요한 곳에 보낸다.

　　"2년 전과 지금 가장 크게 바뀐 건 그거예요. 예전에는 어떤 일이 터졌을 때 "어떡하지?" 하는 마음으로 발만 동동 굴렀다면, 지금은 보는 눈이 많이 바뀌었어요. "무엇부터 할 수 있을까? 내가 어떤 것을 할 수 있을까?" 하는 마음으로 할 수 있는 것들을 적극적으로 찾게 됐어요. 미국에서 박근혜가 연설하기로 했다는 걸 알고 거기에 리본을 만들어서 보낼 생각을 그 전에 어떻게 했겠어요. 그저 집에서 살림하던 사람인데. 그런데 박근혜가 잠을 캐나다에서 잔다는 소식을 듣고 미국에 수소문해서 보낸 리본을 다시 캐나다로 보내려고 근처로 가는 사람을 알아보고 하는 과정을 통해서 내가 무언가 할 수 있다는 걸 알았어요. 지금도 기존에 있던 방식 말고도 새롭게 무언가 할 수 있고, 도움이 되는 것들을 찾아서 해요. 그래도 그때보다는 많이 나아졌어요. 그러지 않으면 미칠 것 같고 그랬는데, 지금은 그래도 많이 나아진 것 같아요." (참여자 3)

그녀는 이제는 가정을 챙기는 것에서도 균형을 맞추겠다고 말을 한다. 그 균형이 깨어졌다고 느낄 만큼 그녀에게는 애도의 과정이 필요했다. 자신의 자녀들만을 돌보고 키우던 것을 더 이상은 할 수 없을 만큼 아팠던 것, 그로 인해 집 밖으로 뛰쳐나와 리본을 만들고 피켓을 들고 활동을 이어갔다. 그것은 바로 누가 시켜서도 아닌, 애도의 과정을 다하고 있는 것이었다.

참여관찰을 하던 중에 유치원생 자녀들을 데리고 와서 리본을 만들고 가는 어머니들을 간혹 볼 수 있었다. 아이들은 옆에서 색칠공부를 하고 있고, 어머니들은 잠시라도 리본을 만들고 후원금을 얼마간 내고 가는 것을 종종 보았다. 유난히 이곳에 자녀를 둔 어머니들이 그냥 지나치지 못하는 것을 볼 수 있다. 하다못해 지나가던 발걸음이라도 느려지게 만든다.

"저도 애가 쌍둥이 아이가 둘이 있어요. 저도 아무래도 엄마다 보니, 내 애만 챙길 수가 없는 거예요." (참여자 4)

이렇게 말하는 그녀는 노리공 안에 학생들이 올 때마다 친절하고 친근하게 설명을 하고, 분위기도 이끌어가며 아이들에 대한 애정 어린 시선을 보여준다. 가장 핵심적인 감정, 그것은 바로 세월호 희생자들에 대한 모성애와 부성애적인 마음이었고, 그것에 바탕을 둔 애도였다. 공동체적인 애도를 통해 어른으로서 아이들에 대한 미안한 마음을 조금이나마 씻고, 내 아이 하나만을 위한 것이 아니라 우리의 모든 아이들을 위해 더 나은 세상을 만들려고 하는 노력이 모여서 세월호 광장을 채우고 있었다. 애도는 단순히 상실에 대해 슬퍼하는 것이 아니다. 정신분석에서 애도는 지금 이곳에서 겪고 있는 내면 깊은 곳의 불편함을 끄집어내어 충분히 슬퍼하며 울지 못한 울음을 다시 우는 작업이며, 과거의 집착된 자기도 충분히 슬퍼한 후에 떠나 보내는 작업이라고 보았다(Rosenblatt, 1993: 이정선, 2016에서 재인용). 즉, 슬픔의 단계에 머물러 있는 것이 아니라, 충분히 슬퍼하고 추억하고 그들을 잊지 않음으로써 사랑했던 그들의 존재를 다시 한 번 확인하는 것인 동시에, 충격받은 애도자의 삶에 새로운 질서를 부여하고 살아갈 수 있는 힘을 찾아가는 슬픈 희망인 것이다. '산 사람은 살아야 한다'는 옛 말이 이런 비극적인 일 앞에서는 참으로 매정하게 느껴진다. 하지만 언제고 슬퍼하고만 있지 않으려는 그 마음, 슬픔과 절망의 한 가운데에서 작은 한 마음 한 마음이 모여 전하는 애도의 눈물과 손의 마주잡음은 '산 사람은 살아야 한다'는 이기적인 자기 챙김이 아니다. 충분한 애도와 그 안에서 다시 생기는 삶에의 희망은 바로 떠나 보낸 사람에 대한 사랑이다.

(2) 정치적 저항 및 더 나은 사회에 대한 열망

내가 주로 참여관찰을 했던 곳은 노란리본공작소였다. 노리공에는 다양한 자원봉사자들이 모여서 리본을 만든다. 연령, 성별, 삶의 경험, 관심사 등이 다른 사람들이 좁은 공간에 모여 앉아서 살아가는 이야기들을 나누며, 때로는 정치적인 저항의식을 드러내기도 하고, 세월호 희생자들을 추모하기도 하고, 자신의 삶에서의 상처와 아픔을 위로받기도 하고, 무언가 도움이 될 만한 일을 하겠다는 생각으로 묵묵히 리본을 만든다. 노리공에 모이게 된 이유도 가지각색이지만 그 안에서 정치적인 저항 및 더 나은 사회에 대한 열망을 엿볼 수 있었다. 세월호 천막에서 관찰할 수 있었던 첫 번째 경향은 국가권력에 대항하는 저항운동의 성격을 띠었다. 노리공의 안방마님 격인 주요 자원봉사자들의 경우는 아니더라도, 기본적으로 반정부 감정을 갖거나 여러 사회운동에 참여해온 경력을 가진 사회운동가들이 그 활동 중 하나로 세월호 유가족들의 목소리에 힘을 실어주고 있었다. 자원봉사자들 가운데는 세월호 유가족들을 위한 활동 말고도 백남기 농민, 사드 배치 반대 등 시위나 집회에 참여하는 사람들이 있었고, 소위 블랙리스트 예술인 집단도 광화문 광장에서 오랜 기간 시위와 집회를 하는 가운데 그냥 지나치지 않고 세월호 자원봉사자들과 친분을 유지하며 서로를 응원하는 것을 볼 수 있었다. 그들은 반정부감정을 공유하며 직, 간접적으로 정부에 대한 저항운동의 성격을 띠고 있었다.

기본적으로 광화문 광장은 600년이 넘는 서울의 오랜 역사를 상징적으로 보여주는 장소로, 광장이라는 열린 공간에서 시민들은 정치, 사회적인 의사 표출을 한다. 광장이라는 열린 공간은 민주주의의 실현을 위해 누구라도 자신의 의사를 표출할 수 있는 장의 역할을 한다. 그런 의미에서 다양한 집단이나 개인이 광화문 광장에서 시위나 집회를 통해 자신들의 목소리를 알린다. 광장이라는 공간이 갖는 의미로 인해, 광화문 광장의 세월호 천막에도 역시 세월호 참사 이슈를 중심으로 모여 있지만 정치적인 이슈, 정부에 대한 저항의식을 표출하는 것이 하나의 문화로 자리잡고 있었다.

참여관찰 기간 중에 발생한 최순실 게이트로 인해 더욱더 반정부 감정이 고조되자, 노리공의 자원봉사자들 역시 오랜 자신들의 목소리에 힘을 얻은 듯, 박근혜 하야를 외치고 있었다. 광화문 광장에는 촛불을 들고 나온 시민들부터 건설현장 하청업체 노동자, 문화 예술인 등 정부와 사회에 대한 저항의식 또는 부조리한 사회, 경제적인 구조에 대한 반발심을 표출하는 사람들이 모여든다. 내가 참여관찰을 하는 기간 중에도 광화문 광장에서는 크고 작은 시위와 집회가 열리는 것을 볼 수 있었다.

"5%는 나도 받을 수 있겠어. 손들어봐. 5%되면 바로 교체해야 하는 거 아니냐고." (참여자 8)

"세월호는 사고가 아니에요. 타이타닉과 세월호는 엄연히 달라요. 이건 사고가 아니라 엄연한 사건이에요. 그러니까 반드시 진상 규명을 해야 해요." (참여자 1)

기본적으로 반정부 감정을 갖거나, 저항의식을 표출하는 방식의 하나로 세월호 사건에 관심을 갖게 된 사람들도 있었고, 정치적인 저항감이라고는 전혀 없이 지내다가 너무나 분노한 나머지 세월호 자원봉사자로 나서게 된 사람도 있었다.

"저는 그냥 집에서 애 셋 키우던 엄마예요. 그런데 전혀 구출하지 못했다는 그 뉴스를 듣고는 그냥 있을 수가 없었어요. 그 감정은 말 그대로 분노였어요. 그 분노의 감정을 집 안에서 가만히 삭이고 있을 수가 없었어요. 그래서 처음에 홍대에서 거리 행진을 한다는 소식을 접하고 무작정 나갔어요. 그런데 그 와중에 누가 애 엄마가 거기 나가 있다고 할까봐 저도 모르게 마스크를 쓰고 나갔어요. 그렇게 해서 광화문 광장에까지 오게 된 거에요." (참여자 3)

광화문 광장에 세월호 천막이 세워지고 피켓 시위를 하고 집회를 여는 이유는 세월호 사건에 대한, 극단적으로는 세월호 학살이라고까지 표현하는 그 일에 대해 제대로 된 진상 규명이 되지 않고 있으며, 책임자들이 어떠한 책임도 지지 않고 있다는 데 있다. 그러한 이유들을 바탕으로 지금도 세월호 천막에서는 정부에 대하여 진상 규명에 대하여, 세월호 인양에 대하여, 책임자 처벌에 대하여 끊임없이 외치고 있는 것이다. 세월호 광장에 모인 사람들은 정도의 차이는 있지만 표면적으로는 정치적 저항을 하고 있다. 겉으로 드러나는 정치적 저항 밑에는 정부에 대한, 잘못을 저지른 사람에 대한, 물에 빠진 아이를 건지지 못하는, 배조차 인양하지 못하고 있는 책임자들에 대한 분노의 정서가 깔려 있다. 하지만 그들은 단순히 분노를 표출하는 것이 아니다. 더 나은 미래, 좀 더 나은 사회를 만들기 위한 외침인 것이며 그런 의미에서 역시 희망적인 저항이라고 볼 수 있다.

(3) 연대하는 공동체 실현, 그 안에서의 자기실현

사람은 저마다의 가치관을 갖고 살아간다. 다양한 삶의 목적과 의미를 갖고 살아가지만 저마다 "의미 있는 삶을 살고자 하는" 마음이 있을 것이다. 가족을 잘 돌보는 것, 사회적인 성공, 학업적인 성취, 경제적인 풍요로움, 다른 사람들로부터 존경받는 삶 등 어떤 것에 가치를 두느냐는 사람마다 다르다. 이곳에 모인 사람들 역시 세월호 천막에서 하는 자신들의 삶의 활동을 통해 삶의 의미를 실현하고 있었다. "가치 있는 삶, 의미 있는 삶"을 살아가는데 여기에 있는 사람들은 다른 사람들을 위한 봉사를 통하여, 또는 삶에서 느껴지는 외로움과 소외감을 극복하기 위한 방편으로서 봉사의 공간에서 "사회에 필요한 사람이 됨으로써" 자신의 삶의 의미를 실현하고 있었다.

유난히 어르신들이 이곳에 많이 모인다. 어떤 날은 리본을 만드는 10명가량의 사람 가운데 6~7명이 어르신인 적도 있었고, 잠깐 사이에 배낭을 메고 광화문 광장을 지나가던 어르신들이 친분이 있으신 듯 잠시 천막 안으로 들어와서 인사를 하고 가는 것을 볼 수 있었다. '왜 이곳에 유난히 어르신들이 많이 오실까?' 하는 궁금증을 갖고 그곳에서 어르신들의 이야기와 행동을 관찰해보게 되었다. 연세가 60은 훌쩍 넘으신 그분들은 이제는 직장이나 가정에서 자신들을 덜 필요로 하게 되고, 가족을 부양하느라 직장에서 열정을 다 바치는 사이 어느새 나이도 들고 어느 한 곳에 소속감을 느끼지 못하고, 무엇을 위해 달려왔는지 모를 공허감을 느끼게 된다. 그런 이유에서일까, 이곳에 모인 어르신들은 특히 의미 있는 일을 한다는 사명감을 통해 삶의 의미를 되찾으려는 것이 아닐까라는 생각이 들었다. 집회에 참여하고, 세월호 유가족들을 위해 리본을 만들고 피켓을 들고, 서명운동을 하면서 사회의 일원으로서 삶의 의미를 찾고자 하는 노력이 엿보였다. 그런 의미에서 세월호 천막은 그들에게 삶의 의미를 찾을 수 있는 자기실현의 장이 되기도 한다.

"처음에는 여기에서 내가 무엇을 할 수 있을지 몰랐어요. 무엇을 할 수 있을 거라는 생각을 했던 것도 아니구요. 지금은 좀 달라요. 내가 할 수 있는 일을 찾아서 할 수가 있어요. 여기서 너무 힘들고 그럴 때 주변에 같이 봉사하는 사람들을 생각해요, 그 사람들이 큰 힘이 돼요. 물론 여기에서도 잘 안 맞는 사람들이 있기는 하겠지만(웃음) 그래도 서로 뭔가 이익을 위해 모인 것이 아니잖아요. 서로 묵묵히 일하면서 이제는 같이 있는 것만으로도 힘이 돼요." (참여자 3)

"어디 가서 또 이런 집합체를 만나겠어요. 우리는 가끔 이야기해요. 우리는 잘 헤어지기 위해 만난 거라고. 부둥켜안고 잘 헤어지기 위해서. 작년에 여기 세월호 광장이 위태해질 때가 있었어요. 그럼 잘 헤어지는 게 아니잖아요. 우리는 잘 헤어질 수 있으면 좋겠어요. 그러고 다시 좋은 일로 때때로 만나면 되죠."(참여자3)

소외감과 외로움의 정서가 깔려 있는 봉사자들은 세월호 광장에서의 단체 활동을 통해 소속감을 느끼기도 하고, 가족 같은 끈끈하고 훈훈한 위로와 공감을 이곳에서 얻기도 한다. 그들은 서로를 때로는 "아버지", "딸"과 같은 호칭으로 정감 있게 부르기도 하고 빵 하나, 우유 하나라도 서로 나누어 먹는다. 또한 소소한 일상을 나누며 삶의 이야기를 나누기도 한다. 그곳은 소속감을 느낄 수 있는 하나의 공동체이자, 연대하는 공동체를 지향한다. 남의 일에 신경 끄고 자기의 이익만을 위해 살아가는 개인주의적 성향의 사람들은 이곳에 발을 들일까 싶다. 공동체에 대한 속된 말로 '오지랖'이 있는 사람들이 이곳에 모인다. 하나라도 보탬이 될 수 있는 일을 찾아 나선다. 그것은 나의 이익을 위한 일이 아니다. 연대하는 공동체의식을 갖고 있으며, 그런 의미에서 봉사활동을 하고 보탬이 되는 일을 한다. 그 안에서는 혼자 살아가지 않고 더불어 살아가는 사회 속에서 의미 있는 일을 함으로써 자기실현의 장이 되기도 하고 소속감과 연대감을 제공해주기도 한다.

지금까지 살펴본 세월호 천막 안의 문화를 참여하게 된 동기, 동기 이면의 정서, 실천하는 봉사의 의미로 표를 정리해 보면 다음과 같다. 그들은 저항 및 더 나은 사회에 대한 열망을 갖고 있었고, 애도를 바탕으로 희망을 품고 있었으며, 연대하는 공동체를 통하여 자신의 외로움과 소외감을 공동체를 통해 극복하고, 그 안에서 자신의 삶의 의미를 실현함으로써 함께하는 공동체를 실현해내려는 것을 볼 수 있었다.

<세월호 광장의 문화에 대한 심층적 이해>

	저항 및 더 나은 사회에 대한 열망	애도와 희망	연대하는 공동체
참여하게 된 동기	사회에 대한 저항 운동	그들에 대한 애도	의미 있는 작업에 대한 참여
참여하며 느낀 정서	좌절감 대 분노	공동체에서 느껴지는 나와 너의 모성애와 부성애	의연함과 소외감
실천하는 봉사의 의미	정의로운 사회 실현	더 나은 미래에 대한 희망	봉사활동으로 응집되는 참여와 연대

3) 세월호 광장 문화의 의미: 노란 리본-나와 너의 경계가 없는 공동체적 희망의 메시지

매번 광화문 광장의 경찰 무리를 지나 세월호 천막 안에서 옹기종기 모여 앉은 그 틈에서 이야기를 나누다가, 나는 집으로 돌아간다. 울타리 높게 쳐놓고 누구도 침입할 수 없는 공간으로. 그 안에서 나의, 내 가족의 행복이 조금이라도 새어나갈 새라 그것만을 지키려 아등바등 살아간다. 봉사라든지 공동체에 이바지하는 것은 마음 속 저기 어디에나 존재하듯, 지금은 나 하나 챙기며 살아가기에도 버겁다. 내 자식 하나 키우는 게 일이다. 겨우 이제 초등학교 입학을 앞둔 학부모인데도 변한다. 나는 절대 안 그럴 거라고 생각했던 것조차 무너진다. '공부가 뭐가 중요해, 행복이 우선이지.' '어려서부터 경쟁하면 되나, 어렸을 땐 무조건 신나게 뛰어 노는 게 제일이지.' '공부보다는 인성교육이 먼저지.' 그게 더 우선이라고 여기며 살아왔고 아직도 우선순위는 변함이 없는데도, 스물스물 마음의 동요가 일기 시작한다. 우리 애가 남보다 똑똑했으면 좋겠고, 공부도 뒤처지지 않았으면 좋겠고, 사교성도 좋았으면 좋겠고 등등. 결국 정도의 차이는 있더라도 뭐든 남들과 비교했을 때 뒤처지지 않고 앞서나가는 것을 바라는 내 모습을 발견한다. 그게 아니더라도 조금 더 나은 세상을 바라거나, 남에게 도움이 되는 삶을 꿈꾸기란 마치 사치와도 같이 느껴진다. 여유가 없어서일까? 아니면 내가 너무 이기적인 걸까?

세월호 광장에 가서 그들을 만나기 전까지는 미처 그런 생각조차 못했다. 내 자신의 이기심과 개인주의적인 모습을 들여다 볼 여유도 없었다. 개인주의적인 모습이 당연하듯 여겨졌고, 경쟁에서 뒤처지는 것은 지는 것이라고 생각했다. 너무나 빠르게 변해가는 사회에서 나 역시 속도를 맞춰야 했고, 아이들도 그 속도에 준비시켜야 했다. 더 빨리 뛸 수 있도록.

내가 참여관찰을 마치고 집으로 돌아간 후에도 광화문 광장에서는 아침부터 밤까지 사람이 있다. 저마다 그곳에 오는 이유는 다양하지만, 광화문 광장의 노란 리본을 달고 있는 세월호 천막은 광화문 광장의 역사 한복판에 우뚝 서있다.

"우리는 역사의 한복판에 있기 때문에 가만히 울고 있을 수만도 없는거예요." (참여자 4).

밤과 낮을 잊은 채, 그곳에는 아픔도 분노도 애도도 치유도 모두 함께한다. 다양한 색깔의 사람들이 함께 모여 있다. 그 누구도 거기에 오라고 강요하지 않는다. 말 그대로 그들은 자원 봉사자였다. 저마다의 이유로 모여 있지만, 그곳은 나와 너의 경계가 없다. 내 자식과 남의 자식의 경계가 없다. 추운 날에도 그곳의 문은 활짝 열려있다. 누구든 들어올 수 있고, 누구든 함께 참여할 수 있다. 어린 꼬마 아이들, 학생, 노인, 남자, 여자, 사회적 지위 등은 그곳에서 의미가 없다. 모두가 함께 하는 공간이다. 마치 가족공동체처럼. 아파하는 이들은 나의 가족, 나의 이웃이고, 함께 싸우고 투쟁하는 것은 나 하나 잘 살고자 함이 아니다. 너와 나, 우리 모두가 살아갈 조금 더 행복하고, 조금 더 공평하고, 조금 더 희망적인 사회와 세상을 향한 열림이다. 나와 너의 경계가 허물어진, 이익과 편견을 넘어서는 희망의 움직임이다. 지금 당장 무엇이 바뀌지 않는다고 할지라도 그들은 노란 리본을 만들 것이다. 그리고 그 문을 열고 들어오는 누구에게라도 그 희망의 메시지를 함께 나눌 것이다. 지금 당장 무엇이 바뀌지는 않을지라도, 내가 하는 이 일이 누군가에게 도움이 되고 희망이 될 수 있다면 그들은 꿋꿋하게 나아갈 것이다.

오늘날의 개인주의, 이기주의를 비웃듯 그들은 요즘 세상이 추구하는 그 어떤 것에 대한 보상도 주어지지 않는 그곳에서 자신의 아픔을, 그리고 세월호 희생자들과 유가족들의 아픔을 함께 나눈다. 그 안에서 분노와 좌절감도 함께 느끼며 진실에 대한 외침, 더 나은 사회에 대한 목소리를 함께 낸다. 그러는 가운데 자신들의 외로움과 소외감도 따뜻한 공동체 안에서 녹아들어간다. 작은 일들을 나누어 하며, 서로를 의지하고 의지가 되어준다. 그 안에서 함께 나누는 봉사활동을 통해 자기실현의 보람도 느낀다. 때로는 손가락질을 받고, 때로는 춥고 덥기도 하고, 때로는 끝이 보이지 않는 일에 대한 의무감이 무겁게 느껴지기도 하지만, 그 안은 한겨울에도 옹기종기 붙어앉아 있어서 춥지가 않다. 그들의 문화는 다름 아닌 나와 너의 경계가 없는 공동체의 문화이며, 의연함의 문화였다.

광화문 세월호 광장의 이야기들

김효실

들어가며

세월호 광장으로 발걸음을 하기까지

연구자(관찰자)로 처음으로 '세월호 광장'이라는 공간을 접했을 때 이들을 이방인의 시각으로 바라보았기 때문에 연구자(관찰자)에게 모든 것이 낯설고 어색했다. 스스로에게 과연 내가 이 환경에 적응할 수 있을까?라는 질문과 함께 심리적으로 불안감과 저항도 있었고, 위축되어 있었다. 세월호라는 무거운 주제를 놓고 세월호 광장에 머물고 있는 자들만이 가지고 있는 국가적 PTSD로 인한 특별한 대상이며, 특별한 행동들이 있을 것이라는 선입견도 갖고 있었다. 그래서 처음에는 그들에게 조심스럽게 접근을 시도했다. 이러한 새로운 환경과 그들만의 독특한 문화에 적응하는데 다소 마음의 어려움이 있었고 구성원들과 연구자(관찰자) 사이의 경계를 어떻게 허물어가야 할지 관찰자로써 경험도 부족하고 정치적 식견도 매우 부족하였다.

같은 나라, 같은 문화와 같은 공간 속에서도 낯설고 익숙지 않은 환경에 적응해야 한다는 사실에 새삼 당혹스럽고 안절부절했다.

그러나 앞서 연구한 질적연구방법 이론(문화기술지)을 바탕으로 첫째는 '여기서 어떤 일이 일어나고 있을까?'라는 질문과 함께 둘째는, 이들과의 접근 중의 하나로 문화를 기술하고 난 뒤에 연구자는 자료를 '분석'할 것이다. 셋째는, 연구자는 분석을 확대와 축소를 반복하면서, 정보로부터 추론과 해석하는 작업을 수행할 것이며 연구 결과를 해석해 낼 것이다.

1. 서론

1. 광화문 세월호 광장을 바라본다

광화문 세월호 광장이란 '세월호를 잊지 말아 달라'는 의미로부터 시작되면서 진상 규명을 위해 유가족들이 목소리를 내고, 시민들이 모여 희생자들을 추모하고, 공허한 마음을 서로 위로하는 곳이다. 세월호 천막이 생기면서 광화문 광장에서는 각종 기자회견이나 시국선언 및 정부 규탄 성명을 표명하는 기자 회견들과 개인의 호소문을 목에 내걸고 시위하는 상황들이 더 빈번히 생기고 있다. 이젠 다양한 시민 사회 계층의 목소리를 내는 장소가 되기도 하였다.

일반인에게는 낮에는 분수대에서 뿜어주는 시원한 물소리에 오고 가는 단체 관광객이나 사진찍는 외국인들의 경쾌한 배경이 되어 주고, 귀여운 아이들은 부모의 손에 이끌려 나왔거나 유치원에서 나들이 나와 웃으며 돌아다니고, 밤이면 다양한 색깔을 뿜어내며 사람들에게 낭만을 선사하는 또 다른 모습의 분수대, 서울의 수호신 같은 늠름한 무를 겸비한 이순신 동상과 문을 겸비한 세종대왕 동상, 다정한 커플들의 데이트장소, 모든 시민들의 만남의 장소, 각종 문화와 행사들로 변화에 앞장서는 곳. 그리고 저 앞에는 청와대. 그곳에 세월호 천막도 함께 공존하고 있다. 상황실, 카페, 리본 공작소, 유가족을 위한 엄마방, 서명대, 분향소 등.

청와대와 마주보고 있는 세월호 광장의 모습에서 서로를 마주하며 바라

볼 때 각각 '동상이몽'이라는 단어가 나는 떠올랐다.

세월호 광장에서 50여일을 연구자로 참여하는 동안 세월호 사건의 900일 되는 행사도 보았고, 벌써 940여일을 넘기며 세월호의 시간의 역사 속에서 지금은 이 시점에서 세월호 광장의 외침은 "박근혜 대통령 퇴진", "박근혜 대통령은 하야 하라"다. 박 대통령의 비정상적인 국정 운영을 상징하는 사건으로 '대통령의 7시간'의 의혹이 더 불거졌고, 진상 규명 촉구와 대통령의 퇴진요구 서명 운동과 노란 리본이 동이 나고, 분향소의 분향객이 평소보다 많아지고 있다. 이젠 제발 1,000일이 되기 전에 아니면 이 해가 지기 전에 세월호 인양 문제나 진상 규명이 신속히 해결되기를 간절히 소망한다.

2. 나는 왜 세월호 광장에 관심을 갖게 되었는가?

'잊지 않을게'라고 전 국민이 약속을 하고 다짐을 해 보았지만 무심코 지나가버린 세월의 흐름에서 자연스럽게 세월호의 아픔이 점점 퇴색되어가는 자신을 바라보게 되었다. 부모의 마음으로 나서려면 제일 먼저 앞장서야 되겠지만, 감당하기 힘들어서 남의 문제로 혹은 국가적인 문제로 슬쩍 떠넘기고 싶었다. 이렇게 세월호의 주제는 나에게는 너무 다가서기도, 무관심하기도 힘든 내용으로 내가 새삼스럽게 다루기에 시국적인 측면인 현 정권에서는 서로 예민한 부분이었다.

세월호 사건으로 순수하게 유가족들을 직접 만나서 상담사로서의 역할을 감수하는 내용이 아니었다. 그 사건의 문제들이 아직까지도 미해결되어 다소 분별하기 어려운 시국의 정치적인 이념(소위 불순세력이라 함)과 소수의 시민들이 세월호 유가족들의 자칭 대변인(자원 봉사자)들이 되어 그 사연들이 서로 뒤엉켜 광장의 소리로 확산되어져 광화문 광장 밖으로 나와서 지속적인 투쟁을 하고 있었다. 이렇듯 나도 삶에서 습득된 정치적 편견과 세월호의 진실된 내용이 나에게도 뒤엉켜져 가고 있었다. 이러한 시점에서 용기를 내어 세월호 광장에서 진정으로 이야기하고 싶은 사연들이 과연 무엇인지를 이 연구현장에서 풍부하고, 실제적인 지식과 현장의 정신을 가지고 직접 연구자로 참여하여 심도 있게 현장감 있는 내용이나 진실을 찾아보며, 그것의 깊이 있는 아우성의 의미를 스스로 재생산하기 위해 어려운 마음으로 찾아가게 되었다.

3. '세월호 광장'은 나에게 어떤 의미였는가?

* '세월호'라는 사건을 직접 찾아 나서기에는 용기가 나질 않아서 애써 무관심해도 될 것 같은 이방인이 '세월호 천막'이라는 우리 문화의 낯선 곳에서 그들과 함께 하며 내 자신을 발견하고, 스스로 반성한 곳.
* 천막 안에서는 노란 리본을 만들고, 천막 밖에서는 평화의 촛불을 만들며 시간 속에서 역사를 만들어 가는 이야기 마당으로 바라 본 곳.
* 2014년 4월 16일의 충격과 아픔을 잊으며 살아가려고 몸부림치던 상처들이 나에게 다시 돌아오지 않을 것 같았는데 이젠 삶의 답변을 여기서 직접 생각들을 만지며, 느끼고, 찾고, 듣고, 본 곳.
* 같은 나라, 같은 문화 속에서 함께 따로 가는 다른 소리들, 다른 생각들을 찾은 곳.
* 사회 속의 소외된 사람이나 많은 군중 속의 나를 다시 보게 된 곳이라고 생각해 보았다.
* 항의 집회, 평화의 물결 등 국민과 같이 미래를 향한 희망의 소리를 만들어 내는 곳.
* 한 가정의 주부에서 나라 사랑, 국정을 걱정하는 시민으로 변화되어 가는 과정을 지나 온 곳.
* 너와 나는 남이 아니였기에 남의 소리도 들을 줄도, 낼 줄도 아는 진정한 대한민국 시민이 되어 가는 곳.

이젠 광화문 세월호 광장이 개인이나, 조직이나, 국가가 슬프고 억울한 사건들의 아우성보다 대한민국 국민 모두가 더 많이 기쁘고, 좋은 일로 축제의 장소가 되기를 기대한다.

4. 참여관찰 전 '세월호 광장'에 대해 어떻게 생각했었는가?

세월호에 대한 충격적인 현실과 분노에 대해서는 나부터 자식을 품고 있는 부모로서 세월호 사건은 잊을 수 없었고, 전 국민도 극심한 외상 후 스트레스를 겪을 수밖에 없었다. 그러나 시간이 진행되면서 이 사건이 유난히도 정치화가 되어가고 다소 변질되어 가는 느낌마저 들면서 유족들을 제외하곤 나의 머리에서는 서서히 순수한 색깔들이 퇴색되어 가고 있다고 생각했다. 그래서 이번 학기 연구 과정이 부담스럽고, 무겁게 다가왔고, 피할 수만 있다면 피하고 싶었던 주제였다.

그러나 발제 때문에 할 수 없이 무거운 발걸음으로 광화문 세월호 광장을 향해 연구자로 가고 있었다. 광화문 세월호 광장의 지하도로로 나와서 제일 먼저 분향소에 가서 조의를 표하면서 내가 왜 이 자리에 와 있으며, 여기서 무엇을 해야 하며, 이들을 어떻게 이해할 것인지 깊이 생각해 보았다. 처음에는 개인적으로 시사에 대한 시야도 좁기에 아무것도 알지 못하는 이러한 상황들이 부담스럽고, 세월호의 주제 또한 마음이 무거웠다.

그들의 세월호에 대한 진상이 무엇이며, 알리고자 하는 것이 무엇이며, 호소하고, 해결하고 싶은 것들이 무엇인가?

국민과 정부에 본인들의 상황을 무엇으로, 어떻게 전하고 싶고, 이것들이 영원히 어떻게 기억되어져야 할 것인지에 대해서 나는 아직은 모르겠지만, 이들이 이야기하고자 하며, 호소하고 싶어 하는 것들에 대해 내가 더 알아야 할 것이 무엇이며, 어떤 인식을 갖고, 우리나라도 어떤 각도로 봐야 될지 궁금해 하며 다시 연구를 시작했다.

피할 수 없었던 숙명적인 이번 질적연구방법을 통해서 세월호 사건에 다시 상기해서 좀 더 구체적이고, 그들의 삶 속에 들어가서 함께 하는 것이 무엇인가 이해해 보기로 하였다.

이젠 발제를 준비하는 과정에서 여러 면으로 광화문 세월호 광장 문화를 충분히 이해 할 수 있을 것 같아서 기대하며 마음의 여유를 찾아갔다.

연구를 시작하기 전에 연구자의 자세를 가지고 정성을 다해 지나 온 많은 기사들도 찾아보았다. 사건도 훑어보면서 사회적 시야도 넓히고, 해야 할 것이 무엇인지를 알아가는 시점이 될 것 같다. 세월호 광장은 시간의 흐름 속에서 다소 순수하지 못하고, 정치적인 세력들의 불순 세력과의 싸움이라고 생각했는데, 그런 편견이 얼마나 벗어질 지 궁금하고 또 연구될 내용과 결과도 어떻게 나올 지도 매우 기대가 된다. 그러나 처음에 느낀 것보다 훨씬 많은 것을 얻고, 많은 것들을 사유하는 발걸음이 될 것 같다.

어느 시점과 각도에서 무엇을 먼저 봐야 할지는 아직은 의문이다. 그러나 일단 부딪쳐 보겠다는 굳은 마음에서부터 시작해 보았다.

2. 본론

1. 모성애, 모성애적 부성애

우리 자녀를 소중하게 보호하며, 최고의 자녀로 키우고 싶은 마음은 부모의 절대본능이며, 누구나 자기 자식을 건드리거나 해치면 자신을 희생해서라도 절대적으로 보호하려는 것이 완전 모성 본능이다. 하지만 세월호 부모님들의 살아가는 존재 의미를 부여하는 것이 이들 또한 살아남아 주길 간절히 바라는 어미들의 간절한 바람이었다.

그러나 이들의 옆에서 함께 울고, 웃어 줄 이들의 사랑하는 자녀들은 노란 리본이 되어 부모에게로 돌아 왔다.

나는 노리공(노란리본공작소)에서 작업을 하는 순간순간에도 그 악몽의 날을 되새김질하고 유가족들의 아픔에 동참하며 잠시나마 그들 옆에서 대신하여 함께 웃고, 울어 주고 싶었다. 이 노리공에서는 이들과 함께 하는 봉사자들이 사건 후부터 지금까지 꾸준히 우리들을 대신하여 그들 곁을 지켜주고 있었다.

나는 희생자들이 젊은 학생들이라서 가슴이 먹먹하고, 불쌍하고, 안타까워서 나왔어. 봉사하는 차원으로.

빨리 세월호가 인양되었으면 좋겠어. 내가 봉사한 2년 반 동안 오로지 세월호 인양하는 간절함밖에 없어. 미 수습 9구가 아직도 가족 품으로 돌아가지 못했잖아. (참여자 7)(70세. 남. 무직)

박근혜 정권이 엄마부대 약100명 정도를 나라에서 지원하고 알바로 하루 일당 2만원씩 주고 하루에 한번 씩 천막에 와서 우리 보고 '불순 세력 빨갱이'라고 훼방 놓고 가!!! 그것들도 엄마야!!! (참여자 7)(70세. 남. 무직).

2. 사회적 책임, 사회적 변화에 대한 여론 확산

넓게 본다면 사회적 책임이라는 측면에서 여러 종교 단체를 우선적으로 생각하게 될 수도 있다. 우리나라의 시대적 역사로 바라 볼 때도 나라가 위험과 위기에 처해 있는 중에 더욱 활발하게 적극적 대응을 해 왔다. 세월호 사건 역시 광화문 세월호 광장에서도 900일을 훌쩍 넘기는 지금까지 종교 단체들이 지속적인 돌봄과 관심과 후원에 발 빠르게 움직여 주고 있다. 대표적으로 불교나 천주교, 기독교가 사회를 위해 헌신, 봉사하고 있다. 매주 예불로, 미사로, 예배와 찬양으로 진행하고 있음에 감사함을 표한다. 이웃이나 친척보다 더 가까이 이들의 아픔에 앞장서서 활동하고 있다. 우리가 해야 할 일들을 대신 해 주심에 감사한 마음을 전하고 싶다. 이러한 운동들이 유가족들이나 자원봉사자들에게 힘을 얻고 지탱해 가는 에너지가 될 것이다.

나는 생명, 평화, 정의를 일구는 거리 목사 ○○○입니다. 억울하고, 힘들어하는 약자 편에서 같은 소리를 내고 있습니다. 주변에 어려움을 처하고 있는데 나라에서 외면하고 있다면 저와 함께 하셔도 됩니다. (관찰자)(40대 가량, 남, 목사).

직장이 코앞이라서 일주일에 서너 번씩 점심시간을 이용해서 주변 사람 몰래 노리 공에서 일손을 도우려고 잠깐이라도 리본 만들다가요. (참여자)(하○○. 여. 40세)

저는 가끔씩 '욱' 하고 올라오는 감정이 무엇인가를 생각해보았는데 세월호 유 가족들의 찢어지는 아픔을 더 많이 읽을 수가 없는 것이 가장 속상하고, 이제 3개 월되었지만 여기를 지키면서 제 자신의 무력감과 무능력한 마음까지 들 때가 가장 힘들어요. 그러나 답은 나와 있어요. 그 방법은 어떻게 접근하느냐에 따른 접근방법 이에요. (참여자 14)(남. 30세).

○○일보에서는 많은 후원 품들을 보내 줘요. "오늘은 할로윈 데이라고 마카롱 을 보내줬네!. 너무 좋다!" 하면서 포장을 뜯은 후 각 천막에 계시는 분들에게 바 리바리 싸가지고 나눠주셨다. (참여자 2)(여. 55세 가량)

3. 애도의 공간

광화문에 가면 제일 먼저 하는 일은 분향소에 들어가서 조의를 표하고 그들과 그들의 가족들의 안녕을 기원한다. 세월호 유가족 분들이 '엄마방'에 서 노란 조끼를 입으신 두 분이 나와서 노리공에서 수고하는 있는 우리를 보고 가벼운 인사를 나눠 주신다.

안산에 사시는 이○○씨(남. 50세가량)가 노란 봉투에 든 편지 한 장을 들고 오셨다. '참여자 2'가 펼쳐든 편지를 읽어 내려가는 동안 작업 중이던 노리공의 사람들은 조용히 눈물을 흘리고 있었다.

"무수히 많은 말 가운데"

황지연

그림 그리는 재능과
예쁜 목소리를 물려 주셔서 고마워요.
건강한 신체와
뛰어난 운동신경과
둥글둥글한 성격도 고마워요.
살찔 걱정에 삼겹살 입에 대지 않자
나무라지 않고
비싼 소고기 따로 구워 주셔서 고맙고
외동이지만
오냐오냐 버릇없이 키우지 않고
검소하고 부지런하고 반듯하게
키워주신 것도 고맙고

10월 29일
꽃이나 별이나 고양이가 아닌 새가 아닌
엄마 아빠의 딸로
그것도 같은 날 두 번씩이나 낳아 주셔서
완전 고마워요.

넓은 집으로 이사해
내 방부터 화사하게 꾸며 주셔서 고맙고

언제든 친구들과 나눠먹을 수 있게
김치 만두랑 송편 빚어 냉동실에 채워 주신 것
진심 고마워요
미안해요. 보고 싶어요. 사랑해요.

하고픈 말은 무수히 많은 데
생일인 오늘 꼭 드리고 싶은 말.

엄마 아빠의 딸이라서 행복했어요.

행복해요

그래서....
고맙습니다.

− 10월 29일 아이 황지연이가 불러 준 말을
손세실리아가 받아 적다.

    10월 29일 아이 황지연이가 불러 준 말을 손세실리아가 받아 적은 내용이었다.

    쭉 써 내려간 내용 중에 "같은 날 두 번 씩이나 낳아 주셔서"라는 문구에서 오는 애절함이 듣고 있던 우리들의 마음을 후벼 놓았다. 읽어 주시던 분의 설명이 이 학생이 바다에서 마지막 찾은 학생이었는데 그 날이 바로 오늘인 10월 29일이었다고 한다.

    숙연해진 분위기에서 서로의 눈물을 보곤 잠시 아무도 말도 하지 않았다.

나는 꿈 속에서 아직도 학생들의 소리가 들려요. 그들의 엄마들의 마음을 읽기도 해서 그럴 때는 내 몸도 같이 아파서 병원에도 간답니다. 나는 아직도 마음으로도, 몸으로도 같이 고통을 받아서 힘들어요. (참여자 4)(여. 47세).

저는 통영에 살고 있고, 거기서 평소에 시민 활동을 하면서도 세월호 사건에 관심이 많았어요. 이번에 남편 따라 프랑스로 가게 되었는데 한국을 떠나기 전에 부모로써 속죄하는 마음으로 광화문에 와서 이들과 잠시라도 아픔을 나누고자 왔어요. (참여자)(여. 40대)

*집단적 애도
지나가는 행렬 속에서 멀리서 한 선생님의 인솔 하에 학생 무리가 분향소로 몰려오고 있었다.
분향소 앞에서 모여 사진도 찍고 관심도 보이며 분향소 옆에 설치되어 있는 그 당시 사건을 설명해 주는 대형 TV 앞에서 설명도 듣고, 더러는 분향도 하였다. 지금은 학교 행사로 역사 체험 주간이라서 학생들에게 경복궁과 평화의 소녀상을 보는 날이라고 했다. 그런데 학생들은 이곳까지도 보여주고 싶어서 데리고 왔다고 한다.
이렇듯 다른 학교 단체 학생들도 종종 왔다가 사진도 찍고 가곤 한다.

4. 자기 삶의 실현의 장 봉사를 통해
한 젊은 청년이 이순신 동상 앞에서 개인이 만들어 온 피켓을 목에 걸고 일인 시위를 하고 있었다. 내용은 '천만 탈모인 두 번 울리는 탈모치료제 가격 담화 의혹, 공정거래위원회 재조사 촉구한다'였다.
오늘 따라 아침 일찍부터 광화문 네거리의 분위기가 심상치 않다. 군중 속에서 시위대와 기자들과 대원들이 각자 자리를 잡고 시위를 하고 있었다. 최순실 사건이 터진 다음날이라서 시국이 시국이니만큼 분노와 배신의 기운이 주변 분위기를 사로잡아 버렸다.

언론 단체 비상시국 대책위회의 기자 회견; "이것이 나라인가?"

전국 사무금융 노동조합 연맹원들의 기자 회견; "더 이상 대통령이 아니다!! 박근혜는 하야하라."

모두 일들 잘 하고 계세요!! 나는 다른 곳으로 물품을 보낼 우편물을 정리하고 세브란스병원으로 자원봉사하러 가야 해요. 갔다가 오후에 다시 올 거에요! (참여자 1)(여. 60세 가량)

여기 계시는 우리 사진 한 장 찍읍시다! 치즈! 저는 하루도 빠짐없이 하루에도 사진을 몇 번씩 꼭 찍어요. 세월호 사건 이후로 바닥 농성부터 오늘까지 꼬박 꼬박 하루의 기록으로 남겨요. 이것 말고도 충분한 자료도 있고 근거를 제공할 수 있으며 누구든 세월호에 대해 왜곡되는 부분도 잡아 줄 수 있어요. 저의 자료들이 역사 자료가 될 거에요. 나에게는 중요한 자료이고, 의미 있는 자료들이거든요. (참여자 1)(여. 60세 가량)

세월호 유가족들의 마음과 시간들을 달래주기 위해 국가에서 취미 생활을 권장하며, 지원하고 있어요. 이들은 시간이 많고, 마음을 둘 데가 없어 취미 생활에 몰두하다 보니 어떤 분들은 전문가 수준에 가까운 실력이 되었어요. 그래서 악세사리 같은 개인 작품도 나와서 안산에서는 작품 전시회를 1년에 2번을 하면서 행사 중 판매도 하고 그 수익을 다시 지역 주민들한테 환원한답니다. 또 이들과 함께 전문가들도 좋은 작품을 같이 전시하여 같이 팔기도 하고요. 물론 전 수입은 지역 주민들을 위해 쓰고요. (참여자 3)(여. 40대)

어제 고 '백남기' 대책위원회 때문에 서울대 병원에서 밤새고 왔어. 여기 잠깐 앉아서 작업하다가 또 병원으로 가봐야 돼. 그리고 배고프면 여기 있는 컵라면 하나 드시고 커피 믹스도 가져 왔으니까 타서 먹어요. 거기에는 먹을 것이 많아요. 사람들이 먹으라고 여기저기서 많이 줬어. (참여자 7)(남. 70세)

5. 연대의식

'뭉치면 산다.' 각자의 삶에서 외롭고 힘들지라도 여기서는 자신의 가족만큼 아끼고 챙겨 준다. 서로 과자 한 봉지라도 나눠 먹으며 서로의 있음과 없음의 사정을 알고 있기에 자신이 가지고 있는 것들을 풀어 놓는다. 분위기가 화기애애해서 내가 집에 가려고 할 때는 발이 잘 안 떨어 질 때도 있다. 그래서 그곳에서 사람들은 머무나보다.

나는 천주교인이구요. 내 딸 클라라와 아들이 자기 집처럼 이곳을 다니는 것이 조금은 기특하기도 하고 안쓰럽기도 해요. 우리가 동참하는 이 작업이 미래를 살리는데 동참하는 귀한 일이라고 생각해요. (참여자)(여. 40대)

종교들의 관심에서는 천주교의 활동이 가장 활발하고 적극적이며 관심도 많아요. (참여자 3)(여. 40대)

요번에 오신 우리 실장은 여태껏 모신 분 중에 최고에요. 우리의 불편한 것도 잘 보살펴 주시고, 행정 일도 잘 보시고요, 잘 생겼어요. 그런데 일주일 전에 둘째 아들을 보셨어요. (참여자 4)(여. 47세)

> **심층 분석: 2016년 11월 8일(참여자 7)(남. 70세. 무직)**
>
> 최순실 사건으로 야기된 박근혜 대통령 하야 탄원 사건의 가장 정점을 이룬 이 시점에서 인터뷰를 하려고 왔다. 연구 참여자는 광화문 거리에서 규탄하고 있는 장소에서 시위하고 있다는 정보를 얻고 추워진 늦가을의 날씨에도 불구하고 깜깜한 밤에 그 분을 찾아 나섰다. 시위대의 한편에서는 깃발 들고 촛불 시위하고, 다른 편에서는 전경들과 맞대응하고 있었다. 많은 군중 속에서 찾기 시작하였지만 시간이 흘러 포기하고 가려는데 다행히 만나게 되어 심층 면담이 시작되었다.
> 연구 참여자는 시위로 인해 극도로 흥분된 상태였다. 그런데 평소에도 정치

적인 문제에 많이 개입되어 있는 분이므로 주변이 인식되는지 주변을 살피고 지나가는 사람들의 시선까지도 불편해 하며 커피 전문점에 앉아 녹음하는 것에 대해 조심스러워하는 모습을 보였다. 그래서 추운 가을밤에 시위하고 있는 군중들을 벗어나 가까운 건물에 들어가 차가운 맨 땅바닥 구석에 둘이 앉아 온 몸에 한기를 제대로 느끼며 인터뷰를 시작했다.

그 분이 조용하고 한적한 장소를 원하였으나, 밖에서는 시위하는 소리와 사람들의 발걸음에 시끄러웠고, 분주한 분위기에서 산만하게 인터뷰가 이루어 졌다. 사람들의 시선을 피하여 인터뷰를 원하던 분이 지나가는 사람들에게도 노출된 상태에서 자신은 편안하게 인터뷰에 응하셨다.

정말 이런 우스운 상황들이 지금도 아찔하고 웃음을 짓게 한다. 결코 조용 하지도 남의 시선도 피하지 못하고 사방이 완전히 노출되어진 상태에서 인터 뷰를 시작하였다. 연세 드신 분이라서 마음과 상황이 따로 노는 모습이 지금 생각해 봐도 귀엽고 재미있었다.

나는 묻고 싶고 궁금한 것들이 많았지만 시국이 시국이니만큼 주변의 확성 기 소리와 사람들의 외침에 서로 집중을 할 수 없었다. 다음 기회에 이 분께 서 시간과 마음의 여유가 허락된다면 다시 인터뷰를 청해 보고 싶은 마음이 들었다. 사실 연륜과 경험에서 묻어 나오는 많은 이야기를 듣고 싶어 연구참 여자로 선정했었는데 못내 아쉬운 마음으로 집으로 돌아 왔다.

---

* 광화문 세월호 광장에 나오시게 된 동기는?

나는 희생자들이 젊은 학생들이라서 가슴이 먹먹하고, 불쌍하고, 안타까워 나왔어. 봉사하는 차원으로.

빨리 세월호가 인양되었으면 좋겠어. 내가 봉사한 2년 반 동안 오로지 세월호 인양하는 간절함밖에 없어. 미 수습 9구가 아직도 가족 품으로 돌아가지 못했 잖아.

* 외부의 어려움 어떻게 해결했으면 좋겠냐는 질문에는

박대통령 사건이 갑자기, 빵 터져서 이 일이 지체가 되니까, 세월호를 빨리 인 양했으면 좋겠다. 이러니까 답답하죠. 인양 안돼. 특혜는 해체시키고, 맘이 아 파서 말이 안 나와!! 2년 반 이러고 있다 보니까 하나도 해결된 것이 없고 나는 고생만 하고 있다.

그러다가 이젠 날씨가 추워지니까 자원봉사자들도 끊어지고 있는 상태라 막연

합니다. 막연해

세월호에 관해서는 깜깜해요...모든 것이 다 그래요. 인양도.

그 전에는 나도 직장인이였는데. ... 그 후는... 세월호 후에는 이 일로 많이 활동하고 있어, 고 '백남기' 사건처럼 세월호에 관한 일은 닥치는 데로 하고 있지?

박근혜가 지금 자기 목숨도 위태하니. 세월호에 신경 쓰겠어? 에잇!!!

왜? 이 때 터지냐구!!!

* 세월호가 자신에게 영향을 미친 것이 있다면?

세월호의 아픔 때문에 생활도 안 되고, 나의 삶의 전부를 빼앗겼지, 마음도 분주하고, 세월호 이야기만 하면 말 문도 막혀, 하고 싶은 이야기도 많고, 맘적으로는 여유도 없고 나라가 혼동되고 있는 이 상황에서 무슨 문제가 해결되겠습니까?

세월호가 막막하다.

시간이 더 갈 수도 있을 텐데.

이것이 아니더라도 세월호는 인양이 안 된다고 봅니다. 이치적으로 구멍이 100여군데 뚫렸는데...

그게 제대로 인양이 되겠냐고?

말로만 인양한다고 했지. 4월에 인양한다고 했는데 지금 몇월 달이야? 나는 아예 광장에서 살고 있는 사람이다. 아무 때나 오면 나를 만나니까.

조용하고 시간 있을 때 다시 오면 차근차근 얘기 해줄게

지금은 너무 바빠. 그리구

나는 나라의 벌금도 많이 내야 돼. (전화기에 온 문자들을 쭉 나에게 보여 주면서) 시위대 하느라고 나온 게 아니고 교통법규 위반 등으로 ... 나는 마음이 복잡한 사람이야.. 개인 돈으로 1,200만원을 나라에 물어야 된다구.. 젠장..!!

3. 결론

1. 내부자, 외부자 시점의 역동 사이에서 나의 비판적 성찰과 해석, 성찰을 통해 재구성된 의식

일주일의 첫 문을 여는 월요일 아침의 광화문 광장은 항상 활기차다. 수없이 다녔던 이 길. 다양한 발걸음과 다양한 시선, 다양한 관심과 목적들로 사람들은 날마다 분주하다. 나 역시 그렇게 살아왔기에 오늘은 새삼 광화문 거리를 의미 있게 둘러보았다.

세월호 광장에서 자원 봉사하는 사람들은 다가서는 우리를 항상 간절히 기다리면서도 극도로 경계하고 있었다. 나 또한 이들의 정서와 언어 표현이 서툴러서 다가서는 어색함을 감출 수 없었다. 색안경을 끼고 바라보는 나의 모습이 이들에게 들켰을지도 모른다. 무엇이 이렇게 만들어 놓은 걸까? 그렇다면 그들의 바람은 언제 이루어질 수 있을까? 그들을 앞세운 정치가들이 정치적 노리개로 이용하는 것은 아닐까? 그런데 이들은 어떠한 진실을 알리고 싶어서 삶의 일부분을 여기에 매달려 있는 걸까? 유족들을 위해 대신 싸워주고 있는 자들인 걸까? 항상 그런 의문을 품고 참여자로 참여관찰자로 바라보며 만나게 되었다.

분주한 삶 속에서 그저 지나가는 국민들의 아픔으로만 남아 있던 세월호 사건. 나에게는 아직도 거대 사건으로 머물러 있었다. 나는 시간 속에서 자연스럽게 역사에 이 사건들을 맡기고 상처들이 잊혀져 가고 있었는데, 이들은 시간이 흐를수록 더 짙어지는 이별의 아픔과 그리움 속에서 여전히 몸부림치고 있었다.

나는 현재 상담공부를 하고 있기에 언젠가는 나의 미래에서 한 사건으로 풀어가야 할 숙제로 머릿속에서만 간직하고 있었다. 그러나 아직은 '영원히 잊지 않겠다.'고 유족들에게 약속했던 것이 마음에서 죄책감으로 남아 사뭇 미안하였다.

잠시 동안이었지만 세월호 광장에서 50일을 그들과 함께 울고, 웃고, 삶을 공유했기에 광화문을 오고 갈 때마다 새로운 시각과 새로운 마음으로 광화문을 맞이하게 된다.

　이 연구가 최종적으로 마무리되는 시점에서는 자신을 다시 점검하게 됨으로써 광화문 세월호 광장의 시각이 바뀌어 있을 것이다. 이들과 함께 한 시간들은 너무나 소중했고, 인생의 많은 것을 얻었다. 다시 말해서 무심코 스쳐 지나가던 많은 사람들이 이웃이라는 것과 다른 사람들의 삶의 다양한 형태나 사고들을 마음으로 읽고, 눈으로 보고, 느낀 것들을 재해석하게 되는 긍정적 예민성이 조금은 개발되었다.

　신이라는 '절대자'가 민속지학 연구 과정에서 나에게 전하고자 했던 메시지가 무엇인지 아직은 명확하진 않지만 이 시점부터는 살아가는 동안 시간이 나에게 답을 줄 것이다.

　삶이 바쁘다는 핑계로 보지 못하여 신음하는 이웃을 돌아보지 못했음에 자신을 점검하면서 반성하는 시간들을 가져보았다.

2. 연구자로서의 경험은 어떠했는가? 연구를 통해 나는 어떤 영향을 받았는가?

　광화문 광장의 문화가 박근혜 대통령 대규모 집회 전, 후가 확연히 달라지고 있다. 그 전에는 약간 우려되는 색깔론이나 소수 집단의 아우성과 같이 혼합되어 있어서 조심스러웠다면 이번 사건을 통해서는 다국민적 민중의 소리로 확산되어질 것 같다. 광화문 광장에서의 소리와 형태가 달라지고 있다.

　이번 국가적 사건을 통하여 세월호의 진상 규명이나 해결점들을 바라보는 국민들의 관심이 또 다른 시각으로 증폭되었고, 이제는 조금 더 많은 사람들의 관심 속에서 광화문 세월호 광장에서의 외침에 귀를 기울일 것 같다.

3. 세월호 광장에 대한 생각에 있어서, 참여관찰 전과 어떻게 다른가?

광화문 광장의 세월호 천막은 작은 사회를 만들어 나가고 있었으며, 그 안에서 그들만의 고유한 문화를 만들어 나가고 있었다. 즉, 우리 사회 속에서 아주 작지만 그들만의 자유로운 규칙과 규범 속에서 점점 더 큰 자신들의 문화가 형성되어 가고 있었다. 또한, 이번 대통령의 탄핵 사건을 계기로 쏟아져 나온 많은 시민들의 새로운 관심 속에서 그들의 작은 문화는 사람과 사람의 인식들과 관계성의 재정립을 경험하고 있었다. 광화문의 세월호 광장에서 노란 리본은 그들에게 장소와 만남을 형성하는 중요한 매개체가 되어, 자연스럽게 국민의 소리와 국가의 소통의 교류가 일어나는 장소로 새롭게 정착하며, 새로운 인식의 변화의 장으로 거듭날 것이다.

또한 탄핵사건 이후의 상황들이 이들로 인하여 국민들의 인식에도 새롭게 영향을 미칠 것이며, 시민으로부터 받는 사회적 지지 등으로 사기가 증진되고, 개인의 주관적인 삶의 만족도도 달라질 수 있다고 본다.

초기의 '세월호 광장'은 경직되어 있던 사회 분위기의 문화적 요소가 다소 있었으나 대통령 탄핵 사건 이후로 국민들의 인식이 많이 열려져 예전보다 시민들과 부드러운 이해관계와 소통의 장으로 만들었으며, 이것을 통해 사람들은 자연스럽게 새로운 관점으로 신뢰성을 내포한 인간관계를 경험함으로 서로를 더 깊게 이해할 수 있게 되었다고 생각한다.

나에게 '광화문 세월호 광장'에 대한 연구는 앞으로 우리들의 역사로 다루어지게 될 많은 사건들을 미리 경험하게 되었다는 점에서 큰 행운이었으며 큰 의미가 되었다. 또한 이후로 내가 경험하지 못했던 다양한 공동체의 문화를 이해하는 속도도 빨라질 것이다. 이번 심층 면담과 참여관찰을 통한 연구자로써의 체험이 다양한 문화적 현상에 대한 이해의 바탕이 되었다.

단, 시간의 흐름 속에 역사도 움직인다. 광화문 광장에서 박근혜 대통령의 탄핵 사건의 전과 후의 모습을 바라보며 변화하는 국가의 흐름 속의 작은 줄기에 있는 광화문의 세월호 광장은 더 지켜봐야 하는 이야기 장소이기도 하다.

그러나 '앙꼬 없는 찐빵은 될 수 없다'.

이러한 세월호 사건들에 대한 정치적 개입은 사람들로 하여금 세월호 사건이 정치적이라는 왜곡된 사고방식을 하게 만들었고, 이러한 왜곡된 인식을 먼저 바꾸는 것이 곧 '사회 변화'의 시작이라고 생각한다. 우선, '세월호 사건'에 대한 물리적인 해결과 동시에 재난으로 인한 집단 트라우마를 해결하기 위해 심리적 치료를 병행하는 것을 국가적인 의제로 다루어 주어야 한다고 생각한다. 즉, 사건의 진실과 관계 회복 및 조속한 세월호 인양 작업 등 국가는 우선적으로 사회적 치유 및 수습과 적극적인 대책 마련을 위한 여러 각도의 노력이 시급하다고 생각한다.

'광화문 세월호 광장'의 본질을 범국가적 차원에서 회복한다면, 이곳이야말로 진정한 희망의 장소가 될 것이다.

이제는 기성세대들이 우려하는 미래가 아닌 우리의 자손들에게 희망찬 미래를 만들어 주는 장소의 시발점이 될 것을 기대한다.

광화문의 세월호 광장은 더 이상 소수의 외침이 아닌 대국민의 관심 속에서 폭넓은 국민의 소리로 대한민국 전국에 퍼져 나갈 것이다.

이 광화문 세월호 광장이 모두의 희망의 샘터가 되기를 바란다.

> "하나의 작은 움직임이 큰 기적을 간절히 원하고 기도합니다.
> 유가족분들 하루라도 단잠을 자게 할 수 있다면"
>
> -어느 글에서-

※ 우리들은 당분간 이 연구의 의미를 가지고 계속해서 진행하기로 결의하였다.

세월호 광장은 왜 지금 거기에 있는가?

방희조

1) 연구자의 이야기

우리는 왜 세월호 광장에 갔는가?

세월호 참사가 터진 지 900여 일이 지났다. 2014년 4월 16일 세월호 침몰과 함께 304명의 사람들이 거대한 바다 속으로 맥없이 빨려 들어가는 모습을 속수무책으로 지켜보았던 국민들은 모두 큰 충격을 받고 망연자실했다. 온 나라의 이목이 집중되고 희생자 가족을 비롯한 전 국민의 절규가 있었음에도 불구하고, 국가는 여태까지 단 한 명도 구해내지 못했다. 그리고 그 이후 세월호를 둘러싼 석연찮은 의혹이 불거져 나오면서, 세월호 참사는 단순한 사고가 아니라 국가의 구조적인 비리와 무능함이 빚어낸 인재였음이 여실히 드러났다. 이런 상황에도 불구하고 여전히 모든 것을 슬그머니 묻어버리고 싶은 정부와, 점점 눈덩이처럼 가중되는 불편한 의혹에 상처와 분노만 더해가는 유가족을 비롯한 시민들이 맞서면서, '진실을 숨기려는 자'와 '진실을 밝히려는 자' 사이의 팽팽한 대립은 오늘도 계속되고 있다.

이렇게 정부와 맞서 900여 일이 넘도록 싸워온 시민들의 전진기지가 바로 서울 한복판의 광화문 광장이다. 세월호에 대한 사람들의 기억이 점차 역사 속으로 사라져가고 있는 상황에서 광화문 광장에서의 세월호 참사는 여전히 현재진행형이다. 광화문 광장 한복판에 떡 하니 자리잡고 두 줄로 늘어서 있는 하얀색 천막들은 노란색 물결이 더해져 멀리서 봐도 한 눈에 세월호 광장임을 스스로 드러내고 있었다. 비록 유가족들의 농성장은 강제로 철거됐지만, 세월호 희생자를 추모하는 분향소를 비롯하여 진상규명 촉구 서명을 위한 진실마중대, 그리고 세월호 추모 리본을 제작하는 노란리본 공작소, 유가족들이 머물 수 있는 쉼터 공간, 시민들을 위해 음료를 제공하는 천막카페 등이 잔존하면서, 점차 잊혀져가는 세월호에 대한 기억들을 꽉 붙잡고 있었다.

그렇다면, 과연 이곳 세월호 광장이 지닌 함의는 무엇일까? 세월호 참사가 터진 지 900여 일이 지나도록 도심 한복판에 보란 듯이 머무르면서 진정으로 하고자 하는 이야기는 무엇일까? 어쩌면 높은 빌딩 숲 사이에서 굉장히 생뚱맞아 보이는 세월호 천막 광장이 이제는 자연스럽게 그곳에 어우러지기까지 버텨야 했던 긴 시간의 의미는 무엇일까? 역사 속으로 점차 침몰해가는 세월호 참사에 대한 기억을 억지로라도 부여잡으려는 몸부림이 어떤 방식으로 구체화되고 있는 것일까? 정부에게는 눈에 가시 같은 존재가 900여 일이 넘도록 당당하게 존재감을 드러낼 수 있는 저력은 무엇일까?

이와 같은 질문들에서 시작된 연구는 지난 1달 간 이곳 세월호 광장에 머물면서 직접 참여관찰하는 방식으로 이루어졌다. 이곳 공동체의 일원이 되어 자연스럽게 그들과 함께 하면서 그 공동체가 작동되는 방식이나 구성원들 사이에서 형성된 문화적인 패턴들을 발견하는 데 주력했다. 구성원들에게 보이는 행동방식이나 언어표현을 세밀하게 관찰함으로써 거기서 드러나는 가치 및 신념이 무엇인지 찾아내기 위해 노력했다. 무엇보다 외부자로서의 편견이나 선입견을 괄호치기함으로써 철저히 내부자의 입장이 되어 공동체 문화의 복합적이면서도 다층적인 의미들을 작은 부분까지 놓치지 않으려고 시도했다. 이와 동시에 연구자로서의 객관성을 유지함으로써 외부자의 날카로운 시선을 통해 날 것의 재료들에서 드러난 핵심적인 의미가 무엇인지 해석하고 그것을 하나의 구성물로 통합하려는 시도를 했다.

세월호 광장에 직접적으로 참여하기 전에 연구자는 세월호 광장이 깊은 슬픔으로 가득찬 애도의 공간일 것이라고 추측했다. 그래서 사실 이곳에서 감정적인 소모가 많을 것이라는 우려가 있었다. 이와 더불어 이곳에서 만나게 될 유가족들을 과연 어떻게 대해야 할 것인가도 고민이었다. 연구를 빙자한 연구자의 불편한 개입과 그들의 목소리를 대변하겠다는 섣부른 위로가 그들에게 또 다른 상처가 되지 않을까 하는 걱정도 앞섰다. 그래서 연구자 자신에게도 이 주제는 굉장한 부담으로 다가왔다. 그럼에도 불구하고 용기를 내어 이곳에 문을 두드리게 된 것은 연세대학교 채플 시간에 만난 유가족들의 증언을 통해서였다. 그들의 가장 큰 두려움은 세월호 참사가 국민들로부터 점차 잊혀짐으로써 자신들이 외면당하는 것이었다. 세월호 참사는 여전히 현재진행형인데도 불구하고 사람들은 그것을 과거로만 기억하는 것에 대한 두려움이었다. 그리고 무엇보다 가장 큰 두려움은 자신들의 진실이 언론을 통해 왜곡되고 있는 현실에 대한 두려움이었다.

이에 본 연구팀은 여전히 현재진행형인 세월호 참사를 언론이 구성해 낸 관점이 아니라, 그 사건의 중심에 서 있는 사람들의 관점으로 다시 보고 싶었다. 세월호 참사를 둘러싼 온갖 추측과 변명이 난무하는 현실에서, 그것을 전달하는 외부자 관점이 아니라 그것을 900일 째 온 몸으로 겪고 있는 내부자의 관점에서 바라보고자 했다. 언론에 가려진 그 민낯을, 그 진실을 보고 싶었기 때문이다. 그것을 알기 위해 우리는 안산 팽목항까지 갈 필요가 없었다. 우리가 살고 있는 서울 한복판에서 그들은 항상 이야기하고 있었기 때문이다. 그곳에서 우리는 우리가 예측했던 것과는 사뭇 다른 방식으로 작동하고 있는, 이 시대의 아픔이 낳은 새로운 공동체의 문화를 발견했다.

2) 세월호 광장의 문화

우리는 세월호 광장에서 무엇을 보고 느꼈는가?

900여 일이 넘게 광화문 광장 한 켠에서 버텨온 세월호 광장은 이제 도심 속의 자연스러운 풍경으로 자리잡았다. 이곳에는 유가족을 비롯하여 수많은 자원봉사자들이 상주하면서 자연스럽게 늘 함께 하는 하나의 공동체가 형성이 됐다. 이곳에서 자원봉사자들의 주요 역할은 지나가는 시민들에게 진상규명 촉구를 위한 서명을 요구하거나 전국적으로 배포되는 세월호 추모 리본을 제작하는 일이다. 뿐만 아니라 여전히 분향소를 방문하는 조문객을 위한 대리상주 노릇을 자처하고 있으며, 천막카페에서 시민들에게 음료를 제공하는 일도 도맡아 하고 있다. 이곳에서의 모든 행위들은 전부 무임금의 순수한 자원봉사이다. 416 연대 상황실장님이 이곳을 총괄적으로 관리하는 역할을 하지만, 앞으로 드러난 관리감독이 아니라 뒤에서 조용한 지원을 할 뿐이다. 단원고 희생자 유가족이 반 별로 요일을 정해서 이곳에 오고 계시지만, 이 분들이야말로 여간해서 자신을 드러내지 않고 조용히 리본을 제작하는 일에 동참하거나 종종 이곳에서 열리는 간담회에 참석하는 일이 전부이다.

한 공동체의 문화는 개인과 마찬가지로 생각과 행동의 패턴에 어떤 지속적 일관성을 지닌다. 각 문화는 어떤 특징적 목적이 있기 마련인데, 이러한 목적에 순응하면서 각 공동체는 점점 더 그들의 경험을 통합하게 된다 (Benedict, 2008). 그런 의미에서 어떤 공동체에서 패턴화된 문화를 연구할 때 그 문화가 존재하는 목적이 무엇인가에 대한 질문은 매우 중요하다. 그렇다면 과연 세월호 광장은 왜 지금 그곳에 존재해야 하는 것일까? 그 공동체는 과연 무엇을 위해서 나아가고 있는 것일까? 그 공동체가 던지고 있는 메시지와 함의는 무엇일까? 연구팀은 이곳에서의 1달간의 참여관찰과 주요 구성원들의 심층 인터뷰를 통해 다음과 같은 몇 가지 주제를 도출해낼 수 있었다.

가. 저항적 목소리의 분출

(가) 노란 리본 확산을 통한 조용한 저항

우리가 이곳에서 참여관찰을 시작했을 시점에는 이미 세월호 특조위가 정부방침에 따라 해체되면서 특조위 및 유가족들의 농성장이 강제로 철수된 이후였다. 하지만 세월호 희생자들의 분향소와 진상규명 촉구를 위한 서명대 및 세월호 추모 리본을 제작하는 공작소 등은 고스란히 남아 있었고 박근혜 정부를 규탄하는 피켓 시위가 산발적으로 진행되고 있었다. 특조위 해체와 동시에 이곳 분위기는 예전보다 썰렁해진 것이 사실이지만, 그럼에도 불구하고 유가족 및 자원봉사자들은 굳건하게 그 자리를 지키고 있었고, 분향소를 찾는 시민들의 발길 또한 끊임없이 이어지고 있었다.

우리는 주로 노란리본공작소에서 자원봉사자들과 리본만드는 작업에 동참했다. 유가족들을 위한 방은 늘 굳게 닫혀 있어서 접근이 어려웠던 반면, 노란리본공작소는 문이 활짝 개방되어 있어서 출입이 자유로웠고 사람들이 가장 많이 북적거렸던 곳이다. 노란리본공작소에서는 전국으로 배포되는 세월호 추모 리본을 제작하고 있는데, 이곳의 자원봉사자들 상당수가 거의 매일 출퇴근하다시피 하면서 이곳에 상주하는 분들이다. 이곳에서의 작업은 365일 아침 이른 시각에서부터 밤늦은 시각까지 쉼 없이 이어진다. 순전히 자발적으로 이루어지는 것임에도 불구하고 이곳에서의 작업은 900여 일이 넘도록 중단된 적이 단 한 번도 없다.

노란 리본은 미국에서 참전한 가족을 둔 사람들이 나무에 노란 리본을 묶고 무사귀환을 기다린 것에서 유래된 상징이다. 그런데 세월호 침몰 이후 한 대학 동아리에서 희생자들의 무사 귀환을 바라는 의미에서 디자인한 노란 리본이 캠페인을 통해 세월호 사건을 상징하는 리본으로 확산된 것이다. 그러므로 이런 노란 리본을 제작해서 보급하는 것은 아직도 깊은 바다에서 구조되지 못한 실종자들의 귀환을 바라는 '기다림'의 상징적 행위라고 할 수 있다. 뿐만 아니라, 노란 리본은 아직도 선체 인양 작업을 미루는 정부의 검은 속내를 겨냥하여 진상 규명을 촉구하는 국민적 바람의 상징이기도 하다.

"청와대에서 저 노란색 리본을 굉장히 싫어해요. 예전에 시청 앞에 노란 리본을 붙여놨는데, 경찰들이 다 떼었어요. 그래서 한바탕 다시 붙였는데, 또 다시 떼더라고요... 노란 리본을 달면 청와대 쪽으로 걸어갈 수가 없었어요... 노란 리본은 세월호 이전으로 돌아가지 않겠다는 다짐이에요. 기다림의 약속이기도 하지만, 세월호 이전으로 돌아가지 않겠다. 잊지 말고 기억하자." (참여자 1)

연구자가 직접 노란 리본 제작에 참여해 보니, 이것이 단순해보이면서도 매우 세밀한 작업이었다. '에바폼'이라 불리는 노란색 판을 일일이 다 재단해서 그것을 리본 모양으로 접어서 순간접착체로 고정시킨 후에 말려서 군번줄을 끼우면 노란 리본 고리가 완성이 된다. 다시 이것을 정확한 수량으로 세어 100개 단위로 묶어서 비닐봉지에 담아 택배용으로 구비해 놓거나 아니면 조그만 바구니에 담아서 오가는 시민들이 자유롭게 가져갈 수 있도록 놔둔다. 봉사자들은 적당한 길이로 재단된 노란 에바폼을 '단무지'라 불렀으며, 리본 모양으로 접착이 완성된 에바폼을 '팝콘'이라고 불렀다. 봉사자들은 리본 하나를 접으면서도 거기에 담긴 상징적 의미를 되새겼다.

"우선 배 모양으로 리본을 잡은 다음 이것을 인양한다고 생각하고 이렇게 접으면 사람 모양이 됩니다. 사람을 구한다는 뜻이죠" (참여자 2)

봉사자들은 리본 제작뿐만 아니라 리본 보급에도 앞장섰다. 거기서 자주 뵙는 봉사자들의 특이 사항은 몸에 리본을 주렁주렁 매달고 다닌다는 점이다. 우선, 팔에는 'remember'라 쓰인 노란 팔찌를 차고 있는데, 그것도 2~3개가 기본이다. 옷과 가방에는 리본 배지와 리본 고리가 여기 저기 달려 있으며, 커다란 리본 스티커를 옷에다 붙이고 다니기도 한다. 핸드폰 케이스에도 휴대용 배터리에도 컵에도 노란 리본이 새겨져 있으며, 심지어 노란 리본 귀걸이와 목걸이, 머리핀을 달고 다니기도 한다. 그리고 홍보효과를 노리면서 SNS에 사진찍어 올리기도 하고, 자녀들을 통해 자연스럽게 학교로 보급하는 일에도 앞장섰다. 심지어 세월호 팔찌를 처음으로 고안하신 참여자 5는 집 베란다에 노란 리본을 주렁주렁 매달아 놓는 바람에 이웃 베란다에까지 보급시켰다고 한다.

노란리본공작소에서 작업을 하고 있노라면 공작소 앞에 놓인 바구니에서 리본을 가져가는 시민들이 하루 종일 끊이지를 않는다. 초등학생 주머니에서 나온 몇 백 원짜리 동전에서부터 100만원이 넘는 큰 액수의 후원금도 꾸준히 들어온다. 택배 주문 역시 계속 이어지고 있었는데, 저 멀리 제주도는 물론 중국이나 호주 등의 해외까지 물품이 배송되고 있었다.

"오늘도 버스 타고 오면서 길거리에서 노란 리본 달고 다니는 몇 사람을 봤어요. 하루에 3, 4개만 봐도 1년이면 천 개가 넘는 거잖아요. 천 명이 넘는 사람이 달고 다니는 것을 본 거잖아요." (참여자 1)

"유가족이 관심을 갖고 봐요. 저 사람이 노란 리본을 달았나 안 달았나." (참여자 4)

최순실 게이트를 계기로 촉발된 촛불시위가 이어지면서 리본의 수요도 급증했다. 11월 5일 주말 집회에서는 무려 리본이 4만 개가 나가는 바람에 그 동안 만들어놨던 리본이 동이 났다. 그래서 연구자가 방문했던 11월 10일에는 12일에 있을 집회를 위한 10만 개 리본 제작을 목표로 하고 있었다. 그 수량을 맞추기 위해 심지어 밤샘작업까지 하며 하루 1만 개씩 만들어내고 있는 중이었다.

"사람들이 세월호 참사를 잊지 않고 기억하고 세월호 참사 이전의 허망한 세상으로는 안 돌아가겠다는 약속이고 다짐이거든요. 그것 때문에 포기할 수 없는 거죠. 여기에 세월호 참사 규명이 되고 부모들이 다 철수하고 돌아가면 나는 그 때 돌아가야죠." (참여자 1)

노란 리본은 '기다림'의 상징이다. 실종자들의 귀환을 바라고 세월호 참사의 진상 규명이 되기를 바라는 '기다림'이다. 그러므로 노란 리본을 만들고 공유하는 것은 세월호 참사가 주는 메시지를 절대로 잊지 않음으로써 새로운 나라를 염원하는 굳은 의지에 다름 없다. 노란 혁명의 물결은 이곳을 진원지로 해서 오늘도 계속 퍼져나가고 있다.

(나) 시민들의 '아고라'

광화문 광장은 주변에 청와대와 시청, 각종 언론사들에 의해 둘러싸여 있는 지리적 여건 때문에 특별히 정치적인 함의를 갖는 장소이다. 그래서 각종 현안을 둘러싼 국민들의 목소리가 대거 분출되는 공간이기도 하다. 연구팀이 이곳에서 현장관찰을 시작했을 즈음에는 세월호 참사 관련 피켓들만 눈에 띄었는데, 갑작스런 문화예술인의 블랙리스트 파문으로 저항 열기가 달아오르기 시작하더니, 최순실 게이트 사건으로 인해 시민들의 분노가 거의 정점으로 치달아가고 있었다. 세월호 천막 주변으로 문화예술인들이 텐트를 치고 노숙 시위를 시작했으며, '민주공화국 부활을 위한 음악인 시국선언'도 있었다. 평일에는 소규모의 집회와 피켓 시위, 각종 퍼포먼스가 이어지면서 박근혜 하야를 외치는 선언과 음악들로 광장이 시끌벅적했고, 주말에는 민중총궐기를 위한 촛불집회가 이어지면서 수 만 명의 시민들이 이곳으로 몰려들었다.

봉사자들은 귀를 쫑긋 세우고 어수선한 시국의 분위기를 지켜보고 있었다. 이번 사태가 세월호 참사와도 무관하지 않기 때문이다. 세월호 참사 이후 7시간 동안이나 묘연했던 박근혜의 종적에 대한 의혹도 다시 도마 위에 올랐다. 박근혜 책임론이 대두되면서, 박근혜 퇴진을 은근히 바래왔던 이곳의 분위기도 한층 상기된 것 같았다.

"박근혜 이제는 진짜 물러나나? 그냥 물러나지만 말고 이 세상에서 제발 없어졌으면 좋겠어."(참여자)

이곳에서 작업을 하는 봉사자들 사이에 오가는 주된 대화의 소재 중 하나는 바로 현 정권에 대한 비판이다. 세월호 참사 책임에 중심에 서 있는 박근혜 대통령에 대한 원색적인 비난이 오가는 경우가 많았다. 사고 발생 직후 즉각적인 구조시스템을 가동하지 않은 것에 대한 원망에서부터 세월호를 둘러싼 각종 의혹에도 불구하고 모르쇠로 일관하는 정부의 방관적 태도에 대한 분노, 세월호 인양 약속에 대한 계속된 번복과 지연으로 인한 좌절감 등에 대한 내용이 주를 이뤘다. 봉사자들 중에는 정치적인 식견이 상당한 수준에 이르고 나름대로의 정치적인 소신이 있는 분들도 꽤 있었다. 우리나라 현대 정치사에 대한 상당한 이해를 바탕으로 현 정권의 문제점에 대해 조목조목 짚어내는가 하면, 오랫동안 활동가로서 살아온 이력을 갖고 있는 분들도 있었다. 하지만 정치와는 전혀 무관하게 살다가 세월호 참사를 계기로 뛰쳐나온 분들도 많았다.

"세월호 사건 이전에 정치적인 것에 전혀 관심 없었어요. 하루 벌어서 하루 먹는 영업직이잖아요... 사람들이 광우병 때 촛불 들고 거리로 나왔을 때도 '미친 소 안 먹으면 그만이지'라고 생각하고 말았어요... 그런데 대한민국에 대한 배신감을 느끼는 거죠. 그러니까 자기가 살던 나라가 그래도 괜찮은 나라라고 생각했는데, 세월호 참사에 대응하는 나라를 보니까 나라가 아닌 거예요."(참여자 1)

세월호 참사는 국민들로 하여금 국가에 대한 커다란 신뢰를 잃게 했다. 그래서 먹고 사느라 바빠서 정치에도 문외한이었던 사람들조차 광장으로 뛰어나오게 만들었다. 내가 속해 있는 국가가 더 이상 나를 지켜주지 못한다는 두려움이 생업마저 포기하게 만든 것이다. 마음속에 끓는 분노와 상실감이 평범한 시민을 활동가로 만들었다.

나. 트라우마 극복을 위한 애도
(가) 모성애적 공감을 통한 집단적 애도
세월호 참사는 유가족은 물론 전 국민에게 커다란 트라우마를 안겨주었다. 900여 일이 지난 지금에도 이곳 봉사자들은 그 사건을 떠올리면 눈물이 그렁그렁해진다.

"배가 침몰하는 마지막까지 부모들이 보고 있었잖아요. 그 팽목항이 멀리 떨어져 있는 게 아녜요. 엄마들이 육안으로 다 보고 있었는데… 혼자 3개월 동안 일을 못했어요. 영업을 해야 하는 상황이었는데 마음이 힘드니까… 아직도 정신을 못 차렸어요. 내가 살아야 되는 거에 대해서 아직도 멍해요." (참여자 1)

분향소에는 여전히 시민들의 발길이 끊이지 않는다. 아직도 돌아오지 못한 9명의 희생자들의 환한 모습이 담긴 사진이 지켜보는 이의 마음을 먹먹하게 만든다. 희생자들을 위한 추석 차례상도 이곳에서 벌써 3번이나 차려졌다.

"아이들 첫 차례상을 차린 거예요. 그런데 얼마만큼 기가 막히냐면, 17살 아이들 차례상을 60이 넘은 이 할머니가 차리면서 홍동백서 어동육서 이러고 있는 거예요… 80이 넘은 할머니가 와서 그 앞에 와서 절을 하는 거예요, 세상에… (참여자 1)

봉사자들은 단원고 학생들이 다 자기 자식 같아서 너무 힘들었다고 고백한다. 실제로 단원고 학생들과 연배가 비슷한 자녀나 손자를 둔 분들이 많았고, 실제로 자녀를 키워보지 않더라도 누구에게나 있을 수 있는 모성애적 자극이 이곳에 나오게 된 커다란 동기가 됐다.

"나도 자식 키우는 부모 입장이고, 내 손주가 지금 고등학교 1학년이거든요. 그러니까 그 아이들 연배잖아요. 그러니까 눈이 뒤집어진 거죠… 숨이 막혔어요."(참여자 1)

"유가족들은 자식이 없는 이 세상에 더 이상 살 이유가 없다고 말해요. 다 필요 없다고. 나는 자식은 없고 조카만 있는데도 그 마음이 어떨지 상상이 돼요"(참여자 4)

세월호 참사가 만약 천재지변에 의한 것이거나 불가피한 사고였다면 여기까지 오지 않았을 것이다. 하지만 온갖 불법과 비리가 낳은 결과이고, 고의적이라는 의혹까지 나오는 무력한 대응에 의한 인재였다는 점에서 세월호 트라우마는 더욱 가혹한 것이었고 도무지 가라앉을 기미조차 보이지 않는다.

"거짓이 난무한 거죠. 나라에서 할 수 있는 모든 것을 안 한 거예요. 사람들이 죽어가는데."(참여자 1)

유가족들의 트라우마는 말할 것도 없고 그 사건을 브라운관으로 실시간 지켜봤던 국민들 모두 결코 씻을 수 없는 깊은 상처를 얻었다. 더군다나 그것이 천재가 아니라 인재라는 점에서 그 분노를 거둬들이기는 결코 쉽지 않은 것 같다. 그리고 그 분노와 상실감이 세월호 광장이 900여 일이 넘도록 그곳에 머물도록 한 원동력이다.

"세월호 참사에 대해서 애착을 가지고 슬픔을 공감하고 유가족들한테 뭔가 도움이 되려고 하고.."(참여자 1)

(나) 개인적인 상처를 위한 치유
자신의 깊은 상처가 남의 상처를 더 크게 보이게 한다. 자신이 죽도록 힘들어봤던 사람만이 남의 고통에 공감하고 그와 함께 머물러서 위로해 줄 수 있을 것이다. 이곳에 온 봉사자들은 리본을 만들며 대화가 오가는 자리에서 자연스럽게 자신의 상처를 내보이는 일이 종종 있었다.

"제가 정말 사랑하고 아꼈던 친구가 자살을 했어요. 그 소식을 들었을 때 정말 아무것도 할 수가 없었어요. 며칠을 계속 울면서 보냈고, 정말 많이 힘들었던 것 같아요. 친구를 잃어도 이렇게 가슴이 미어지는데 자식을 잃으면 얼마나 힘들까요?"(참여자 4)

"저도 딸이 둘 있어요. 애 엄마가 둘째 낳다가 죽어서 제가 혼자서 둘을 힘들게 키웠어요." (남, 40대)

가족이나 친한 친구를 상실해 본 경험이 유가족들의 마음을 더 크게 공감하게 하고 그들을 더 많이 위로 할 수 있는 힘이 되기도 한다. 하지만 이 공간이 세월호 유가족들의 위로를 위한 공간만은 아니다. 이곳은 어떻게 보면 자기 치유의 공간이 되기도 한다. 이곳은 사람들이 일상적으로 살아가는 일터와는 달리, 자연스럽게 자신의 상처를 나눌 수 있도록 허용된 공간이다. 커다란 슬픔이 내재된 애도의 공간에서 자신의 고통을 나누는 일은 전혀 생뚱맞지 않아 보이기 때문이다. 나만이 가진 고통이 아니라 남들도 이미 겪어서 충분히 이해할 수 있는 고통이라는 사실은 우리에게 커다란 위안을 준다.

다. 공동체적 실천을 향한 한걸음
(가) 개방적이고 자율적인 공동체의 실현

인근 직장인들의 쉼터이자 관광객들을 위한 명소이기도 한 광화문 광장은 유동인구가 제법 많은 편이다. 낮에는 견학 온 학생에서부터 관광 온 외국인들에 이르기까지 많은 사람들로 북적거린다. 게다가 피켓 시위나 집회를 하러 온 사람들까지 합세하면 이곳은 정말 아수라장이 된다. 이렇게 자유로운 광장이긴 하지만, 광장의 천막 안으로 들어가는 데는 용기가 필요했다. 유가족들을 위한 방은 굳건히 닫혀 있어서 시도조차 할 수 없었고, 활짝 개방되어 있는 노란리본공작소에는 늘 사람들이 차 있어서 비집고 들어가기가 좀 어색했던 것도 사실이다. 이미 오랫동안 상주해온 자원봉사자들 사이에는 이미 친분관계가 형성되어 있기 때문에, 연구팀의 출현이 불편하지 않을까 하는 우려도 있었다. 하지만 그것이 기우였다는 것을 깨닫는 데는 그리 오래 걸리지 않았다.

우선, 노란리본공작소는 안이 환하게 들여다보이게 돼 있고, 날씨가 춥지 않을 때는 문을 활짝 열어놓기 때문에 출입에 대한 부담감이 별로 없다.

자원봉사자들 간에 친분관계가 형성돼 있긴 하지만, 새로 들어온 사람이라도 불편해 하지 않도록 세심하게 배려해 준다. 친한 사람들끼리 속닥거리면서 낯선 사람을 소외시키지도 않고, 먹을 것이 생기면 조그만 것이라도 나눠주고 추울 때는 담요도 나눠덮으면서 정을 나눈다. 자기가 갖고 있는 'remember' 팔찌나 노란 리본 고리를 선뜻 챙겨주기도 한다. 반면에 아무 말 없이 묵묵히 작업만 하는 사람들에게 괜히 이것저것 물으며 귀찮게 하지도 않는다. 이것도 굳이 자기를 드러내고 싶어하지 않는 사람들을 위한 배려인 듯하다.

이곳은 정말 다양한 배경을 가진 사람들이 모이는 공간이다. 낮에는 일반 주부들이나 퇴직한 어르신들이 가장 많고, 밤에는 퇴근 후에 찾는 직장인들이 많은 편이다. 직업도 다양해서 일용직 노동자, 엑스트라 배우, 보험설계사, 텔레마케터, 교사, 목사 등 다양하다. 한편 몸이 좀 불편하거나 말이 좀 어눌하신 분들도 있으며, 생활보호대상자 등 경제적으로 어려운 분들도 있다. 하지만 이 공간에서 그런 것들은 전혀 주목을 끌지 못하며 아무런 의미도 없다. 봉사자들은 그저 함께 리본을 만들며 세월호의 아픔을 공유하는 시민 중 하나일 뿐이다.

이곳의 작업은 순전히 자발적으로 이뤄진다. 416 연대 상황실장이 있지만 앞에서 나서는 존재가 아니라 뒤에서 도움을 주는 존재일 뿐이다. 이곳 살림을 맡아서 하는 총무가 있었지만 그녀는 그런 타이틀이 부담스럽다.

"여기는 6개월마다 총무를 돌아가면서 해요. 6월 말에 선출을 해서 제가 총무가 됐는데, 사실은 싫었어요... 그래서 총무라는 직함은 빼고 회계업무만 하겠다고 했어요. 왜냐하면 예전에 총무라는 직함을 갖고 자기 마음대로 하는 사람들이 있었거든요. 리본 하나를 꺼내주면서도 꼭 스텝의 손을 거쳐야 한다고 정해놓고... 자원봉사인데도 그런 우월적 지위를 누리려는 사람들이 있어요... 그런데 그런 총무가 왜 필요해요? 다 자발적으로 알아서 할 수 있는데. 자율적으로 해야 하는데 괜히 자율을 망가뜨리고 총무를 만들고." (참여자 1)

세월호 광장은 특정인이 감독하지 않고 자율적으로 운영되는 곳이다. 이곳에서의 작업은 누구의 통제 하에 이뤄지는 게 아니라 각자가 주도적으로 행동하고 서로 알아서 조율하는 시스템 아래 있다. 이와 더불어 어느 누구라도 자연스럽게 합류하고 자연스럽게 나갈 수 있는 개방형 구조이다. 특히 이곳에서 작업하는 동안 인상적이었던 것이 지나가는 사람들이 불쑥 불쑥 창문으로 고개를 내밀고 안부를 묻는 장면이었다. 공작소 내부와 외부 광장 사이를 가로막는 높은 벽이나 닫힌 문이 없기 때문에 가능한 일이었다. 이렇게 안팎으로 자유로운 소통이 가능한 이곳은 마치 시골의 정겨운 동네를 연상케 했다. 마을사람들이 모두 한 가족처럼 터놓고 지내는 시골의 마을공동체 말이다.

(나) 다음 세대를 위한 준비

이곳에 머물다 보면 학생들이 많이 눈에 띈다. 학교에서 단체로 견학 온 학생들도 있고 부모님과 함께 온 학생들도 있다. 지갑에서 고사리 손으로 동전 몇 개를 꺼내 후원금으로 내는 학생들도 있고, 펜을 꼭꼭 눌러가며 정성스레 서명을 하는 학생들도 있다. 엄마 따라서 노란리본공작소에 와서 리본을 만들고 가는 학생들도 있다. 봉사자들은 어린 학생들이 앞으로 커서 살게 될 나라는 더 이상 위험한 곳이 아니었으면 좋겠다는 말을 하곤 한다. 단원고의 어린 희생자들을 지켜주지 못한 것에 대해 기성세대로서의 부채의식이 있는 듯 했다. 인터뷰를 했던 한 봉사자는 세월호 광장의 의미를 다음과 같이 얘기했다.

"세월호 광장은 광야예요. 가나안에 들어가기 위해 머물렀던 광야요. 그곳에도 회막이 있었잖아요. 그 천막에도 별의 별 사람이 다 있었잖아요. 가나안을 믿지 못하고 내가 여기서 뭘 하고 있나 의심했던 사람들도 있었고, 애굽에서 살던 노예근성이 남아 있는 사람들도 있었고. 광야에서 20세 이상의 사람들은 다 죽었듯이 여기에 있는 기성세대도 다 심판을 받을 것 같아요. 결국 지금 이 땅에서 태어나려고 하는 아이들만 가나안 땅에 들어갈 수 있을 것 같아요." (참여자 1)

이곳에서 리본을 만드는 봉사자들 마음속에는 어린 학생들이 깊은 바다에서 죽어가는 동안 속수무책 아무것도 할 수 없었던 기성세대로서의 미안함과 죄책감, 국민들을 안전하게 지켜주지 못하는 나라를 후손에게 물려주고 싶지 않은 소망이 들어있는 듯 했다.

"제가 시연이라는 아이를 위한 동영상을 같이 찍었어요. 아이가 죽고 나서 선생님이 음악을 가지고 유튜브 동영상을 만든 게 있어요. 제가 거기에 엉겁결에 시연이 할머니로 나왔거든요. 그 인연이 돼서 지난 방학 때 단원고에 가서 시연이 책상에 앉아서 출석을 불렀던 사람이에요. 시연이가 제주 국제대학에 명예입학을 했거든요. 시연이한테 너희 학교 들어가면 가 본다고 약속을 했는데, 그 약속을 못 지켰어요... 꼭 한 번 가볼 거예요." (참여자 1)

죽은 아이와의 약속을 꼭 지키겠다는 할머니의 눈에는 눈물이 그렁그렁했다. 그 아이의 죽음이 결코 헛되지 않도록 하기 위해서 우리에게는 남겨진 몫이 있다. 이것이 세월호 광장이 지금 그곳에 존재하는 이유이다.

라. 개인적 삶의 가치 실현

노란리본공작소에서 노란 리본을 만들어서 포장하기까지는 몇 가지 단계를 거친다. 리본을 재단하는 작업, 리본을 본드로 붙이는 작업, 리본에 고리를 끼우는 작업, 리본을 100개씩 세서 비닐봉투에 넣는 작업, 택배상자를 포장하는 작업. 3년 째 이 작업을 반복하다 보니 나름 노하우도 생기고 달인의 경지에 이른 사람도 있다. 리본 재단을 정확하게 잘하는 사람이 있는가 하면, 리본에 본드 붙이는 속도가 남들의 2~3배로 유난히 빠른 사람도 있다. 그런가 하면 일일이 세지도 않았는데 어림잡아 100개를 귀신같이 분류해내는 사람도 있고, 택배포장의 달인도 있다. 비록 사회적으로는 소외된 약자였다고 할지라도 이곳에서만큼은 누구보다 유능하게 자기 몫을 해내는 사람일 수도 있는 것이다.

광장에서 주말마다 이어지는 대규모 촛불집회로 인해 노란 리본의 수요가 급증하면서 손들이 바빠졌다. 총 10만 개 제작을 목표로 하루 1만 개씩 수량을 맞추다 보니 밤샘작업도 마다하지 않는다. 돌보아야 할 아이들이 있고 몰두해야 할 일이 있음에도 불구하고, 모두 내팽개치고 이곳을 지키는 사람들. 일의 대가로 보수를 받는 것도 아니고 누가 강제로 시키는 것도 아닌데, 무엇이 그들을 이렇게 숭고한 작업에 몰두하게 하는가?

"제가 얼마 전에 입안에 혹이 생겨서 암인 줄 알고 마음을 졸였던 적이 있어요. 이제 죽을 수도 있겠구나 하고 생각하니 앞이 깜깜하면서 제 삶을 다시 돌아보게 되더라고요. 내가 살면서 잘한 게 뭔가 생각해보니 그것은 아이 키운 것도 아니고 남들 위해서 살았던 순간이더라고요." (여. 40대)

"제가 손주가 셋이에요. 그 아이들이 '할머니는 그 때 뭐했어?'라고 물으면 자신있게 얘기할 수 있을 것 같아요. 할머니는 성경에 써 있는 그대로 하나님이 '슬픈 자들과 함께 울고 내 백성을 위로하라'고 하신 말씀을 지키며 살아보려고 거기 서 있었다고 얘기할 것 같아요." (참여자 1)

우리는 살면서 좀 더 나은 사람이 되고자 하며 개인적인 이익을 넘어서 공동체적인 이익을 실현해 나가고자 하는 초월적 욕구를 갖고 있다. 그러한 초월적 욕구는 우리 삶의 중요한 동력이 된다. 어떤 대가나 보상도 바라지 않고 오로지 다른 사람들의 아픔에 공감하고 위로하며, 좀 더 나은 세상을 만드는 일에 동참하면서 살아가는 것을 최고의 가치로 믿는 사람들이 있기에 세월호 광장이 900여 일이 넘도록 지금 거기에 존재하는 게 아닐까?

3) 세월호 광장 문화의 의미

세월호 광장은 우리에게 무엇을 말하는가?

광장을 오가는 시민들 중에는 세월호 광장에 대한 곱지 않은 시선을 보내는 사람들도 있었다. "우리가 누구 때문에 사느냐"면서 박근혜 퇴진 운동에 반감을 보이는 사람들도 있고, "아직도 세월호 얘기냐"며 비아냥거리는 사람들도 있다. 세월호 광장 봉사자들이 가장 힘들 때는 지나가는 시민들로부터 그런 말을 들을 때라고 한다. 연구팀도 그곳에서 시민과 봉사자 사이에 격한 말싸움이 오가는 것을 목격한 적이 있다. 이렇게 대놓고 비아냥거리지는 않아도 주변에는 "세월호 다 끝난 거 아니었어?"라고 묻는 사람들도 있다.

사실 세월호 참사를 아련한 과거로 묻고 지내는 사람들이 더 많은 게 사실이다. 연구자 또한 참여관찰을 시작하기 전까지 세월호 참사에 대해 크게 되새기고 살지는 않았던 것 같다. 하지만 세월호 광장에서 세월호 참사는 그때와 마찬가지로 생생한 현재진행형이다. 유가족들의 눈물은 아직도 마를 날이 없으며, 여전히 돌아오지 못한 9명의 희생자 때문에 분향소의 향은 여전히 타고 있다. 무엇보다 세월호 참사를 둘러싼 검은 의혹들은 여전히 해명되지 못하고 있으며, 침몰한 배는 여전히 인양되지 못한 채 깊은 바다에 묻혀있다. 이것이 세월호 광장이 지금 그곳에 버티고 있어야 하는 이유이다.

2014년 여름 광화문 광장에 처음으로 유가족들의 단식농성을 위한 천막이 세워진 이래 오늘날의 세월호 광장이 자리잡기까지 수많은 봉사자들이 그곳을 거쳐 갔다. 그곳에서 만들어진 노란 리본이 얼마나 되는지는 가늠조차 어렵다. 어느 시민의 말처럼 노란 리본 하나가 세상을 당장 바꾸어놓을 수는 없을 것이다. 하지만 이제 국민들은 노란 리본을 보면 세월호 참사를 떠올린다. 청와대가 노란 리본을 싫어하는 이유이기도 하다. 노란 리본을 단다는 것은 세월호 사건을 잊지 않겠다는 다짐이며, 그런 아픈 역사가 반복되지 않기를 바라는 염원이다.

세월호 참사는 전국민에게 깊은 트라우마로 남았다. 하지만 사람들 각자 살아내야 할 일상의 삶이 있기에, 세월호 참사를 아련한 아픔으로 남긴 채 자신의 삶의 영역으로 돌아갔다. 하지만 아직도 발길이 떨어지지 않아 그곳을 떠나지 못하는 사람들이 있다. 자신의 일상을 포기하고 생업을 내던지면서까지 이곳에 머무는 사람들이 있다. 희생자들이 다 자기 자식 같아서, 유가족들의 고통을 외면할 수 없어서, 누군가는 만들어야 할 노란 리본을 내가 만들어야 하기에, 누군가를 향한 분노를 참을 수가 없어서 이곳에 머물러 있다. 그러다 보니 어느덧 이곳에 모인 사람들과 정이 들어서, 이제는 그 사람들이 그리워서 온다. 서로를 가족같이 챙기는 훈훈함이 좋고, 자신의 작은 손길이 사회에 커다란 보탬이 되는 것 같아 뿌듯하다.

세월호 광장에 있는 천막의 외형은 근처의 높고 세련된 빌딩에 비하면 초라하기 그지 없다. 하지만 주변과의 조화를 깨고 거기에 떡 하니 버티고 있는 당당함은 그 누구도 따라올 자가 없다. 정부와 맞짱이라도 뜰 기세다. 그곳은 이제 국민들의 시선을 단번에 사로잡는 화려한 퍼포먼스도, 단식이나 삭발 등의 극단적인 저항도 하지 않는다. 다만 묵묵히 노란 리본 제작에 몰두할 뿐이다. 하지만 그곳에서 퍼져 나오는 노란 혁명의 물결은 작지만 강하다.

가만히 있지 않고
잊지 않는 세월호 광장

성기정

1) 세월호 광장으로 발걸음을 하기까지

세월호가 가라앉고 있다는 소식을 뉴스 기사를 통해 접했던 2014년 4월 16일의 아침. 걱정은 되었지만 모두 다 안전하게 구조될 것이라는 생각으로 여느 때처럼 분주하게 하루를 시작했다. 하지만 오후에 들려온 당혹스럽고 슬픈 소식은 막연하게 품고 있던 나의 믿음을 산산조각 내었다. 당시 다섯 살이었던 나의 첫째 아이는 진지한 눈망울로 "배에 끈을 매달아서 끌어 올리는 건 어때요?"라고 말했다. 결국 몇 시간 안에 우리나라는 수학여행지로 향하던 고등학생들을 포함한 300여명의 목숨을 바다에서 잃었다. 무엇 때문에 여객선이 가라앉게 되었는지, 정부는 왜 재빠르게 대처하지 못했는지 등에 관한 의문은 큰 충격과 함께 풀리지 않은 채로 그 날에 깊이 각인되었다. 생존자들의 트라우마와 고등학생 아이들을 잃은 유가족들의 아픔에 공감하고 이들을 돕기 위해 많은 시민들과 사회단체들이 전국 각지에서 모였다. 여기저기에서 노란 리본을 만들어 애도를 표했고, 그 사건이 남긴 의문에 대한 답을 찾기 위해, 진실을 규명하기 위해 움직였다. 그리고 그 이후로 2년 반이 지났다.

이따금씩 세월호특별조사위원회, 4.16 연대, 세월호 인양작업 상황 등 관련된 소식들이 언론 매체들을 통해 들려왔는데, 주로 정치적인 이슈와 연결되어 전달되었다. 그러한 기사들을 접할 때마다 나는 그 날 온 국민이 겪었던 아픔과 당혹감을 "잊지 않겠습니다"라는 다짐과 함께 기억해내려 했다. 하지만 한편, 그러한 기억의 다짐이 누구를 그리고 무엇을 향해 있는지에 대해 불현듯 떠오르곤 하는 생각은 구체화되지 못하고 허공을 맴돌다 일상에 휩쓸려 사라지곤 했다. 그러던 중 올해 9월, 대학원 채플에 오신 416 합창단 분들을 만나게 되었다. 가까이에서 그분들의 목소리를 듣는 것은 처음이었다. 그 분들이 부른 노래 가사에는 그 날의 아픔이 변함없이 고스란히 묻어 있었다. 2년 반이 지난 지금까지도 그들의 아픔이 줄어들지 않은 이유는 무엇일까, 계속해서 기억해주기를 요청하는 이유는 무엇일까를 생각하다가 이유에 대한 고민을 접었다. 이유야 어찌 되었든 그들은 여전히 아파하며, 사람들에게 기억해주기를 간곡히 요청하고 있었고, 이 점이 가장 중요하게 느껴졌다.

기억해야 하는 이유보다 그들이 리본을 나누어주며 거듭 부탁하는 "기억하기"가 무엇일까를 고민하던 중, 서울 도심인 광화문에 위치한 대표적 '기억의 공간'인 세월호 광장을 떠올리게 되었다. 다양한 여러 익명의 사람들이 오고 가는 광화문 광장의 중심을 2년 넘게 지키고 있는 그곳은 과연 어떠한 방식으로 세월호 사고를 기억하고 있을지 궁금해졌다. 세월호 광장은 희생자들과 유가족들의 아픔을 기억하고 함께 애도하는 공간이기도 한 동시에 '정치적'인 목소리를 내는 공간이기도 하므로 그 공간만의 독특한 특성이 있을 것 같았다. 하지만 '정치적'인 요소를 주로 특정 이익집단의 목적에 맞게 '프레임화'하여 사용되는 것으로 여겨왔기 때문에, 애도 문화가 이러한 요소와 공존하고 있는 것인지, 따로 이뤄지고 있는 것인지, 아니면 새로운 형태로 변형되어 나타나고 있는지에 대해 의문을 갖게 되었다. 이처럼 애도 및 추모와 정치적 활동을 함께 하는 집단의 문화적 특성과 그 공간이 유지되고 있는 원동력이 무엇인지에 대한 연구 질문으로 참여관찰을 시작하였다.

2) 세월호 광장의 문화

(1) 고통받는 유가족들에게 공감과 위로와 힘 더하기

세월호 광장에서 이루어지는 많은 활동들은 세월호 사고로 인해 고통과 상처를 입은 사람들의 아픔에 공감하는 자원 봉사자들이 그들을 실질적으로 위로하고 돕기 위해 이루어지는 경우가 많다. "유가족은 지금이나 그 때나 거의 비슷해요. 그 아픔이(참여자 13, 남, 40대)." 세월호 광장 활동에 참여하는 이들은 이처럼 세월호 사고가 일어난 지 2년 반이 지났지만, 유가족들의 슬픔과 심리적인 고통은 여전하다고 말한다. 그리고 그들의 심리적 고통에는 세월호 사고로 인해 자녀를 잃은 슬픔뿐 아니라, 세월호 사고와 관련한 여러 활동들을 해오는 과정에서 겪은 어려움이 자리하고 있었다. 실제로 세월호특별조사위원회가 해체되고 단식 농성도 중단된 시기에 참여관찰을 하는 동안, 유가족 어머니가 세월호 광장 잔디에서 열린 한 간담회에서 "열심히 달려왔는데, 아무 것도 해결된 것이 없다"라고 거듭 이야기한 대목에서 절망감과 무력감을 느낄 수 있었다.

(유가족들과) 얘기 나눠 보면, 희망에 찬 느낌까지는 받지 못해요. '우리 고된 노동을 하는데, 우리끼리 뭐 인상 쓰며 할 거야? 재밌게 하자' 이런 분위기까지는 되는데, '우리 조금 있으면 밝혀질 것 같아' 이러면서 희망을 갖고 하는 분위기는 아닌 거 같은. 그 마음 속 깊은 데는 어마어마한 무기력감이나 실패감이나 분노나 이게 있는데, 해결되지 않은 상태에서. 그렇다고 포기할 수 없으니까 어떻게든 하는데 그게 진짜 홀가분한 마음이나 가벼운 마음과 기대감에서 나오는 이야기는 아닌 거 같고. 서로 어떻게든 또 잘 버티고, 잘 이겨내면서 서로 계속 표정을 살피는 거 같아요. 지금 괜찮나? 포기하면 안 되는데. 살피고. (참여자 19)(남. 30대)

활동 과정에서 경험하는 이와 같은 무기력감, 분노, 실패감과 더불어, 자신이 소속되어 있는 사회 공동체로부터 경험하는 심리적 상처도 있었다. 개신교 선교단체를 통해 세월호 광장 활동에 관심을 갖고 참여해온 참여자 19(남, 30대)는 기독교 신앙을 가진 유가족들이 교회 공동체로부터 받는 상처들에 대해 이야기하였다.

교회에서도 '이제 그만 울어라 천국 갔으면 됐다'라든지 그런 말들이 오히려 유가족분들의 마음을 더 아프게 하고. '이제 그만해라 지겹다' 이런 얘기들도, 교회 밖에서도 나오지만 교회 안에서도 나왔으니까. 그런 것들이 주는 충격이나 실망감이 저한테도 컸고, 특히 유가족분들 중에도 신앙인 분들이 많으신데, 그 얘기를 들으셨을 때 더 큰 상실감과, 내가 믿는 하나님께 내가 눈물을 그치라고 종용 당하는건가? 하는 얘기를 하시더라구요. 그래서 이 문제가 그냥 정치적인 문제, 혹은 이런 것이 아니라 신앙적으로 좀 그 분들이 겪는 폭력이 있는 거 같아요. 신앙의 이름으로 받는 폭력이 있었던 거 같고. (참여자 19)(남. 30대)

교회 공동체뿐 아니라, 세월호 광장에서도 사람들의 이와 같은 반응은 쉽게 발견되었다. 한 중년 여성은 진실마중대 앞을 지나가다가 "이거 아직도 해요? 언제까지 해요?"라고 물어보았다. 옆에 서 있던 참여자 18(남, 40대) 분은, 지나가면서 꼭 저렇게 말하는 사람이 특히 나이 든 분들 중에 많이 계시는데 저런 분들을 보면 정말 화가 난다고 했다. 그는 유가족들이 지금 아무것도 이뤄지지 않고 있는 상황에서 무기력감을 느끼는 중에도 계속 버티고 있기 때문에, 이들이 버티고 있는 한 포기하지 않고 계속해서 도와줘야 된다고 생각한다고 밝혔다.

이처럼 유가족들의 심리적 아픔을 민감하게 살피고 이에 공감하는 이들은 자신이 도울 수 있는 일에 대해 고민하고 있었다. 지난 1년 동안 정기적으로 노리공에서 자원봉사자로 참여해온 참여자 13은 유가족들의 아픔과 슬픔을 사회 공동체 안에서 승화시켜주어야 하며, 세월호 광장 활동들은 바로 그러한 차원에서 이뤄지는 것이라고 이야기했다. 선교단체 구성원인 참여자 19 역시, 그들의 고통에 공감하고 실제로 도움이 될 수 있는 부분에 대해 고민하여 구체적인 행동으로 돕기 위해 노력하고 있었다.

제가 조금이라도 더 세월호 관련해서 광화문에 나가거나 SNS를 통해서 이야기를 올리는 어떤 큰 방향 중에 하나는 유가족분들이 교회로부터 2-3차 피해를 당하지 않도록, 언어폭력이나 이런 피해를 당하지 않도록. 그리고 직접 가서 그래도 기억하고 함께 연대하는 그리스도인들이 있다, 나를 비롯해서 선교단체 학생들이나 기억하는 사람들이 있다는 걸 좀 보여주고 힘이 되게끔 하는 것… (참여자 19)(남. 30대)

노리공에서 활동하든, 진실 마중대에서 활동하든, 선교단체 소속으로 활동하든, 공통적으로 이들은 계속되는 유가족들의 아픔에 공감하고, 각자 그 고통의 원인이 된다고 느껴지는 지점에서 해결책을 찾아 그들을 돕고자 하였다. 하지만, 세월호 광장에서 이루어지는 핵심 활동에 참여하는 봉사자들과 세월호 광장 이외의 공간이나 모임에서 유가족들을 지원하는 봉사자 사이에는 차이가 있었다. 예를 들어, 참여자 19는 세월호 광장에 자주 오기보다는 개신교 유가족들의 아픔에 특별한 관심을 갖고 416 합창단과 지속적으로 연락하였다. 처음에는 무엇을 어떻게 도울지 몰라 천막카페에 있는 지인에게 소개를 부탁했으나 그 지인은 416 합창단이 연주하는 곳에 직접 가서 이야기를 들어보고 개인적으로 관계 맺어볼 것을 추천했다.

만날 때 직접 만나서 신뢰관계를 스스로 해야 하는. 왜냐면 누가 막 요청은 많이 들어오는데, 그거를 다 중앙에 있는 센터에서 다 매칭시켜주는 거는 한계가 있고 하니까. 본인이 마음이 있으면, 광장에 모이는 사람들이 되게 다양한데, 거기서 좀 관심을 보이는 사람이 있으면, 무조건 연결시켜주는 게 아니라, 본인의 의지를 좀 더 내게끔 좀 유발하는 거 같아요. 직접 가서 한 발짝 더 나가서 만나보면 유가족들과 대화할 수 있고, 그러면 자기가 자기 자리에서 할 수 있는 게 보이고. (참여자 19)(남. 30대)

한편, 참여자 13은 세월호 광장 활동에 정기적으로 참여한지 1년 정도 되었는데, 그는 세월호 사고가 발생한 이후 정부나 정치권이나 여러 사회단체들이 알아서 잘 해결하여 진실 규명이나 인양이 자연스럽게 이루어 질 거라고 믿고 지켜보고 있다가 시간이 지나도 달라지는 것이 없다 느껴 개인적으로 움직이기로 결심했다고 하였다.

6개월 지나고 1년쯤 지나니까 이건 아닌데 싶은 거예요. 그러면 나라도 움직여보자. 그래가지고 집회 토요일마다 하잖아요. 집회도 1년 반이 지나서 집회 참석하고 보니까 또 그렇게 해가지고는 풀지를 못하겠다. 여기서 푼다는 건 진실 규명이 안 될 거 같다. 그러면 어떻게 해야 하나. 그러면 국민들이 개개인이 같이 동참해주는 수밖에는 없겠다 싶어서 세월호 광장에 제일 많은 인원이 있는 데가 노리공이잖아요. 이분들하고 같이 활동을 해야겠다 싶어가지고 1년 동안 지금 같이 활동하고 있어요. (참여자 13)(남. 40대)

유가족들과 개인적으로 관계를 맺음으로써 신뢰를 형성하고 그들이 구체적으로 필요한 것이 무엇인지를 알아내는 방식이 있는가 하면, 일반인들에게 개방되어 다양한 사람들이 참여하고 있는 세월호 광장의 활동을 통해 유가족들을 돕는 방식이 있었다. 전자는 역할 내용을 유가족과의 개인적 관계를 통해 직접 확인하고 정해나가는 과정이라고 한다면, 후자는 이미 정해져 있는 역할에 관심을 갖고 참여하는 것에 해당한다고 볼 수 있다. 이처럼 세월호 광장은 유가족들을 도울 수 있는 방법(ex. 노란리본만들기, 서명받기 등)을 구체적으로 정해두었다는 점에서, 그들에게 위로와 힘을 더하고 싶어하는 일반인들이 보다 쉽게 관심을 갖고 접근할 수 있도록 하는 특징이 있다.

유가족들이 이제 없어졌으면 좋겠다고 이야기하지 않는 한 저기는 계속 이어지지 않을까. 제 생각엔 그래요. 그리고 저 같은 사람이 언젠가 무슨 일이 생겨서 안 나오면 그 다음에 누군가가 와가지고 그 자리를 또 메워 줄거고. (참여자 13)(남. 40대)

이상의 대목은 세월호 광장이 존재하는 이유의 중심에 사고로 인해 삶이 가장 크게 깨어진 유가족들의 아픔이 있다는 사실을 돌아보게 한다. 그리고 이 공간이 지속되는 한, 이들을 위로하고 돕고자 하는 여러 사람들의 마음이 이곳에 모여 노란 리본을 비롯한 다양한 모습의 행동과 형태로 빚어지지 않을까 생각해본다.

(2) 함께 자유롭게 애도하기

세월호 사고는 전 국민이 그 상황을 실시간으로 지켜보았던 사건이다. 이를 지켜보았던 많은 국민들은 당혹감과 함께 슬퍼했다. 자녀를 둔 부모들은 세월호에서 죽은 학생들을 자기 자식처럼 생각하며 슬퍼하고 분개했다. 세월호 광장에 나오는 자원봉사자들 중 많은 이들이 자녀를 둔 어머니이다.

참여자 17(여, 60대)은 세월호 사고로 잃은 '우리 아이들'을 떠올리면 아직까지도 눈물이 난다고 했다. 세월호 광장에 나오기 전에는 개인적으로 직접 재료를 사다가 리본을 만들어 길거리에 나가 사람들에게 직접 나눠주었다. 어느 날은 어떤 사람이 리본을 받아다가 저기 멀리쯤 가서 리본을 땅에 버리는 것을 봤는데 순간 마음이 찢어질 것 같았다. 이 리본 하나하나는 '우리 아이들'인데, 그 리본이 땅에 떨어져서 밟힌다고 생각하니 너무 속상해서였다. 그녀는 정부만 생각하면 정말 화가 나고 아이들이 너무 불쌍하다고 하였다.

처음에는 분향소에 있는 아이들 얼굴을 보기 위해 왔다 갔다만 했었고 노리공에는 유가족들만 있는 줄 알고 그냥 먼발치에서 바라만 봤는데, 몇 번 오다 보니 자원봉사자들이 더 많고 원하는 사람이면 아무나 오고 갈 수 있다는 사실을 알게 되어 편안하게 참여하면서 사람들과도 친해지게 되었다고 한다. 참여자 17의 이야기는 세월호 사고로 인해 각자의 삶의 자리에서 계속해서 마음 아파하던 사람들이 세월호 광장에 나와 함께 애도하며 활동하게 된 과정을 보여준다.

그리고 이 공간에 나오는 많은 사람들이 공통적으로 이야기하는 부분은, 세월호 사고와 관련된 자신의 슬픔이나 분노가 다른 사회적 공간에서는 수용받지 못하는 데 반해, 이곳에서는 서로 이해해주고 같이 이야기할 수 있다는 점이다. 그들은 세월호 광장 이외의 다른 사회적 공간에는 마음 편하게 세월호에 관한 생각이나 감정을 표현하고 교류할 수 있는 사람이 없다고 느끼고 있었다. 예를 들어, 참여자 17은 자기 집 우편함에 노란 리본 스티커를 붙여놨더니 경비아저씨가 어떤 이웃 분이 저게 뭐냐고 물어봤다고 알려왔다고 한다. 그녀는 "내 우편함 내 마음대로 쓰는 게 뭐 어떠냐"고 따졌다고 했다. 참여자 13 역시도 비슷한 맥락에서 다음과 같이 말했다.

(세월호 광장에서는) 나만 슬픈 줄 알았는데, 옆에 사람도 똑같이 슬퍼하는 거야. 그리고 이 분노를 혼자 갖고 있을 때는 너무 분노스러우니까 이걸 표출할 데가 없어... 다른 데 가면 너 아직도 세월호 이야기하냐? 너 아직도 세월호 활동하냐? 그런 사람이 많으니까 그런 데 가면 미안한 거야. ...... 그런데 여기 와서는 유가족 분들 얘기해도, 정보가 교류가 되고. 세월호 인양이 안 된다고 하면 왜 안 될까 원인이 뭘까 이런 식으로 같이 얘기하잖아요. 다 아니까. 좀 더 쉽게 보면 그런 쪽에서 마음에 위로가 된다고 보는 거죠. 마음껏은 아니지만 어느 정도 자유가 있다는 거죠. 이 세월호 주제를 얘기하는 거에 대해서. 최소한 막지는 않는다는 거죠. 세월호 관련된 얘기는. 이 공간에서만큼은. (참여자 13)(남. 40대)

이 공간에는 세월호 유가족들의 슬픔뿐 아니라 그 사고를 목격한 국민들의 집단적인 슬픔 역시 자리하고 있었다. 진실 규명과 인양 작업이 아직 이루어지지 않았기 때문에, 여전히 많은 사람들이 풀리지 않은 의문과 아픔에서 벗어나지 못하고 있는 듯 느껴졌다. 하지만 이에 대해 사회의 대다수 사람들은 점차 이 슬픔을 '아직도'라는 표현과 함께 잊는 것이 당연한 것처럼 말하며, 계속해서 기억하고 있는 사람들을 이상한 눈초리로 바라보고 있었다. 세월호 사고로 인해 경험되는 복합적이고 부정적인 감정들이 비정상적인 것으로 평가받지 않고 타당화되고 수용될 수 있는 안전한 공간은 세월호 광장이었다.

세월호 참사는 슬픈 일이예요. 여기에 나오는 사람들은 다 그 아픔을 갖고 있는 사람들이에요. 그게 유가족이 됐든, 저같이 제 3 자가 됐든, 아니면 정부 관계자도 올 수 있어요, 경찰들도 올 수 있어요 여기. 다 세월호라는 슬픔을 갖고 있는데, 동질감을 갖고 있는 사람들이 같이 헤쳐 나가자 하는 그 문화, 그 특성이 위안을 주는 거죠. 서로가 서로한테. (참여자 13)(남. 40대)

세월호 광장은 슬픔과 분노를 개인적으로 혼자 해결하거나 잊어버리기보다는 공동체 안에서 서로를 위로하며 함께 해결해나갈 수 있도록 마련된, 모두에게 열려있는 공간이다. 그리고 사회가 불편해하는 그 모든 거친 감정들을 한 데 담아내고 동질감이라는 새로운 유대 감정을 촉매로 하여 변화를 위한 여러 적극적 활동들로 승화하는 그릇과도 같다.

(3) 사회적 변화 외치기

유가족을 비롯하여 세월호 광장에서 활동하는 사람들은 사회의 변화를 주장한다. 광장의 중앙 잔디 주변에는 그들이 제시하고 있는 사회적 변화 요구에 대해 정부나 정당기관들이 어떻게 반응하고 있는지, 어떠한 진상들이 규명되고 있는지, 요구하는 과정에서 어떠한 어려움에 봉착해 있는지 등에 관한 최근 소식들이 게시되어 있다. 진실 마중대 같은 경우, "세월호의 언론기관(참여자 13)"과 같은 역할을 하면서 자신들에게 필요한 정치적 요구 사항들에 동참하는 국민들의 목소리 하나하나를 서명을 통해 모으고 있다.

먼저, 그들은 세월호 사고가 일어난 경위와 더불어 사고 이후 구조가 신속하게 제대로 이루어지지 않은 데 대해 문제를 제기하며, 그 원인을 정부의 태도 및 대한민국 전반에 굳건히 자리잡아왔던 사회구조적인 문제에서 찾는다. 2년 반 전부터 이곳에 지속적으로 나와 지나가는 사람들에게 세월호 사고에 대해 설명하고 서명받는 일을 해 온 한 할아버지는 이 상황이 비상식적이라고 말한다. 그는 자동차 사고로 본다면 어떤 차가 뒤에서 받은 것인데, 이 경우 누구의 잘못인지 어떻게 된 일인지를 분명하게 파악하는 과정이 상식적이고 일반적인 반면, 지금은 사고 책임이 있는 사람이 경위 파악을 하지 않으려 하기 때문에 이 자체가 이상하고 부당한 것이라고 이야기한다.

(세월호 사고는) 사회적인 모순 내지는 그 동안 안 보였던 총체적인 대한민국 문제점이 표출된 사건이죠. 왜 큰 배가 가라앉았는지, 왜 구조하지 못했는지, 왜 아직까지 인양을 못하고 있는지, 왜 아직까지 진실을 밝히지 못하고 있는지. 그런 다 사회적인, 전체가 다 안고 있는 하나의 큰 문제를 단편적으로 볼 수 있는 문제잖아요. (참여자 13)(남. 40대)

참여자 13은 이와 같이 보다 사회구조적인 차원에서 문제를 이해하고 있었다. 또한, 한 정당 관련 집단에 소속되어 활동하기도 하는 그는 정치 집단의 특성과 정부와 언론이 결부되어 있는 사회 구조를 담담하게 인정하고 이해하면서도, 그 사회구조에 편입되어 해결되어서는 안 되는 세월호 사고 관련 사안들에 대해 각 기관이나 정당들이 취하는 태도가 변해야 함을 주장하였다.

정치 행위가 이득을 보는 집단과 이득을 보지 않는 집단으로 나뉘는 건 당연할 수 있어요, 그런 정치 자체가 좋다 나쁘다 얘기할 수는 없는 거예요. 그렇지만 이익을 보기 위해 남들보다 우월해지려고 남들을 헐뜯고 배척하는거, 그거는 별로 좋지 않다는 거죠. 물론 선거 상황에서는 배척을 해야 되지만, 이 세월호 관련 정치 사안에 대해서는 함께 해야 되는 거라고. 그런데 정치권에서, 제도권에 있는 사람들이 자기 기득권을 유가족들이 파괴시킨다고 생각을 해요. 세월호 유가족들이 정치권에 있는 사람들한테 '너희들이 잘못 했잖아 너희들이 잘못해가지고 진실 규명도 안 되고 있고 뭐도 안 되고 있잖아' 하니까 정치권에 있는 사람들이 봤을 때는 일반 사람들이 세월호에 관심이 없게끔 만들어야 된다고요. (참여자 13)(남. 40대)

이와 같이 일반인들로 하여금 정치에 대해 구체적인 관심을 갖지 않도록 하기 위해 언론과 정부가 연결되어 있는 사회구조적인 문제는 세월호 사고 자체의 원인이기도 하였지만, 문제가 원활하게 해결되지 못하도록 막는 커다란 장애물로 인식되기도 하였다. 아울러, 연구 참여자 19는 이러한 사회구조적인 문제뿐 아니라 정치적으로 '프레임화'되는 것에 대해 일반인들이 지니고 있는 불편감에 대해서도 지적했다.

언론도 그렇고. 소위 프레임화되는 정치적인, 누군가의 전략이라고 하긴 어렵지만, 그것도 있는거 같아요. 여기서 이 행동을 하면 종북 좌파가 되는 거고, 이 행동을 하면 수구보수가 되는 거고. 딱 나뉘어지는 거에 자기가 분류되기 싫고, 프레임화되는 게 싫으니까. 그래서 안 나가는 것도 있었던 거 같고. 분명히 세월호 사건이 일어나고서 그 해 가기 전까지는 대부분의 국민의 정서가 그러지 않았었잖아요. 그래도 다 공감하려는 게 있었는데 어느 순간 이후부터는 세월호 유가족들이 뭐 정부 여당을 압박해서 정부 여당 밀어내려고 하는 거다부터 시작해서 뭐 여러 가지 이야기들이 있으니까, 세월호 이슈에 관심을 갖고 그 광장에 나오는 것은 그 정부여당을 압박하는 사람들 편에 서주는 거다 이렇게까지 연결이 되어 버리니까... 그거에 대해서 너 그런 사람이었어?라고 주변 사람들이 물어보면, 어 나 그거까지 아닌데 라고 대답하면서 그 광장에 나가는 발을 서서히 끊는다든지. (참여자 19)(남. 30대)

사회구조적인 문제나 프레임화에 대한 두려움은 이들이 세월호 문제를 사회정치제도의 변화를 통해 해결하고자 하는 시도를 어렵게 만드는 보이지 않는 장벽에 해당했다. 이러한 장벽에 맞서 그들이 외치는 것은 안전한 사회를 향한 변화였다. 참여자 13은 유가족들이 주장하는 것이 진실 규명과 안전한 사회 건설, 딱 두 가지인데, 언론에서는 안전한 사회 건설에 대해서는 다루지 않는다는 점을 지적하였다. 진실마중대에서 자원봉사자 분들은 사람들에게 서명을 부탁하며 "더 이상의 참사가 일어나서는 안 된다"고 강조했다. 이들은 과거뿐 아니라 미래를 걱정하고 있었다. 즉, 이곳은 과거의 참사를 애도하는 공간인 동시에 미래에 이와 유사한 참사가 다시는 없도록 필사적으로 막고자 하는 공간이었다.

연구자로서의 나는 안전한 사회 건설을 주장하는 세월호 광장 사람들의 메시지를 듣고 세월호 사고를 잊지 않고 기억하는 것이 피해자와 유가족들을 위한 것인 동시에 사회 구성원들 모두의 안전한 삶을 위한 일이라는 생각이 들었다. "그래서 정치에 관심을 가져야 해요. 여기서 말하는 정치는 삶이예요. 삶 자체를 말씀드리는 겁니다"라는 참여자 13의 이야기 역시 이런 맥락에 해당한다. 지배적인 정치문화가 제시하는 프레임을 깨는 것은 한 사람 한 사람의 구체적인 삶의 자리이자 정황이다. 세월호 광장에 모인 사람들 중에는 정치적 프레임을 허물고 유가족들의 아픔 및 사회구성원들의 안전 등의 구체적인 삶의 모습들에 주목하는 사람들이 많았다.

　환경감수성, 안전감수성, 인권감수성이 기본적으로 있는 사람들이 모여드는 곳인 거 같기도 하고, 거기를 통해서 그 감수성이 살아나는 거 같기도 하고. 그 광장을 통해서. 만나보면 소위, 투쟁 현장에서는 감수성 없는 사람들이 되게 많데요. 그래서 초반에는 그런 분들로 인해 고생 많이 했다고 하시더라고요. 정말 투쟁 자체를 좋아해서 오시는 분들도 있어서 더 위험하게 만들고 더 과격하게 만들고. 그래서 416 연대나 이런 분들이 분명한 방향성이나 대응하는 수위들을 정하고 해서 정리가 좀 되고 했다고 하더라구요. 그 이후에 오는 사람들은 이제 주로 그런 감수성이 있는 분들이니까 만나면 쉽게 같이 눈물로 공감하기도 하고. (참여자 19)(남. 30대)

　실제로 어느 날은 노리공에서 자연** 생활협동조합에서 같이 활동하시는 두 어머니를 만났는데, 이들은 그 날 광화문 광장에서 있던 GMO 표시제 관련 행사에 참여하고 이곳에 오게 되었다고 했다. 그들은 GMO 식료품의 안전성이 확인되지 않은 상태이므로, GMO 식료품을 사용하였는지 아닌지를 표기하도록 법을 바꾸어 국민들에게 선택할 권리를 주어야 한다고 주장했다. 표기되지 않은 상황에서 대기업들의 식품을 통해 무차별적으로 GMO 식재료에 노출된다면, 나중에 그것이 생명에 치명적인 것으로 밝혀졌을 때는 이미 늦을 수 있기 때문이다. 그리고 세월호 사고도 마찬가지로 안전에 대한 인식의 문제로 인해 일어난 일이기 때문에 앞으로도 잊지 않고 관심을 가질 필요가 있다고 하였다.

　이처럼 안전감수성, 환경감수성, 인권감수성은 세월호 광장을 찾아오는 이들에게서 발견되는 공통된 특성이기도 하며, 이 감수성은 그들을 이곳으로 이끌어 사회적 변화의 필요성에 대해 적극적으로 외치도록 하는 원동력이 되기도 하였다.

(4) 다양한 구성원들과 더불어 살기

세월호 광장은 남녀노소 불문하고 다양한 사람들에게 열려 있는 공간이기 때문에, 그 안에서 활동하는 사람들도 매우 다양하다. 다양한 구성원들이 함께 지속적으로 활동하는 만큼, 그 과정에서 여러 문제들이 발생하게 되는 것은 당연한 일인지도 모른다. 그럼에도 불구하고 3년 가까이 지속되어온 과정과 그 동력은 이 문화의 특성을 잘 나타내준다. 참여자 13은 자신이 노리공의 '스텝'으로 활동하는 과정에서 느꼈던 이 공동체만의 특수성과 매력에 대해 이야기했다.

> 일단 나이가 차이가 있고. 남자 여자 있고요, 직업도 다 달라요. 그리고 그 전부터 알던 사람들도 아니에요. 그런 분들이 한 공간에 주기적으로 올 수 있다는 거는 좀 더 과장해서 표현하면 세계적으로 이런 공간이 잘 없어요. 여기는 돈이 연관되어 있지 않잖아요. 여기 온다고 해서 돈 주는 것도 아니야. 다 자원봉사자잖아요. 정말 특수한 공간이야. 6개월이나 1년 정도는 가능해요 그런데 대부분 없어요. (참여자 13)(남. 40대)

더욱이 이 공동체에는 리더가 없었다. 소위 '스텝'들 역시 명시적이기보다는 암묵적으로 활동하고 있었다. 일반봉사자들 중에서 열심히 하는 사람들을 편의상 스텝으로 정해서 권한을 주었는데, 여기에서 말하는 권한은 물품이 들어왔을 때 나눠주거나 노란 리본 장부를 관리하는 일을 의미한다. 그는 이를 암묵적으로 정하는 이유는 사람들 간에 벽이 생기지 않도록 하기 위함이라고 하였다. 하지만 리더가 없어서 생기는 문제들도 있었다.

문제가 생기면 10명이 있으면 10명 다 협의를 해야 되는데, 협의가 아니고 누군가 하나가 자기 생각이 맞다는 주관을 가지고 얘기를 해버려 세게. 남들이 보면 아닌데. 그럼 아니라고 말을 해줘야 되는데, 그럼 분위기가 깨질 거 같으니까 아니라고 얘기를 못 하는 거야. 그니까 목소리 큰 사람의 의견이 맞는 것처럼 이야기되고 그러니까 그런게 많이 좀 마음이 아픈거예요. 그렇다고 내가 거기에 반박되는 그런 느낌의 얘기를 해버리면 서로 트러블이 있는 것처럼 느껴진다는 거죠. … 그러면 저 같은 사람이. 당장은 욕을 먹더라도 서로 자기 얘기를 할 수 있게끔 그 공간 내지는 그런 시간을 만들어 줘야 해요. 그게 뭐, 옳은 얘기가 나올지 안 좋은 얘기가 나올지는 몰라도, 그 공간 내지는 시간을 만들어줘야 되는 거죠. (참여자 13)(남. 40대)

　그는 리더가 없기 때문에 생길 수 있는 공동체의 문제 해결을 위해 직접 나서서 갈등 중재 역할을 하였다. 그는 기존부터 고아원에도 방문하고 봉사 단체의 임원 활동도 해 본 경험이 있어서 공동체에 서로 의견 갈등이 있을 수 있다는 점을 잘 알고 있었다. 그렇기 때문에 세월호 광장에서 처음 이러한 활동을 하게 된 사람들은 집단 내 갈등을 마주하면 많이 당황해 하는 반면, 자신은 당황하지 않을 수 있었다고 한다. 리더가 없어서 생기는 문제 이외에 다른 문제도 있었다.

　또 하나 어려움은, 저기는 누구나 다 들어올 수 있는 공간이예요. 저같이 오래 한 사람도 있고, 1년에 1달에 한 번 오시는 분도 있고, 이게 어떻게 이루어지는 지도 모르고, 이게 무슨 물품인지도 모르고. 그러다 보니까 제가 보는 노리공하고 그 분들이 보는 노리공하고는 다르잖아요. 그니까 거기서 오는 마찰 같은 게 있어요. 솔직히 없잖아 있는데, 내부에 오래하시는 분들이 좀 더 이겨내 가려고 하는 모습이 있는 거죠. 하여튼 그런 어려움은 있어요. (참여자 13)(남. 40대)

　리더도 없이 다양한 구성원들이 모여 꾸준히 활동한다는 것은 이상과 같은 여러 문제들을 경험하게 한다. 참여자 13은 리더도 없고, 이득도 없고,

나이도 다르고, 직업도 다르고, 본격적으로 시작했던 시기들도 다 다른 가운데 오로지 세월호 진실과 세월호 관련된 활동 하나로 뭉쳐서 그것만을 중심으로 무언가를 계속 한다는 것은 쉬운 일이 아니지만, 그럼에도 불구하고 지속될 수 있었던 힘은 공동체 구성원들이 같은 공간에서 함께 작업 하면서 주고받은 동질감과 위로였다고 이야기한다. 그리고 진실 규명이 되면 이 공간이 어떻게 변할 것 같은지에 대한 질문에 그는 다음과 같이 말했다.

> 문화가 벌써 생겼잖아요. 노리공의 문화가 벌써 생겼기 때문에 그 문화는 외부 상황에 의해 깨지진 않을 거라고 생각해요. 다른 방법으로 또 이어가고. 물론 우리 이제 뭔가 이루어졌으니 헤어집시다 하더라도 이 사람들이 계모임 같은걸 하겠죠. 일주일에 한 번씩 또 모이겠죠. 일주일에 한 번씩 아이들 교실에 간다든지 안산 부모님들을 찾아간다든지 그런 식으로 계속 이어져나가겠죠. (참여자 13)(남. 40대)

이는 세월호 광장이 참여하고 있는 많은 이들의 삶에서 쉽게 사라지지 않을 의미 깊은 공간으로 자리잡아가고 있음을 보여준다. 그들은 서로 다른 삶의 자리에서 이곳에 한 데 모여 자신의 삶의 이야기와 따뜻한 마음의 온기를 나누고 있었다. 자신이 만든 노란 리본 모양의 열쇠고리나 팔찌 등을 가져와 보여주고 나눠주기도 하고, 가져 온 음식을 꺼내어 함께 나눠먹기도 했다. 노란리본공작소에 처음으로 찾아온 이들에게 바닥이 차갑다며 담요를 꺼내 펴는 일을 도와주기도 하고, 동네 이모나 삼촌처럼 재미있는 이야기나 농담도 주고받았다. 2년 반이라는 시간 동안 세월호 광장은 대한민국 수도인 서울의 중심에서 사회의 다양한 사람들의 민주적이고 따뜻한 공동체 생활을 목격하고 있었다.

3) 세월호 광장 문화의 의미

가만히 있지 않겠습니다 가만히 있지 않겠습니다

　본 연구를 통해 발견된 세월호 광장의 문화에는 고통받는 유가족들에게 공감과 위로와 힘을 더하는 문화, 함께 자유롭게 애도하는 문화, 사회적 변화를 외치는 문화, 그리고 다양한 구성원들과 더불어 사는 문화가 있었다. 세월호 광장 활동에 참여하는 이들은 여전히 애도의 과정에 있는 유가족들의 아픔에 공감하고 이들에게 어떠한 위로와 힘이 되어 줄 수 있을지를 고민하여 행동으로 함께 하였다. 그들을 위해 진실 마중대에서 서명을 받고 노란리본공작소에서 리본을 만들기도 하였다. 한편, 세월호 사고로 인한 그들 자신의 슬픔과 분노를 이곳 사람들과 나눔으로써 위로받기도 하였다. 다른 일반적 사회공동체 구성원들은 세월호 사고를 잊지 않고 기억하는 사람들을 불편하게 여겼으나, 여기서만큼은 자유롭게 기억하고 이야기할 수 있었다.

　세월호 광장의 사람들은 유가족들이 변화를 요구하는 사회정치적 사안들에 대해 함께 문제의식을 갖고 이를 그들만의 문제로 보기보다 자기 자신과 사회 전체의 문제로 인식하였다. 그리고 이것을 기존의 정치적 프레임을 통해 바라보는 것이 아니라, 안전하고 행복한 삶을 정치 활동의 중심에 두고 그 프레임을 해체하고자 하였다. 모든 사람에게 열려 있는 공간이기 때문에 다양한 사람들이 모여 함께 활동하였는데, 리더도 없고 금전적 이윤도 없는 상황에서 몇 번의 갈등이 있기는 하였으나 공동체 의식을 갖고 있는 사람들의 중재와 배려로 자연스럽게 위기를 넘길 수 있었다. 그리고 이 안에서 일어나는 따뜻한 마음과 삶의 나눔을 통해 서로 위로받고 위로하는 과정에서 큰 갈등 없이 오래 지속될 수 있었다.

　세월호 광장의 문화의 특징과 원동력은 무엇일까에 대한 의문을 갖고 시작하게 된 본 연구는 연구자인 나에게 더불어 살아가는 공동체 문화가 어떤 모습인지를 살펴볼 수 있게 하였다. 세월호 광장은 유가족의 입장에서 본다면 자신의 아픔과 잃어버린 자녀를 잊지 않고 찾아와 도움의 손길을 더해주는 사람들과의 관계가 형성되는 공간이고, 자원봉사자들의 입장에서 본다면 유가족들을 위로할 뿐 아니라 세월호 사고를 목격하는 과정에서 입은 자기 자신의 상처와 아픔이 위로받고 수용되는 공간이다. 세월호 참사의 고통에 공감하는 마음은 그들을 모이게 하는 첫 번째 힘이었다.

그 힘으로 모이게 된 그들은 슬픔과 애도에만 머무르는 것이 아니라, 우리나라의 가장 대표적인 집회 및 시위 공간인 광화문에서 사고의 배경이 된 부조리한 사회구조에 대한 불만과 분노를 표출하며 사회적 변화를 요청하였다. 부조리한 사회구조에 대한 인식은 이분화된 정치적 프레임에 기반한 것이 아니라, 국민들의 안전한 삶을 비롯한 기본적인 인권에 기반한 것이었고, 수많은 생명을 잃고 말았던 세월호 참사가 남긴 절규이기도 했다.

세월호 광장이 애도의 공간인지 정치 활동의 공간인지를 두고 이분법적으로 고민했던 나는 세월호 광장에서의 정치가 정당 차원의 프레임의 문제가 아니라, 인간 삶의 가장 일상적이고 기본적인 것에 대해 문제의식을 갖는 것에 해당한다는 생각을 갖게 되었다. 이 공간에서의 애도와 정치는 인권감수성 및 안전감수성을 중심으로 자연스럽게 연결되어 있었다. 또한, 노란 리본을 통해 사람들의 기억하고자 하는 것은 과거 세월호 사고의 아픔이기도 하지만, 비슷한 참사가 또 다시 일어나지 않기를 바라는 미래를 향한 다짐이기도 하다. 그리고 이 과거와 미래를 잇고 있는 현재에는 상처 입은 서로에게 공감하고 위로하는 공동체 문화가 자리하고 있다. 이들이 이 문화의 중심에 매일같이 모여 만드는 노란 리본에는 더불어 살아가는 가운데 지펴지는 온기가 묻어 있다.

'세월'의 사전적 정의에는 '흘러가는 시간,' '살아가는 세상,' '지내는 형편이나 사정 또는 그런 재미'라는 세 가지가 있다. 세월호 광장 문화에는 이 모든 것이 녹아 있다. 광화문 광장에는 흘러가는 시간 속에서도 잊혀지지 않을 희생자들과, 이 세상을 여전히 살아가는 이들의 다양한 삶의 모습과,

각자의 삶을 나누는 가운데 얻는 위로와 힘을 실은 '세월호 광장'이라는 이름의 배가 있다. 그리고 이 배는 대한민국 사회와 그 구성원들의 마음의 바다를 가만히 잊지 않고 가만히 있지 않으며 사회적 변화 및 삶의 변화를 향해 항해한다.

노란 리본을 품앗이하다

주희연

1. 세월호 광장으로 발걸음을 하기까지...

"우리에게는 망각해서는 안 될 역사가 있습니다."
"당신은 선한 사마리아인입니까?"

2016년 9월 20일 연세대학교 수요채플은 세월호 참사로 희생된 가족 분들이 모여 만든 416 합창단 주관으로 진행되었다. 예배 시간 2-3분의 짧은 영상이 상영되었다. 영상 속에는 세월호 참사 장면과 함께, "당신은 선한 사마리아인입니까?"하는 문구가 떠올랐다. 이어지는 유가족 어머니께서는 잊혀지는 것이 가장 힘들다, 그리고 "우리에게는 망각해서는 안 될 역사가 있다"고 하셨다.

망각해서는 안 된다는 역사의 시작은 2년여 전 참사에서 시작되었을 것이다. 2014년 서늘한 봄날 세월호가 침몰하고 있다는 뉴스를 접한 뒤 충격에 얼어버렸다. 세월호가 가라앉는 동안 아무런 진전 없어 보이는 구조작업을 지켜보다가 답답함과 초조함에 결국 텔레비전을 껐다. 결국 세월호 참사는 304명의 생명을 앗아가고 많은 사람들의 마음에 아픔과 분노를 남겼다. 이후 세월호 참사로 희생된 사람들의 추모를 비롯해 "어른들로서 미안한 마음입니다," "잊지 않겠습니다"와 같은 문구들, 그리고 노란 리본이 하나 둘 한국 사회를 덮어갔다.

그러나 시간이 지남에 따라 다른 사건들이 미디어의 주요 페이지를 차지했고, 세월호 보상 문제, 특조위 활동의 논란 등에 대한 편파된 보도만 몇 번 보이더니 점차 세월호 참사의 이야기는 다른 사건들에 밀려났다. 세월호 참사에 함께 애통해하는 목소리는 점차 어디론가 밀려 났다. 이후 세월호 참사 900일이 되어가던 시점에서 연세대 채플에서 416 합창단 주관예배가 열렸다. 채플시간 내내 두 문장이 내 머리 속을 맴돌았다.

"나는 고통 속에 있는 이웃을 돌아보는 선한 사마리아인이었던 적이 있는가?"
"과연 망각해서는 안 되는 역사의 내용은 무엇인가?"

예배당일, 이어지는 수업시간 교수님께서는 "변방의 목소리"를 반영하는 연구가 있으면 좋겠다고 하셨다. 사회 변방의 목소리, 그리고 좀 전 예배시간 잊혀져 가는 목소리를 기억해야 한다는 유가족 어머님의 말씀이 겹쳐지며 세월호 참사와 관련된 장소에서 연구를 진행해보는 것은 어떨까 하는 생각이 들었다.

그동안 세월호 참사를 기억하는 것이 너무 마음 아파서, 죄책감이 들어서, 또 분주한 일상에 마음을 빼앗겨서 … 여러 이유로 마음 한 구석 묵혀 두었던 세월호 참사를 다시금 마주하게 되었다. 세월호 참사를 바라보는 대중의 시선은 변화했을지라도 세월호 참사는 우리 사회에 여전히 해결되지 않은 과제를 품고 있는 듯 했다.

2016년, 세월호 참사는 우리 사회에 어떻게 남겨져 있는가? 세월호 참사에 대해 다시금 기억하며 여러 질문들을 하게 되었다. 동료 연구자들과 세월호를 주제로 연구하는 것에 대해 이야기를 할수록 세월호가 연구자들 모두에게 의미 있는 주제라는 것을 발견하면서 연구를 준비하기 시작했다. 세월호 관련 활동이 일어나고 있는 장소들은 여러 곳이 있으나, 지난 2년 동안 서울시내 한복판 자리를 유지하며, 광화문 광장에 위치해 다양한 사람들이 오가는 세월호 광장을 연구 장소로 선택하게 되었다.

연구를 시작하기에 앞서 허락을 얻기 위해 우선 세월호 광장을 찾아가야 했다. 그런데 막상 광화문 광장으로 향하는 발걸음은 무겁기만 했다. 과연 연구를 하는 것이 누구를 위한 것인가? 혹시 세월호 가족분들에게 피해를 주거나 아픈 상처를 더 아프게 하는 것은 아닌가? 연구를 위해 세월호 광장 활동에 참여하는 것에 대해 관계자 분들이 거부감을 보이지는 않을까? 세월호 광장의 정치적 취지와 내 신념과 다르다면 어떻게 할 것인가? 그리고 무엇보다 세월호를 떠올리면 슬픔과 죄책감, 조심스러움 등 너무 많은 생각과 감정이 교차하여 세월호 광장으로 향하는 발걸음은 무겁게만 느껴졌다.

세월호 광장에 도착하자 두 분류의 사람으로 나누어진 것 같았다. 하나는 무엇인가 열심히 하고 있는 분들, 그리고 다른 분류는 광장에서 일어나는 일들에 상관하지 않는 듯 지나치는 사람들이 있었다. 우리는 이곳이 있게 된 이유이기도 한 안타깝게 생명을 잃은 아이들의 분향소에서 분향을 하고 참여자 분들이 계신 곳으로 갔다. 이 광장을 지나쳐 버리는 수많은 사람들 중 하나인 것 같은 '외부자'들에게 참여자 분들이 거부감을 보이면 어떡하나 걱정이 되었다. 내 우려와는 달리 세월호 광장에서 봉사하시는 분들의 안내를 받아, 연구 허락을 받을 수 있는 길을 알게 되었다. 심리적 거리감이 느껴졌던 세월호 광장은 내 생각보다 그렇게 먼 곳도, 배타적인 곳도 아니었다. 그곳의 봉사자분께서는 내게 노란색 리본을 주셨다. 세월호 광장과 만나던 날 내 가방에 노란 리본이 달렸다.

2. 세월호 광장의 풍경(참여관찰 내용)

"우리는 이곳을 '섬'이라고 불러요. 높은 빌딩, 하루에도 수천 수백대씩 지나다니는 차, 매일같이 북적이는 서울 한복판에서 자리를 지키고 있는 외딴섬이요. 누군가에게는 잊혀졌을지도 모르는 이곳에서는 오늘도 세월호를 기억하고, 진상 규명을 위한 싸움을 계속하고 있어요."

2015년 한 잡지에 실린 세월호 특집 기사에서, 세월호 광장에서 봉사하시는 분의 이야기이다. 세월호 광장이 누군가에게는 섬, 그것도 외딴 섬이다. 나에게도 세월호 광장이 외딴섬과 같이 느껴질까? 세월호 광장은 어떻게 생겨나게 되었고, 그곳에서 어떤 일이 일어나고 있을까?

세월호 참사가 발생했던 2014년 여름, 희생자 가족들은 "세월호 특별법 제정"을 요구하며 광화문에서 노숙하며 농성을 하였다. 이어 뜻을 함께 하는 사람들이 점차 광화문 주변에 모이게 되었고 세월호 광장의 시작이 되었다.

현재 세월호 광장은 광화문 광장 이순신 장군 동상 앞 영역에 위치해 있다. 세월호 광장은 양 가장자리에 천막과 가건물들이 있다. 천막 또는 가건물로 이루어진 공간은 크게 상황실, 천막카페, 진실마중대(서명대), 노란리본공작소, 분향소, 기억의 공간으로 나누어볼 수 있다. 이순신 장군 동상을 바라보고 오른 편에는 분향소와 기억의 공간이, 왼편으로는 상황실, 천막카페, 노란리본공작소(이하 노리공), 진실마중대가 있다.

상황실은 세월호 광장의 활동을 총괄하는 곳처럼 광장의 행사 일정, 당번 등 운영과 관련된 정보들이 있다. 이곳에는 주로 상황실장님을 비롯해 세월호 광장 활동에 꾸준히 참석하시는 분들이 있다. 상황실 앞 신발들은 항상 정돈이 되어 있다. 그리고 자주 그곳에 가시는 분들은 모두 신발을 정리하고 들어가신다. 마치 암묵적 '신발정리 규칙'이 있는 것 같다. 그리고 이처럼 이곳은 암묵적 규율까지도 인지하고 있는 관계자 분들이 주로 머무는 곳이다.

천막카페는 개신교 단체 그리고 신자들이 봉사하고 있는 장소이다. 이곳의 공식 명칭은 "고난받는 이들과 함께 하는 천막카페"로 말씀을 중요하게 여기며 구체적인 행동으로 실천하고자 하는 뜻이 담겨 있다. 이곳은 월요일부터 토요일까지 신자와 목회자들이 요일별 붙박이로 카페 봉사를 맡고 있다. 봉사자 분들은 매일 핸드드립으로 커피를 준비하고, 후원받은 커피, 차들이 놓여 있다. 지나가는 행인 분들 누구나 멈추어 음료를 마시고 갈 수 있는 곳이다.

노란리본공작소(노리공)는 세월호 참사를 알리는 노란 리본이 만들어지는 곳이다. 이곳에서는 지속적으로 참여해 오고 계신 장기 봉사자 분들과 우연히 지나던 행인 분들이나 가끔 가다 오시는 분들 모두 참여 가능한 장소이다.

진실마중대는 세월호 광장의 다른 장소들에 비해 훨씬 더 많은 사람들을 마주칠 수 있는 공간이다. 일반적으로 자발적 참여자들이 많은 것에 비해 이곳은 세월호 광장에 배타적이거나 비난의 눈길로 보는 사람들을 비교적 많이 접할 수 있는 곳이다. 진실마중대에서는 세월호에서 희생된 비정규직 교사의 순직 인정 등에 대한 설명과 시민들의 서명을 받게 되는 곳이다.

광장의 오른편에 위치한 분향소와 기억의 공간은 세월호 광장이 형성되게 된 계기와 기억해야 할 참사의 실태를 보여주는 곳이다. 분향소에는 희생자들의 사진이 붙어 있고 이곳을 방문한 사람들이 분향하고 가는 곳이다. 분향소에는 가족 분들이나 시민들이 상주 역할을 한다. 기억의 공간에는 세월호 모형과 미수습자 9명의 그림이 붙어 있다. 또 한쪽 벽면에는 세월호 참사에 대해, 희생자분들에게 전하는 메시지들이 포스트잇에 적혀 붙어 있다. 이곳에서는 종교행사가 진행되거나, 세월호 관련 다큐멘터리가 상영될 때도 있다.

3. 세월호 광장에서…

1. 사회적 변화에 대한 메시지

1) 자신의 '목소리'를 가지고 광장으로 나오다

세월호 광장에서 활동하는 사람들은 각자의 정치적 철학 또는 사회 변화를 요청하는 목적을 가지고 있다. 처음에는 사회적 변화에 대한 생각이 없더라도 꾸준히 나오시는 분들은 점차 자신의 철학과 목소리를 형성하기 시작한다. 광장에 오는 다양한 사람들과 만나는 참여자 14는 참여자 초등학생에서부터 90세가 넘으신 어르신까지 세월호 광장에 꾸준히 나오시는 데에는 자신만의 철학이 있고 내공도 있는 분들이라고 한다.

이러한 참여자 분들은 정치와 삶이 분리될 수 없기 때문에 자신의 정치 철학을 가지고 있어야 한다고 한다. 사회와 정치에 대한 불신, 불만이 "행동하게 해주었고" 더 이상 정치인에게 무조건적으로 맡기고 맹신하는 대신 행동하자고 결심하신 것이다.

사람들이 정치는 정치인만 하는거라고 생각했어요. 그런데 정치는 생활이에요. 내 모든 것을 정치가 만들잖아요. 내 세금을 얼마나 뜯어갈건지, 어떤 복지를 할건지(참여자 14).

세월호 광장은 각자의 의견, 생각, 철학과 같이 '목소리'를 내고자 사람들이 모인다. 그리고 세월호 참사를 애도하거나 다른 이유로 나왔던 사람들도 자신의 목소리를 내는 계기가 되는 곳이다.

2) 목소리의 힘을 합하다

세월호 광장에서는 현 사회에 변화를 요구하는 시민들이 자신의 사안을 알릴 수 있는 장소이다. 참여자 14는 시민들이 알린다는 것, 소수의 목소리를 낼 수 있는 장소라는 것이 세월호 광장의 중요성이라고 한다. 일부 권력층이나 미디어들은 돈과 권력을 사용해 자신들의 목소리를 낸다. 소수의, 힘없는 자들이 목소리를 내는 방법은 서로 힘을 합치는 것이다. 그리고 시민들이 힘을 합칠 때 권력의 남용이 제어될 수 있다.

뉴스 등의 미디어를 보면 제한적인 내용을 접하게 된다. 미디어에도 권력과 돈이 연결되어 있다. 결국 진실을 밝히는 일은 시민들이 해야 한다. 시민의 참여가 있어야 정부나 권력층이 두려워한다. 시민들이 참여할 수 있는 나라가 되어야 한다. (참여자 14)

노란 리본들로만 가득할 것 같은 세월호 광장을 자세히 들여다보면 파란 리본, 검은 리본도 있다. 그리고 세월호 참사를 기억하는 배지, "잊지 않겠습니다 그 봄날을"이라고 적힌 배지에서부터 "사람 사는 세상 노무현 재단," "백남기 농민 살려내라,", "한반도 평화위협 사드반대"의 내용이 담긴 배지들도 자주 볼 수 있다. 이 메시지들은 "백남기 어르신"의 사인 규명, 국내 사드 배치 반대와 같이 한국 사회에 요청하는 바가 담겨 있다.

세월호 광장의 행사 때에도 이처럼 세월호와 직접적으로 관련된 이슈뿐 아니라 다른 이슈들이 동반되는 것을 볼 수 있다. 예를 들어, 세월호 광장에서 진행된 세월호 900일 행사에 참여한 단체들을 보면, "정의당"과 같이 정당을 대표하는 깃발과 다양한 단체들이 있다. 또한 행사장에 울려퍼진 노래들 중에는 세월호 곡인 "진실은 침몰하지 않는다" 외에도 "벨라차오"와 같은 곡이 나온다.

세월호 광장에는 일인 시위나 시위 단체들이 방문하는 경우도 있다. 이 중에는 매일 나오셔서 세월호 광장에서 "부정선거, 박근혜 정권 퇴진"이라는 피켓을 들고 일인시위를 하시는 90세 어르신이 있다. 이 분의 주요 시위 내용은 박근혜 정권의 퇴진이나, 어르신의 피켓에는 노란 리본이 달려 있다. 일인시위하시는 어르신은 시위를 시작하고 마치실 때마다 노리공에 오셔서 인사하시며, 서로 "고생하셨습니다"하고 격려하신다. 또한 세월호 광장 분들이 어르신에게 가서 이야기도 하고, 먹을 것도 나누고 피켓에 리본도 붙여주신다. 한번은 참여관찰 중 일인시위 어르신과 지나가던 시민의 언쟁이 일어났다. 참여자 15는 그곳으로 가서 일인시위 어르신 편을 거드셨다.

참여자 14는 세월호 진실 규명 외에도 여러 사건들에 정부의 개입이 필요하고, 이를 위해 시위활동이 계속되어야 한다고 본다. 하루는 GMO 반대하는 생협 단체 분들이 왔다. 근처 시위 행사를 왔던 분들도 오가는 길에 들려서 먹거리를 나누고, 리본 만들기에 참여하시고, 격려하신 뒤 간다.

광화문 세월호 광장에서 세월호 진실 외에도, 미세먼지, GMO, 가습기 살균제 사건 등의 사건들을 보면 정부가 제대로 개입하지 못하고 있다. (참여자 14)

이들의 공통점은 사회의 변화를 촉구한다는 점에서 공통점을 가지고 있다. 다양한 활동을 위해 모인 사람들은 서로 현 사회에 변화를 촉구하는 메시지를 가지고 있다는 점에서 힘을 합치는 '콜라보' 현상이 나타난다.

사드집회 때문에 광화문 나오고, 공작소에 나오게 되는거에요. 콜라보가 되는거에요. 파란색 사드리본, 백남기 어르신 추모 리본, 노란 리본이 다 있어요. (참여자 20)

3) 콜라보의 중심은 세월호이다

앞서 본 바와 같이 세월호 광장에서 다양한 시위의 '콜라보'가 이뤄진다. 최근 최순실 게이트로 세월호 광장을 오가는 사람들도 많아졌다. 함께 '사회적 변화'를 외치는 시민들이지만 세월호 광장 봉사자분들의 핵심은 세월호의 진실을 밝히는 것이다.

박근혜 게이트건 최순실 게이트건 어쨌든 우리는 세월호를 알려야 하는거에요. 그게 우리 목표인거에요. 한사람에게라도 이 리본을 더 줘야 하고, 이 세월호가 학살이란걸 알려야 하고, 그렇잖아요. 어제는 퍼포먼스를 했어요. 침묵시위를 했어요.
(참여자 20)

세월호 진실을 밝히고, 이를 기억함으로써 "최소한의 생명은 보장되는
세상(H)"이 되도록 사회적 변화가 일어나야 한다고 메시지를 전하고 있는
것이다.

2. 애도의 공간
1) 세월호 참사를 애도하다

세월호 광장에는 다수의 시민 봉사자 또는 참여자 분들이 있다. 이 중에
는 한두 번 들리시는 분들도 있고 일이 년간 꾸준히 나오시는 장기 참여자
분들도 계시다. 참여자 20과 같이 이 분들 중 세월호 사건 이후 충격을 받
거나 너무 마음이 아파서, 미안해서 나오신 분들을 만날 수 있다.

군인을 둔 엄마 입장이잖아요. 그 때도 에어포켓 이야기하면서 한 쪽에... 저기
승선했던 아이들의 엄마는 어떤가... 그 때 제가 팔딱팔딱 뛰었던 게 기억이 나요.
우리 아이는 해군에 입대해 있었고... 입대하고 1년 정도 됐을 때 세월호 참사가 일
어났으니까. (참여자 20)

한번은 어떤 분이 만취가 되어 한밤중에 세월호 광장으로 오셨다. 이 분
은 자신의 아이가 죽은 것처럼 너무 마음이 아프고 힘들어서 오시고 싶었는
데 도저히 맨 정신에는 못오다가 만취가 되어 발걸음을 하신 것이다. 이처
럼 방식이나 정도에 있어 차이가 있지만 많은 분들이 세월호 참사의 충격과
아픔을 느끼시는 분들이다. 이런 분들이 모여 세월호 광장은 함께 애도할
수 있는 공간이 된다.

"내 아이의 일이었다면, 내 아이의 세대를 위해서"와 같은 마음으로 나
오셨던 분들이 한 달, 두 달, 그리고 2년여 기간이 넘는 시간 동안 함께 하

며 마음으로 연결된 가족이 되어가고 있었다.

세월호 참사 초기에는 모두 함께 아파하고, 슬퍼했지만 점차 시간이 지나면서 세월호에 대한 사람들의 시선이 변해가기 시작했다. 그 결과 슬픔과 아픔을 공유하고 애도할 수 있는 사람들과 함께 보내는 시간이 많아졌다.

친구들 만나서 이야기하다보면 울분이 터지는게 엄마면서 이제는 그만해야지, 재수가 없어서 죽었는데 어떻게 할 거야. 가슴에 묻어야지. 국가가 힘든데 자꾸 딴지 걸지 말아야지. 그런 이야기 듣고 있으면 열폭하게 되는거에요. 그러다 보면 걔네들하고 안 만나게 돼요. 그렇게 돼서 광화문에 오게 되었어요. (참여자 20)

참여자 20은 세월호 참사 좀 그만 언급하라는 이야기를 들으면, "그 아이들이 왜 죽어갔는지 알기나해? 니 자식이 죽고, 니 손자가 죽을 수도 있는거야"라는 생각이 드는데 세월호 광장에서는 참여자들 대부분이 함께 안타까워하는 마음이라 편안하다고 한다.

세월호 광장의 분향소, 진실마중대, 카페, 리본공작소, 기억저장소… 참여관찰 내용에서 소개했듯이, 각 장소의 특성에 따라 오가는 사람이나 주요 활동들은 다르다. 하지만 공통적인 것은 각 장소의 방식대로 세월호 참사에 대해 애도를 표현하는 방식을 가지고 있다는 점이다.

2) 자신의 사연에 대해 애도하다

이 분들 가운데는 각자의 '사연'이 있는 분들도 만나볼 수 있다. 이 분들의 아픔, 슬픔, 미처 애도하지 못했던 일들을 가지고 있다. 아이를 잃은 엄마의 이야기와 같이 자신의 아픔을 세월호를 통해 함께 애도하는 경우가 있다. 세월호 참사를 애도하면서 이곳에 모인 사람들을 통해 자신의 사연에 대한 애도 과정도 경험한다. 그리고 공감을 통해 위로를 받는다.

거기를 가면 리본이 나를 위로해주고, 나와 공감해주고, 나와 같이 행동해주는 사람들로 인해 나는 위로를 얻을 수가 있어. (참여자 20)

우리랑 똑같은 아픔을 공감하는 사람들이 앉아 있는 거잖아요. 그리고 그 사람들은 어느 사람들보다 공감 능력이 훨씬 더 뛰어났던 사람들이었던 것 같아요. 그래서 거기 앉아 있다 보면 내가 가지고 있던 충격이나 상처가 그분들과 같이 있음으로서 많이 치유가 되는 듯한 느낌이 드는거에요. 말하자면 공작소가 나한테는 치유의 공간이었던거에요. (참여자 20)

그 힘이라고 하면, 그건 사람들이라고 생각해요. 기본적으로 공감능력이 있는 사람들이니까...기쁘고, 충만하고, 연대의 힘이라는게 이런거구나. 그분들도 여기서 굳건하게 지켜주고 있구나. 그런 느낌이에요(참여자 20)

따뜻한 위로라고 생각해요. 자식이 내가 보는 앞에서 죽어가는걸 지켜봤던 그분들... 죽어도 못 잊는거잖야요. 죽어도. 죽어도 못잊는거잖아요, 내 자식이 내가 아무것도 할 수 없고 팽목항에서 발 동동 구르면서 지켜봤잖아요. 그런데 그 아픈 사람들, 그 상처받은 사람들... 단장의 슬픔이라고 하잖아요. 단장의 슬픔을 겪은 사람들한테, 그 신영복 선생님이 그러셨잖아요. 따뜻한 위로는 우산을 들어주는게 아니라 함께 비를 맞는 거라고. 저는 광장에 있으면서 그분들 우산을 들어준다고 생각하지 않아요. 내가 눈꼽만큼이라도 할 수 있는걸 해서, 그분들하고 함께 광장에 앉아서 비를 맞는거라고 생각해요. (참여자 20)

이처럼 세월호 참사에 대해서 또 서로의 사연에 대해 서로 애도하고 공감하며 함께 하는 공동체가 이곳에서 이뤄져 있다.

3. 삶의 의미 실현

세월호 광장의 참여는 사회적 변화를 요구하는 이슈에 대해 능동적으로 참여하는 것이다. 그리고 이 참여 과정에서 개개인은 자신의 삶 속에 이뤄진 세월호 참사의 의미를 되새기게 된다.

1) 의미를 발견하다

주말에는 저 혼자 있는거에요. 세월호 이전에는 친구들하고 폭넓게 사귀지를 않는 스타일이에요. 소극적이고, 내성적이고, 나는 혼자 좋아하는 거 하고 그랬던 사람이에요. 그걸로 충전하고, 그래서 자꾸만 광화문에 오게 되면 리본도 만들면서 사람들한테 알리면서 활동을 할 수 있고...(참여자 16)

참여자 16은 세월호 광장에서의 활동을 통해 세월호 참사의 진실을 밝히는데 일환으로 참여함을 통해 의미를 발견하고 있었다.

그리고 내가 이걸 하고 있지 않으면, 내가 이걸 하나라도 더 만들어서 알려야 될 것 같은, 예를 들어 세월호 참사에서 울분을 토하고, 공감을 하고 분노하고 그런 사람이 다섯 명이었으면 여섯 명, 일곱 명, 백 명, 천 명을 만들어야지 하는 생각이 드는거에요. 그럼 집에 있을 수가 없어요. (참여자 16)

이 과정에서 참여자 16의 가족들은 서운함을 느낄 때도 있지만 어디에서도 발견할 수 없는 위로와 또 삶의 의미를 발견하고 있었다.

나도 이제 내가 좋아하는걸 하겠어. 너희는 나에게 그런 위로를 주지 못하잖아. 다른 면에서는 위로를 줄 수 있지만 최소한 내가 세월호로 인해 받은 그 상처는 누구도 나를 위로해주지 못해. 거기를 가면 리본이 나를 위로해주고, 나와 공감해주고, 나와 같이 행동해주는 사람들로 인해 나는 위로를 얻을 수가 있어. 그래서 나는 이제 나를 챙기면서 살 수 있어. 그동안 내가 너희들을 챙기면서 살았잖아. 나도 내 감정 좀 챙기면서 살게. (참여자 20)

참여를 통해 이전에는 가정에 머물렀던 사람들이 나오게 되었다. 그리고 활동을 통해 자신이 잘하는 것, 의미 있는 것들을 발견하게 되었다. (참여자 20)

2) 의미를 발견하는 과정에서 변화하다

참여자 16에게 세월호 참사는 아픔이었고, 사회적 변화를 외치는 계기가 되었으며, 이곳에서 활동하면서 위로를 받고 또 아픔에 함께 하게 되었다. 이들 외에도 많은 사람들이 자신만의 계기를 가지고 이곳에 오게 되었고, 또 세월호에 대한 새로운 의미를 만들어 가고 있었다.

4. 세월호 광장은 품앗이 공동체이다(결론: 해석과 성찰)

지난 3개월간 세월호 광장에서 오늘날 우리 사회에 어떤 메시지를 던지고 있으며, 참여자들을 꾸준히 머물게 한 원동력에 대한 질문을 가지고 있었다. 그간 세월호 광장 활동에 참여하면서 그곳에서 사회적 변화를 향한 메시지, 애도, 삶의 의미를 세월호 광장에서 발견하게 되었다. 사회적 변화를 위한 메시지의 중심은 세월호를 기억하고 진실 규명을 요청하는 것이었다. 그리고 이 메시지에 처음부터 혹은 다른 메시지를 가지고 왔던 분들이 동참하는 경우가 종종 있었다. 이들은 서로의 이야기를 알리고 작지만 힘을 합쳐 목소리를 내고자 협력하고 있었다.

애도의 측면에서도 세월호 참사에 대한 애도를 하면서 자신의 애도도 이뤄지고 있었다. 사람들은 서로의 아픔을 돌보고, 자신이 가지고 있는 자원 또는 위로의 힘으로 상대를 품어주었다. 그리고 자신이 아플 때면 상대가 자신의 아픔을 함께 애도해주고 있었다.

사회적 변화를 위한 메시지를 알리는 역할을 하는 과정에서 그리고 애도하는 과정에서 개개인은 세월호 참사가 의미를 가지고 있다는 것을 발견하였다. 그 의미는 사람들이 서로 교류하면서 형성된 것이다. 삶의 의미를 서로에게 주고, 또 격려하고 있었다.

이처럼 자신이 가지고 있지 않은 것은 다른 사람들을 통해 채워지고, 또 다른 사람이 가지고 있지 않은 것은 자신이 채워주며 이곳에 '품앗이' 공동체가 형성되어가고 있다는 생각이 들었다.

　광화문의 세월호 광장에 처음 오던 날 매달았던 노란 리본이 이제는 내 마음 속에도 들어왔다. 지금 이 시점 나에게는 '품앗이'의 따스함을 담은채로…

세월호 광장, 50일의 문화기술지

차재옥

1) 연구자의 이야기

아이가 두려워하고 있었다

수학여행을 간다고 신나게 탄 배다. 그 배가 꼿꼿이 선 채로 깊고 어두운 바다 밑으로 서서히 가라앉을 거라 누가 상상이나 했겠는가. 2014년 4월 16일 세월호의 침몰은 우리 사회의 민낯을 그대로 보여준 너무도 충격적인 대참사였다. 필자 역시 이후로 한 달 간은 그저 놀라고 경악해서 울고. 아이들이 불쌍해서 울고. 다시 분해서 울고를 반복했을 뿐이다. 나중에는 아예 TV를 보지 않는 방법으로 현실을 회피했고 바라보지 않으려 외면했으며, 급기야 한 해가 지나고부터는 정치적으로 이용하려는 정치꾼들을 안주 삼아 남 얘기하듯 떠들면서 그렇게 아이들은 잊어가고 있었다.

2년도 넘게 잊고 지내던 그 아픈 기억을 다시 마주한 것은 지난 2016년 9월 21일, 연세대학교 연합신학대학원의 채플 시간에 노래를 부르기 위해 찾아온 '세월호 가족 합창단'을 대하고 나서부터다. 전 국민의 트라우마라는 말이 맞았다. 살아 있었으면 스물한 살, 지금의 나의 아들과 같았을 당시 18세의 단원고 남학생의 목소리가 들려왔다. 동영상 화면에서 나오는 그 남학생의 목소리에 듣는 이들은 오열했다. 지난 학기 정신병리 수업을 담당했던 단원고의 스쿨닥터, 김은지 교수가 수업에서 참사 당시의 상황과 살아남은 아이들의 상태에 대한 이야기를 들었을 때에도 이 정도는 아니었는데, 영상을 본 모든 이들은 온몸을 떨며 진실로 오열하였다. 죽을까봐 두렵다는 남학생의 그 목소리는 내 아들의 그것과 너무나 닮아있었다. 그 짧은 영상이 잊어버리고 싶었던 가슴 뼈저린 슬픔, 저 깊은 곳에 자리한 내 안의 통점(痛點)을 건드려 감정적으로 깊이 공명하였다. 말 그대로 국민적인 트라우마는 내 안에도 고스란히 남아있었다.

왜 세월호인가, 나에게 어떤 의미인가

세월호 참사와 같은 비극적인 사건은 절대 그냥 지나쳐서도 안 되고 반복되어서도 안 되는 역사적 사실이다. 더불어 이 사회를 이끌어가는 공동체의 일원으로서 참사에 대한 책임은 이 사회의 기성세대에 있다. 연구의 주제로 만나게 된 '세월호 참사'는 이 사회를 이끌어가는 공동체의 일원으로서 무언가를 해내야 한다는 책임감과 그동안 외면한 채 지냈다는 내 안의 '채무의식'을 일깨웠다. 따라서 처음에 연구팀의 주제로 '세월호 광장'이 제기되었을 때, 힘들지만 다루어야 한다는 강한 이끌림을 느꼈다. 이러한 기록이 그동안의 회피와 채무의식에서 조금이라도 자유로워질 방법일는지 모른다는 생각이 들었다. 하여 무언가에 이끌리 듯 연구주제에 몰입하게 되었다.

세심한 관찰과 객관적 기록

연구를 통해 만나게 된 세월호 유가족들은 '아이들이 잊혀지는 일'이 가장 두렵다고 말한다. 이들은 대하면서 아이 잃은 어미들이, 형제들이, 친구들이 다시 또 시름시름 앓으며 죽어갈지 모른다는 위기감이 들었다. 세월호 광장에 와 있는 여러 사람들 역시 이러한 위기감을 느끼지는 않았을까. 봉사자들의 마음속에서 무슨 일들이 벌어지고 있는 걸까. 그들은 왜 지금 여기에 있는 걸까. 이러한 물음과 함께 기억하고 관찰하며 기록하는 것에 대한 의미가 만들어지기 시작했다. 연구의 목적에 맞게 생각하고 행동해야 함을 학습하게 되었다. 이것이 바로 지금 한 사회의 일원으로서, 그리고 연구자로서 해야 할 일들이라고 생각했다. 그런데 여기에서 또 다른 질문들이 떠올랐다. '그들의 행동을 관찰하고 기록하고 난 후 그 결과는 무엇인가? 그것을 찾는 이유는 무엇인가? 참여관찰의 과정을 통해 얻어지는 것일까?' 다시금 고민하는 사이, 구체적인 연구가 시작되었다.

2) 세월호 광장의 문화

(1) 세월호 광장과 광화문 광장의 경계짓기

문화는 그 사회의 바로미터다. 길거리 조경이나 건물의 양식, 인테리어와 음악, 조명 등은 각 나라마다 도시마다 다르다. 어떤 가게에 어떤 계층의 손님이 더 몰리는가 하는 것으로도 그 사회에 흐르는 문화의 단면을 읽어낼 수 있다. 참여관찰을 하게 될 세월호 광장은 물리적으로 원래 광화문 광장 한 가운데 이순신 동상과 분수대를 지난 지점에서 시청과 서대문을 가르는 횡단보도 앞까지의 '영역'을 의미한다. 여기서 참여관찰의 초기, 우리는 미국의 인류학자인 Spreadly(2006)를 통해 참여관찰을 하나의 사회적 상황으로 한정짓고, 그것을 구성하는 행위자, 활동, 활동이 일어나는 공간으로 사고하는 것에 방점을 맞추어 진행하였다. 즉, 물리적인 영역을 사회적 영역으로 경계지웠고 이에 맞추어 사전 작업과 초기 작업을 하였다. 광장에 방문하기 전, 사전 조율을 위해 연구팀의 조장이 1차, 2차에 걸쳐 세월호 광장의 관제탑이라 할 수 있는 416 연대 사무실을 통해 광장에 입성하였다. 세월호 광장에 참여하기 위한 섭외를 거쳐 3차로 세월호 광장의 상황실과 접촉하여 연구의 동의를 얻었고 10월에 접어들어 본격적인 관찰이 시작되었으며 4주의 참여관찰 후에 5주차 또는 그 이후까지에 걸쳐 연구팀의 인터뷰가 진행되었다.

광장에 처음 가서 연구자가 본 것은 1) 나이든 중, 장년층의 남성과 여성들이 상주한다, 2) 천막마다 고유한 기능과 성질을 가지고 있다, 3) 관광객이 많으며 이순신 동상이 보이는 분수 앞에서 사진을 찍는다, 4) 세월호 광장의 앞 쪽으로 경찰이 두 명씩 서 있다, 5) 외부의 차 소리가 매우 시끄러워 상대방의 이야기를 듣기 어려울 정도다, 6) 천막들에 둘러싸인 한 가운데에 잔디와 홈통이 있는데, 이곳에 자리를 깔거나 의자를 가져다 놓고 손님을 맞이하거나 행사를 진행하는 것으로 보인다, 7) 사면(四面)이 빌딩으로 둘러싸여져 있어 마치 광장이 어떤 방, 혹은 요새와 같이 느껴진다는 등의 내용이다. 이후 1, 2주차에 걸쳐 참여관찰이 진행되었고, 관찰된 사항을 물리적인 영역과 상황적인 영역으로 구분하여 관찰해보니 내용은 다음과 같았다.

〈표 1〉 1, 2주차 참여관찰

공 간	공간의 기능	행위자	활 동	상징성
분수대광장	이순신 동상 앞 물 줄기가 올라오는 바닥면 분수	외국인 관광객, 학생, 일반시민	관광활동(사진 촬영, 구경하기)	서울의 랜드마크(관광명소)
천막카페	분수대를 지나 가족실과 상황실을 지나 만나게 되는 카페 공간	관련교회 운영 자원봉사자, 일반시민	커피와 음료제공, 모금, 토론 활동,	광장의 사랑방
리본공작소	천막의 가장 가운데, 중추에 자리 잡은, 작업을 하는 공간	자원봉사자, 일반시민	공작활동(노란 리본, 팔찌 등)	광장의 일터
진실마중대	광장 맨 앞, 횡단보도를 건너서 오가는 사람들이 들르기 좋은 공간	자원봉사자, 일반시민	세월호를 비롯한 여러 정치적 현안에 대해 설명해주고 사인을 받는 활동	정치적 행위의 공간
기억하라, 0416전시관	분향소 옆 천막 세월호 관련 사진과 기사 등이 진열된 곳	세월호 유가족, 자원봉사자, 일반시민	종교, 신앙 활동이나 기타 여러 모임 등의 활동	기억의 공간

분향소	분수대 옆으로 들어오면서 처음으로 들르게 되는 공간	세월호 유가족, 자원봉사자, 일반시민	세월호참사로 죽은 이들에 대해 분향하는 활동	애도의 공간

여기서 관광을 하는 장소로서의 광화문 광장의 물리적 장소성을 연구에서 배제하기로 하였고, 이유는 다음과 같다.

평일인데도 오가는 사람이 많다. 조금 전 지하철 입구에서 광장으로 나오다 만났던 장애인들도 휠체어를 타고 광장에 와서 사진을 찍고 있다. 리본공작소 안에서 바라본 광장의 중앙부도 계속 되는 플래쉬 세례다. 관광명소를 방불케 하였다. (2016. 10. 6. 광장참여 1주차 필드 노트 중에서)

세월호 광장을 찾는 이들은 남녀노소 계속 이어졌고 특히 외국인이나 어린 학생들에게는 이곳이 거의 관광명소 그 자체인 듯하였다. 분수 앞에서의 카메라 세례는 거의 필수사항인 것처럼 누구나 사진을 찍는다. [성찰] 세월호 가족 분들이 자신의 아이들을 분향하는 그 바로 옆방에서 작업을 하시면서 까르륵 연신 웃으며 수도 없이 지나다니는 아이들을 보면 어떤 생각이 들까 생각하니 정말 가슴이 아파왔다. 그래서 그분들끼리 그렇게 옹기종기 모여계신가 싶기도 하다. (2016. 10. 13. 광장참여 2주차 필드 노트 중에서)

'광장'은 전통적으로 토론을 이끄는 아고라요, 복합문화의 산실이다. 위의 필드 노트를 통해 알 수 있듯이 광화문 광장은 수많은 외국인과 학생들, 단체들이 들러 서울에 왔음을 증명이라도 하듯 사진을 찍고 인증을 하는 서울의 '랜드마크'로 기능하고 있다. 이는 초반 1, 2주까지의 참여관찰 이후에 서술관찰을 통해 드러난 모습인데 연구팀은 3주차에 들어서서 집중관찰을 하고자 하였다. 그러나 연구는 세월호 광장의 모습에 집중하기로 한 것이므로 광화문 광장의 관광, 오락의 문화적 기능을 배제하기로 하였다. 다시 말해서 관광지로서 보이는 광장의 모습은 엄밀히 말해서 '세월호 광장'이라는 사회적·상징적 영역, 그 바깥의 모습인지라 집중관찰에서 제외하기로 한 것이다. 2주까지 서술관찰에서 기록되고 분류된 광화문 광장의 복합 문화개념은 좀 더 광의의 개념이므로 이를 좁혀 '세월호 광장'이라는 사회적·시대적 개념에 국한하기로 한 것이다.

다음으로 광장에 대한 관찰과 기록을 시작한 이후, 관찰에 대한 서술관찰을 기본으로 하여 나타난 현상학적 의미를 분류해 보았다. 3주 동안의 관찰로 얻어진 현상을 개념화하여 정리해보자면 첫째, 정치적 목적에 의한 **정치행위**, 둘째, '엄마마음'이라는 동질감으로 대변되는 **모성애적 행동**, 셋째, 책임감에서 연유하는 기성세대의 **채무의식**, 또는 **공동체의식**, 넷째, 사회에서 소외된 이들이 **소속감**을 얻고자 하는 참여와 욕구행동, 마지막으로 여흥이나 **여가**, 관광 등의 목적으로 나뉠 수 있다. 앞서 말한 대로 마지막의 관광 목적, 문화행위는 집중관찰에서 배제하기로 하였으며, 연구자는 이후 집중관찰에서는 아래의 표에서 보이는 분류의 틀을 사용하면서 관찰의 폭을 좁혀나갔다.

〈표 2〉 3주차 집중관찰

정치적 행위	모성애적 행위	채무의식에 의한 행위	소속 욕구에 의한 행위
저항의식, 사회적 발언의 목적, 이익집단 또는 개인적 발언과 주장을 위한 행동	같은 아이들을 양육하는 엄마로서의 동질감, 동료의식, 내 아이를 잃은 것 같은 투사적 행동	공동체의식이라고도 할 수 있는데 근간은 기성세대로서의 죄책감과 책임감에 의한 행동	소외감, 사회적 약자로서 어디에도 소속되지 못함으로 인한 외로움과 소속에 대한 욕구에 의한 행동
(단순한 하위문화로서의 저항이 아닌 목적하는 바를	─ 같은 엄마로서 느껴지는 마음이 남 달랐을 텐데,	─ 이 사회공동체 안에서 당신의 입지는 어떠한가?	─ 사회적 약자, 비정규직 노동자, 이혼, 실직자, 장

이루고자 하는 정치 행위적 접근방법) －정말로 저항하고자 하는 것은 무엇인가? －정치 자체에 대한 불만인가? 그렇다면 정권이 바뀐다면 이 운동을 그만둘 것인가?	세월호참사가 터졌을 당시 사건을 보던 마음의 상태로 돌아가 본다면 그 마음은 어떠했는가? －시간이 지나고 난 지금, 당신의 마음은 어떻게 변화했는가?	－일생 동안 당신이 추구해온 바람이나 열망이 있다면 무엇인가? －사건이 일어나고 난 뒤 당신이 생각한 기성세대의 책임은 무엇이라고 생각하나?	애인, 마음에 상처가 있는 사람들 등 여러 이합집산의 복합체, 그들이 여기 와서 얽어가는 것이 봉사하는 즐거움뿐일까? －이곳 사람들과의 교류가 당신 인생에 어떠한 의미를 주고 있는가?

(2) 문화기술지, 세월호 광장

4주차까지의 집중관찰을 통해 연구는 전혀 새로운 국면으로 접어드는데, 여기서 관찰자는 '내부자화'되었으며 광장의 사람들과 꽤 친밀한 관계를 형성하게 된다. 시간이 지나면서 내부자로서의 정서가 생기고 외부자의 시각이 걷혀지기도 하였지만 활동을 마치고 그곳을 빠져나오면 다시 외부자로 돌아가 이 둘을 연결하고자 하다 보니, 기록자로서의 객관적 관찰행동과 참여자로서의 정서적 반응이라는 두 영역의 변화를 넘나들며 다소 복합된 경험을 하게 되었다. 4주까지의 집중관찰과 함께 5주차에 들어가 심층 인터뷰를 시작하였는데, 이때까지 만나 일상적 대화를 기록한 사람은 집중관찰에서만 11명(참여자 1~8, 14, 15, 16)이었다. 이들 중에 심층인터뷰로 2명을 만났으며, 이들에 대한 인터뷰 동의는 서면 사인과 음성녹음으로 진행되었고 인터뷰는 다음과 같은 시간과 장소에서 진행하였다.

<표 3> 심층면접 연구참여자

호 칭	성별, 나이	면담일시	시 간	장 소
참여자 4	여, 47세	2016.10.6	17:10~19:00	광화문커피숍
참여자 5	여, 40세	2016.11.3	17:25~19:50	광화문커피숍

참여관찰과 이후의 집중관찰, 위의 연구 참여자들과의 심층면접이라는 세 가지 방법으로 기록된 내용을 분석하여 '세월호 광장'에서 본 문화기술지(文化記述誌)를 정리해 보자면 다음과 같다.

가. 광화문은 동막골이다

10여 년 전, 국민 영화로 각광받았던 <웰 컴 투 동막골(2005)>이라는 영화가 있었다. 전쟁의 상흔과 남북의 대립, 좌우의 이념적 극단을 치닫는 한국전쟁의 포화 속에서 기적적으로 평화를 지켰던 마을인 동막골, 그곳에 들어간 남과 북의 군인들이 전쟁 대신 인간애로 하나되는, 어찌 보면 매우 이상적인 공간으로서의 동막골과 그곳의 에피소드들을 우리는 따뜻한 시선으로 기억하고 있다. 집중관찰을 진행하면서 세월호 광장이 마치 동막골과 같다는 생각이 들었다. 우연인지 몰라도 노란 리본을 만드는 봉사자들은 대부분 그 리본을 '팝콘'이라고 부르며 군번줄에 끼우는 작업을 하는데, 이때 더욱이 영화의 한 장면이 떠올라 신기하였다. 영화를 본 사람이라면 옥수수가 들어있는 곳간으로 떼굴떼굴 굴러들어간 수류탄이 터지면서 온 사방으로 팝콘이 튀며 마치 눈꽃처럼 퍼져나가던 장면을 기억할 것이다. 영화의 가장 아름답고도 유쾌한 장면으로 기억되는데 노란리본공작소의 노란 리본이 주는 이미지 역시 이와 비슷한 느낌을 주었다. 사람들이 펼쳐놓고 작업하는 노란 리본의 뭉치들과 그것들이 완성되고 포장되어 전국으로 퍼져나가는 장면이 바로 동막골의 '팝콘'이 허공으로 퍼져나가는 장면과 겹쳐 연동되었기 때문이다.

문화기술지 연구자인 윤택림(2004)은 '문화기술지는 하나의 마을을 담는 것이다'라고 말했다. 그런 면에서 광장의 분위기는 80년대의 향수를 느끼게 하는가 하면 과거 사람들이 지니고 있던 소박함과 인간적인 모습을 미덕으로 추구한다는 면에서 지금은 귀해진 시골마을 모습을 떠올리게도 하였다. 더욱이 시간이 지나면서 관찰의 폭이 넓어지자 광장에서 일어나는 여러 사건들과 희노애락(喜怒哀樂)의 감정, 사람들 간에 벌어지는 시기와 질투, 갈등, 화해 등의 관계 역동이 어찌 보면 '축소된 사회'의 모습같이 여겨지기도 하였다.

성추행, 폭행 고소 사건도 있었고, 별의별 사람이 다 모인데다 보니 자원봉사자들끼리의 역동도 있었어요. 프락치가 있기도 하다느니, 분열이 되니까 우리끼리 이러면 안 된다. (중략) 그럼에도 불구하고 제일 중요한 것은 사람이죠, 사람. 2년 동안 꾸준히 일하시다 그만 두고 떠나신 유가족 아버님도 계신데, 그 분이 떠나시면서 세월호 광장이 또 많이 바뀌었어요. (참여자 4)

참여자 4는 광장에서 매우 민감한 부분을 이야기한다. 이곳에서 벌어지는 관계와 집단의 역동이 매우 크고 거세었음을 이야기해주는 이러한 증언은 겉으로 드러난 모습보다 그들에게 정서적 유대와 갈등이 매우 컸음을 반증한다. 그럼에도 그들은 이곳에서 따뜻한 인간애와 정, 그리고 위안을 얻고 있다고도 말한다.

여기 지금 오시는 분들, 다 나이가 많고 나보다 인생을 더 많이 살아보시고, 그리고 정말 어른들이 얘기를 해주는 거, 나쁘게는 안 해주시잖아요. 이렇게 제가 좋은 길로 가게 해 주시고 이건 이렇게 가면 좋다. 이건 안 좋다, 그렇게 해주니까. 네, 맞아요, 여기 어르신들은 꼭 가족 같아요. (참여자 5)

그게 맞네요. 제가 이곳에서 위로받고 확인하고 가는 거네요. (참여자 4)

이들의 유대를 알 수 있는 '가족'이라는 말은 참여관찰 첫날의 기록에도 등장한다. 3년을 꼬박 이곳에서 봉사해 온 **참여자 1**(여, 60세가량)은 "우리가 이렇게 오랫동안, 이곳에서 3번의 여름을 날 줄은 몰랐어요. 그동안에 어려운 걸 나누고 챙겨주고. (중략) 우리 꼭 가족 같지요?"라고 말하였다. 위의 **참여자 4**는 **참여자 1**에게 실제로 '엄마'라는 호칭을 쓰고 **참여자 7**(남, 67세)에게는 '아부지'라고 부르며 농담을 건넨다. 젊은이들은 노인들에게 '집에 빨리 들어가라'느니, '왜 추운데 이러고 다니느냐' 말하며 따뜻한 음료, 차 등을 대접하고 연장자 역시 자신에게 있는 먹을 것을 젊은이에게 챙겨주며 서로 친근한 관계임을 보인다.

이들이 말하는 가족의 의미가 무엇인지는 개인마다 차이가 있겠지만 우선 이들은 밥이나 간식을 함께 먹고, 음식을 나누며 서로 가지고 온 물건을 내어준다. 추워지는 날씨에 은근히 머플러를 챙겨주고, 보답으로 떡을 싸서 건넨다. '가위 바위 보'로 진 사람에게 몇 개 안남은, 예쁜 배지를 상품으로 주고[1] 새로 들어온 간식은 빵이건 음료건 무조건 나누어 먹는다. 한 번은 지방에서 온 어떤 분이 포도즙 두 박스를 주었는데, **참여자 1**은 그것을 받자마자 자원봉사자를 비롯한 천막 식구들의 입에 물려주기 바빴고 그것도 모자라 여기저기 다른 천막들로 배달하는 모습까지 보여주었다. 사정이 어렵다며 몇 봉지를 싸서 젊은 봉사자의 가방에 넣어주는 연장자의 모습은 흡사 시골에 있는 친정 부모가 딸에게 하는 행동을 연상시킨다. **참여자 5** 역시 마찬가지다. 자신이 만든 물건도 뭐든 나눠주려 하고, 없는 물건이라도 맘에 들어 한다는 말만으로 그 다음날 만들어 와 챙겨주는 모습을 보였다.

세 번의 여름을 나고, 이제 세 번의 겨울을 준비하는 이곳의 사람들을 보며 연구자가 처음으로 가지게 된 생각은 광장이 '마을 공동체'같다는 것이다. 마을이 사라진 도시를 사는, 현재의 우리가 잊고 지냈던 끈끈한 유대를 중요시하고 그러면서도 그 안에 내재된 온갖 모양의 갈등과 화해, 원망과

---

1) Benedict는 『문화의 패턴』에서 수니족을 탐방하며 배운 '지는 사람(loser)'에 대한 우대 혹은 배려를 소개한 바 있다. 모계사회의 평화 공존적인 모습을 떠올리게 하는 이러한 전통은 세월호 광장에서도 '지는 문화'를 우대하는 모습으로 나타났다. 이는 참여자 1이 하고 있는 작업 즉, '가위 바위 보' 게임에서 지는 사람에게 상품을 주는 방식으로 경쟁과 이기는 것을 우선시하는 현실 사회에서 발견되는 모습은 아닌 듯하다.

욕구도 존재하는 왁자지껄 마을 공동체, 그것이 세월호 광장에 있으면서 갖게 된 관찰자의 첫 느낌이다.

나. 생활 속 정치로서의 문화를 보다

진실마중대는 세월호 광장에서 정치적인 구호와 일인시위, 서명운동 등 정치행위를 가장 많이 하는 천막이다. 끊임없이 일인시위가 이어지며 새로운 이슈가 나올 때마다 서명대의 파일 개수가 늘어난다. '18대 대선 선거무효소송을 속행하라'는 피켓을 걸고 772일째 광화문에서 일인시위를 하고 있는 긴 수염의 할아버지가 있는가 하면, 추운 날에도 세월호 선체 인양을 이야기하며 노란 피켓을 들고 서 있는 아저씨가 있다. '내 아이가 세월호에 있었다면 나 역시 물러서지 않을 것입니다'라는 내용의, 자신의 몸보다 더 큰 노란 피켓을 들고 있는 할머니가 있다. 이들은 매일매일 바뀌가며 나타나는 평범한 자원봉사자들이다. 세월호 특별조사위원회(이하 특조위)를 구성했을 때 진두지휘하면서 맹렬히 싸움을 선도하던 곳도 광장의 서명대이며, 특조위를 연장하기 위한 단식농성과 이를 지원하며 모든 종류의 서명운동을 진행하는 곳도 이곳이라 하였다. 그런데 세월호 참사뿐만 아니라 '한국사 국정교과서 밀실집필, 복면집필에 반대한다'는 피켓을 들고 나온 교사가 있는가 하면, 억울하게 죽은 둘째 오빠의 죽음을 밝혀달라고 홍성의 경찰서를 조사해야 한다는 내용으로 시위를 하는 어떤 아주머니가 서 있기도 하였다.

민간잠수사 인양 책임이라고 써진, 몸 앞을 모두 가릴 만큼 커다란 피켓을 들고 서 있는 아저씨 한 분이 계셔서 말씀을 나누었는데 이 분 역시 2년 가까이 봉사하고 계시다 하였다. 외국인들이 오면 정해진 대본을 외우듯이 영어로 말했고, 지나가는 사람들에게 내내 서명해줄 것을 말하였다. 진실마중대에 계신 분들은 정규직이고 자신은 비정규직으로 광장에 나온다고 농담을 하였다. (2016. 11. 3. 광장참여 5주차 필드 노트 중에서)

참여자 1은 오전에 일을 끝내고 오후 1시쯤 이곳에 와서 노란리본공작소

(줄여서 '노리공')에서 일을 하고는 오후 5, 6시쯤 다시 자신의 일터로 돌아가기도 한다. 그는 이곳에서 사람들과 점심이나 저녁을 먹고 회사로 다시 향하는 것이다. "세월호 인양을 꼭 해야 하고 후세의 아이들에게 이런 나라를 물려주어서는 안 되며, 자신은 그런 생각을 하면 밤에도 잠을 이루지 못한다"고 누구에게나 강력히 이야기하는 그는 이곳의 안방마님격인 사람이다. 이렇게 생활과 정치적 행보가 결합되는 모습은 목회를 하는 소모임 공동체에서도 항시적으로 일어난다.

> 저녁 6시 30분쯤 저녁을 먹고 기록을 위해 이동하던 중, 광장 앞을 다시 지나는데, 광장 한가운데에 모니터가 환해서 살펴보니 민중신학회라는 곳에서 예배를 준비하는 것이라 하였다. 가운데 있는 목사님에게 물어보니 자신은 '양민혁'이라고 소개했으며 순간, '지난주에 리본공작소에서 여러 사람들이 훌륭하다 칭송한 그 목사님이 바로 이분이구나'라는 사실이 기억났다. '용서를 다 해주면 안 된다. 자기 잘못을 아는 사람이나 용서해줘야 한다'라고 그 말을 해준 이가 이 사람이었다. 목요일마다 7시 30분에 예배를 한다 말했다. (2016. 10. 13. 광장참여 2주차 필드 노트 중에서)

과거 80년대의 정치문화, 집회문화가 생활과 정치가 분리된 엄격하고 이념적이며 따라서 다소 추상적인 문화였다고 한다면, 지금의 정치문화는 생활과 밀착된 경험적이고 실제적인 현상으로 변모된 느낌이다. 최근의 촛불집회에서 보이는 유모차 부대의 등장이나 중고생들의 집회참여, 심지어 노인들이 깔개와 물, 옷가지, 손난로 등을 챙겨 광장으로 오는 현상 등은 바로 정치적 행위가 거창하게 멀리 있는 것이 아니라 그 사회의 문화와 함께 생활 안으로 들어올 수 있다는 것을 보여 주는 지표가 되는 것이다.

> 머리를 뒤로 질끈 묶고, 키가 웬만큼 큰, 초등학교 6학년의 여학생은 말하는 양이 어른스럽고, 부모의 영향인지 정치적 발언을 많이 하였다. 자신은 역사를 좋아하는데 현재 우리나라는 거짓말 정부라며 교과서에 친일

파나 이의 척결에 대한 이야기는 아예 빠져있다고 자신의 주장을 펴나갔다. 참여자 6(남, 67세)은 어디서 그런 걸 배웠느냐 똑똑하다고 칭찬하며 친일파를 대통령으로 뽑은 유신정권시절부터 문제라는 이야기를 하였다. (2016. 10. 20. 광장참여 3주차 필드 노트 중에서)

다. 수용적인 공간, 대접받는 세상

세월호 광장에서 리본 공작소에 모여 있는 사람들은 특히 더 가족적인데, 그 속사정을 하나하나 들여다보면 이 사회 어디서도 받아보지 못한 대접과 수용, 인정이 그 밑바탕에 작용한다는 것을 알 수 있다. 3주차에 집중 관찰을 하면서부터 이를 더욱 확인할 수 있었는데, 그곳에 모인 사람들 중에 정규직 직업을 가지거나 변변한 자영업라고 할 수 있는, 한 마디로 우리 사회의 경제활동 인구는 드물다. 그도 그럴 것이 낮 시간에 어디에 매이지 않는 주부와 노인들이 경제적 활동을 할리 만무하고, 또 어느 정도의 소득을 가질 수 있는 학력이나 전문적 커리어가 있는 사람은 공작소보다는 진실마중대에서 일반인을 상대로 서명을 받는 경우가 많았다. 막노동 일을 하는 아저씨, 엑스트라로 드라마에 나가는 일을 업으로 하는 할아버지, 대기업에 다니지만 비정규직 노동자인 보험영업직 아주머니, 전업주부, 생활보호 대상자, 한 부모 가정의 가장, 이혼녀, 장애인 등 그 기준은 각기 달라도 사회를 피라미드의 구조로 본다면, 노리공에 오는 자원봉사자들은 가장 낮은 곳에 임한 사람들의 집합체였다.

노란리본공작소(이하 '노리공')도 그렇고 발언대도 416 연대도 그렇고 말들이 많아요. (중략) 이걸 가만히 들여다보면, 이 사람들이 여기서 뭘 해보고 싶냐 하면요, 그들이 이제껏 가져보지 못했던 조직이라는 곳에서의 권력, 그런 것들을 누려보고자 하는 사람들이 있어요. 그러니까 이 사람들이 조직에서 생활해 보지 못한 사람들이거든요. 그런데다가 자존감이 낮은 사람들이 참 많아요. (중략) 여기서 이걸 끌고 나가시는 분이 제게 하시는 말씀이. '사람들이 각각 자신의 트라우마와 상처를 여기에 끌고 들어와서 풀려고 하니까 이게 힘들어요. 열등감, 아픔들. 개인적인 아픔까지 여기서 끌어안는 게 맞는 건가요?' 하시더라고요. 그래서 제가 그랬죠. '이건 사람들이 못나서가 아니라 구조적인 문제일 수 있으니까, 행복하지 않은 나라여서 그러니까 누군가 제일 아픔이 큰 사람들 앞에서 그 아픔을 나누자고 온 사람들이니까 끌어안아야 되지 않겠니?'라고 했죠. (중략) 근데 저 역시 위안을 받는 거예요. 제가 풀고 얻어가는 거예요. 가만히 들여다보면 이곳에라도 나와서 매일 리본을 만들면서 정리가 됐어요. 원형탈모가 심했는데 여기 와서 매일 해보니까 낫기도 했어요. 여기 오는 거 내 자신을 위하는 게 1차적인 거예요. 조금이라도 내 만족감 끌어올리려고 한 거. 그게 맞네요. (참여자 4)

사회에서 소외되거나 인정받지 못한 사람들, 정서적으로 외롭거나 신체적 특정장애로 인해 어디서도 환영받지 못할 것 같은 사람들이 대접받고 동등하게 인정되며 더욱이 세월호 광장 안에서 자신의 능력을 인정받으며 긍정적인 기능을 할 수 있다는 것으로 그들은 충분히 만족감을 얻는다. 학벌과 외모, 경제적 수준으로 판가름나는 현실 세상의 기준과 세월호 광장의 기준은 확실히 다르다. 6년 전, 남편과 사별하고 아이 셋을 키우면서 3년째 헌신적인 봉사를 해오고 있는 참여자 5의 말을 들어보겠다.

처음에 진짜 막막했어요. 죽으려고 약도 먹어보고 동맥도 끊어보고, 한강 가서 다리에서 뛰어내리려고 생각도 해보고. 어쨌든 아이들, 어린 애들과. 요즘에 뉴스에 많이 나오잖아요. 아이들과 동반자살. 그런 것도 생각해보고. 여기 보면 그때 살기 싫으니까(왼쪽 손목에 세월호 팔찌를 들어 몇 줄의 상처를 보여주며) [눈물] 저는 여기서 위로받은 것도 많아요. 내가 힘들어서 나왔지만 여기에서 저는 위로를 받아요. (중략) 이곳에 도움이 된다고 생각하면 저는 정말 좋아요. 좋아서 하는 거예요 (참여자 5)

자신의 사비(私費)로 노란 리본 이외에 세월호 팔찌를 직접 만들어 전국에서 몰려오는 주문을 받아 보내고 이를 자신의 SNS에 올려 사람들에게 알리며 연구자에게도 페이스북 주소를 알린다. 힘들고 죽고 싶기까지 했던 사람이 광장에 와서 노란 리본을 빨리, 많이 만드는 능력과 시민들에게 세월호 인양의 문제를 잘 설명하여 사인을 받는 능력으로 인정받고 수용된다. 한 부모 가정의 가장으로, 생활보호대상자인 자신에게 지급되는 금액의 반을 팔찌를 만드는 데에 쓴다고 한다. 뿐만 아니라 노란 리본 재료를 집에까지 가지고 가 며칠 사이에 무려 몇 만 개씩을 만들어오는 능력과 정열을 보인다. 이유는 바로 광장에 와서야 지금까지 경험해보지 못한 여러 타인의 인정과 칭찬을 들으며 대접받는 세상의 모습과 만나기 때문이 아닐까 가늠해본다.

라. 복합 문화시위 공간, 포스트모던을 쓰다

리본으로 여러 공예와 문화를 만들어가는 공방문화가 있고, 음식과 물건, 마음을 나누는 공감, 공유의 문화가 있다. 다양한 종교 행사와 예배, 낭독을 통해 기억하고 알리는 문화적 발언이 숨 쉬며 일상과 정치문화가 크로스 오버된다는 면에서 포스트 모던함이 엿보인다. 과거와 같이 시위에 대한 정치적 성향 일변도의 거부감이 옅어지고 생활 속의 시위문화가 자리잡혀 일반인 누구나 광장 행사에 참여 가능할 뿐만 아니라 정치와 생활의 경계역시 사라진 듯하다.

광화문 광장 사면(四面)에 걸쳐 시위는 일상적으로 일어나고 연속되어 진행된다. 세월호 광장이 되기 전에 광화문 광장은 쌍용자동차에서 정리해고와 노동악법 개악을 위한 시위를 했는데, 지금도 세월호 참사와 더불어 여러 시위의 현안들이 '연대'하여 진행되고 있다. 물대포로 사망한 백남기 농민의 문제, 임금삭감 및 비정규직 확대와 성과퇴출제에 따른 노동 개악의 문제, 사드 전진배치 반대와 국정교과서 반대시위는 물론 앞에서 소개했던 개인적인 억울함으로 인한 송사 문제, 최근에 불거진 '최순실/박근혜 게이트'에 이르기까지 광장은 역사의 매 순간이 빠르게 회전하고 질주하며 정렬되는 매트릭스의 공간으로 연동된다. 사드와 백남기 농민의 죽음, 그리고 세월호 참사는 광장의 시간 내내 '따로 또 같이' 해체되었다가 연대하기도 하는 과정을 반복해서 보여주었다.

세월호 광장 앞의 횡단보도를 사이에 두고 길 건너편 삼각대 모양의 보도블럭에는 매주 목요일마다 진행되는 '어버이연합'의 시위가 있다. 커다란 태극기를 펄럭이며 음악과 마이크로 선동하는 사람들이 열 댓 명씩 출몰하는데, 그 음악의 굉음이 광화문광장 전체를 집어삼키며 노리공 내의 대화를 방해하기 일쑤다. 목요일에 어버이연합의 음악이 들리지 않으면 무슨 일이 있나 궁금하기까지 하여 참여자 1에게 이에 대해 묻자, '혹시 어버이연합 소속이 아니냐' 하는 농담 섞인 말을 하였다.

> 세월호 광장을 건너 시청 서울 광장 쪽으로 가는 길에 동아일보 사옥인 일민미술관과 청계천 입구가 보인다. 그곳을 지나가자니 바로 앞에 <어버이연합>의 플랭카드와 서명을 받는 책상이 즐비하게 널려져 있었고 밤이라 그들역시 정리 중이었다.
> "세월호 천막철거, 특별법 폐지"
> "사드반대 선동, 폭행, 소요, 성주 군수 체포하라."
> 글쎄, 세월호와 사드가 왜 세트로 나오는 걸까 의문이 들었다.
> (2016. 10. 6. 광장참여 1주차 필드 노트 중에서)

전철에서부터 보이는 장애인 궐기대회 게시판과 예술인 연합이 그려놓은 탄핵 페인팅은 세월호 광장으로 나갈 때마다 지나는 이의 이목을 끌었고, 길 건너 동아일보 사옥 앞과 동화 면세점 앞은 항상 시민의 자유발언대로 사용되었다.

광장에서의 50일은 시위와 문화가 어우러진 그야말로 '복합 문화공간'을 체험하는 시간이 되었는데 이는 우리가 흔히 알고 있는 현대 자본주의 사회의 주류 문화가 아니다. 세월호 광장에서는 권위에 대한 붕괴와 저항의식, 민중성, 그리고 변두리 문화가 주류를 이루는 다원적인 성격이 우세하며 엘리트주의를 찾아볼 수 없다. 일상성과 여성문화, 노동자예술문화 등 포스트모더니즘적인 성격을 그대로 드러내 보여준다. 탈구조화를 표방하는 이러한 현상은 세월호 광장에서의 탈 권위와 붕괴라는 문화지표를 보여 주며 연구에 중요한 발견의 지점을 제공해 주었다. 더불어 앞으로 펼쳐질 새로운 공동체 상(像)을 제시하며 대안문화의 새로운 해법을 열어 나가는 모습으로 다가오기도 하였다.

3) 세월호 광장 문화의 의미

> 저녁 무렵, 공작소로 30대 정도의 남자 한 명이 쑥 들어오더니 리본작업을 하는 우리들을 살펴보며, 여기에 혹시 세월호 유가족이 있느냐고 물었다. 왠지 알 수 없는 반감이 들면서 '아니다, 여기 있는 사람들은 모두 자원 봉사하는 것이다'라고 했더니 '그럼 왜 여기에서 이러고 있느냐, 가족도 아니면서 왜 이러고들 있느냐, 무슨 목적이 있느냐' 한다. 이때 참여자 1이 '세월호의 진실을 밝히려고 한다. 우리 아이들의 미래가 거기에 달려있지 않느냐'고 소리 높여 응수하자 남자는 불만스런 표정으로 웅얼거리며 나가버렸다. (2016. 10. 6. 광장참여 1주차 필드 노트 중에서)

연구에 참여한 지 얼마 되지 않아 위와 같이 낯선 이들이 찾아와 시비조의 질문을 하거나, 소속을 밝히지 않고 공작소로 들어와 작업하는 '우리들'을 무조건 살필 때 경계심은 더욱 커졌다. 연구자 역시 완전히 그곳의 사람, 내부자가 되는 순간이다. 작업이 끝나고 돌아올 때 무뎌지는 내부자의 시선이 광장에서의 참여시간이 지남에 따라 더욱 커지는 것을 느끼는 것은 매우 신선하고 모호한 경험이었다. 한편으로는 광장 사람들과 친밀감이 깊어지는 징조일까 싶다가도 객관적인 관찰과 내, 외부의 시선을 균형 있게 구사해야 하는 연구자의 자세를 고민하는 계기를 만들어 주기도 하였다.

Q. 어떤 게 그렇게, 여기에 나오게 한 것 같으세요?
A. 아이들이 배안에서. 그런 생각을 해봤어요. 우리 아이가 그 배 안에 있다고. 바꿔서 생각을 해봤거든요. 저는, 아이를 그렇게 잃고. 못살 것 같아요. 어머니들이, 아버지들도 그렇지만 되게 대단하다고 해야 하나? 그런 생각이 들고. 내가 돈으로는 못해줘도 내가 만든 거 하나라도 더 사람들이 가방에 매달고 다니고. 그 하나라도 더 만

들어서 더 알리고. 가방에 달게끔 해주고 싶어요. (참여자 5)

Q. 그렇지만 선생님 책임도 아니잖아요? 몇 년씩 이렇게 할 수 있는 그 마음은 무
  언가요?
A. 지금 얘네들이 살아있으면 대학 간 애들, 사회 나와서 직장 생활하는 애들, 군대
가는 애들도 있을 거잖아요. 이 나라에서 우리 아이들이 어떻게 살아갈 나라, 만들어
줘야 하잖아요. 아버지, 어머니들이 하시는 말이 안전한 나라, 사고 없는 나라 그러는
데. 저도 그런 생각이 많이 들어요. (참여자 5)

Q. 광장을 생각하면 어떤 기분이 들어요?
A. 아수라장. 광장 생각하면 아수라장이 생각나요. (참여자 4)

Q. 선생님의 인생에서 세월호 광장은 어떤 곳인가요?
A. 내가 태어나서 지금껏 살아올 때까지. 제일 아픈 장소. (참여자 5)

Q. 그럼 이제 사고가 다 수습되고 해결이 돼서 여기가 다 정리 된다면. 어떨 것 같
  으세요.
A. 그게 되게 허전할 것 같아요. 저는 되게 외로울 것 같아요. [눈물] (참여자 5)

　　연구를 하는 내내 소용돌이치던 생각의 변화는 처음에 호기심에서 판단
으로, 다음에 판단에서 반성으로, 마지막엔 반성에서 성찰로 이어졌다. 이러
한 과정을 통해 연구자가 세월호 광장에서 발견한 문화와 생각을 한 마디로
요약하자면, 그것은 '사람사는 세상, 인간다움의 구현'이라고 할 수 있다. 사
람사는 세상이 모두 아름다울 수 없으므로 때로는 더럽고 추하지만 그래서
복잡하고 아수라장 같기는 하지만, 적어도 인간다움이란 것이 악하지는 않
아야 한다는 말을 참여자 5를 통해서 듣고 있는 듯하였다. 3주차에 만났던
천안에서 온 초등학교 6학년 여학생, 대화를 나누지는 못했으나 같은 학년
인 자원봉사자 최호영 군은 앞으로 이 연구의 또 다른 국면을 열어줄 대상
군(對象群)이라 여겨진다.

세월호가 잊혀질까봐 두려워하는 유가족들의 마음은 천안에서 온 이런 가족들로 인해 위로받게 되지는 않을까 싶다. 개교기념일을 맞아 엄마와 온 서울구경에서 어떻게 세월호 광장에 들러 이런 작업을 하고 갈 생각을 했을까. 물론 부모의 이끌림이 원인이 됐겠지만 아이들의 자발적 참여가 없었다면 힘들었을 것이다. 이유는 다부진 초등학교 6학년 여학생의 정치 의식과 생각에 있는 것이라는 생각이 들었다. 엊그제 연구팀의 선생님에 의해 알게 된, ─ 경기도 광주에서 수요일마다 오는 ─ 초등학생 6학년 최호영 군도 그렇고 부모의 교육과 아이들의 의지가 함께 작용하여 이루는 콜라보의 힘이 무엇일까 궁금하다. (2016. 10. 20. 광장참여 3주차 필드 노트 중에서)

위의 필드 노트 기록으로 이 연구가 끝이 아닌 시작이요, 희망임을 밝히고자 한다. 아이들이 보고 듣고 학습할 역사를 기록하는 것은 어른의 의무요, 앞선 세대의 책무다. 하여 연구 초반에 가지고 있던 기성세대로서의 책임감, 공동체 구성원으로서의 역할에 대한 고민을 이번 문화기술지 연구와 이후 계속되는 후속 연구로 이어가야 함을 강변하며 이 글을 맺고자 한다.

후일담

오늘 낮에 연구자 5에게서 전화가 왔다. 수업시간이라 전화를 받지 못하고 이후에 다시 연락을 해보니 언제 오냐며, 왜 안 오냐고 한다. 사실 지난 주에도 우리 연구팀은 세월호 광장에 다녀왔다. 그런데 며칠이 지나지 않아 안부를 물으며 연구자를 또 찾는 그분의 전화가 싫지 않다. 다음 주에도 우리는 그곳엘 또 가게 될 것이다. 장담할 수는 없지만 이것이 바로 또 다른 공동체 대안문화의 시작은 아닐는지 가늠해본다.

· 참고문헌 ·

강영민(2015). 뉴-콤파스: 여객선 세월호 침몰사고의 원인 분석. **해양한국**, 8, 134-137.

고영복(2000). **사회학 사전**. 사회문화연구소.

권명수(2016). 사회적 애도 가능성 연구: 세월호 사건을 중심으로. **한국실천신학회**, 59, 169-184.

김기환, 최종호, 최현규(2014). 해양 재난사고 시 현장 지휘체계와 현장지휘관의 의사결정과정에 관한 문제점 및 개선방안: 세월호 사건을 중심으로. **해양환경안전학회지**, 20(6), 692-703.

김명희(2015). 고통의 의료화: 세월호 트라우마 담론에 대한 실재론적 검토. **보건과 사회과학**, 38, 225-245.

김영욱, 함승경(2015). 세월호 침몰은 참사인가? 사고인가?: 비판적 담론분석(CDA)을 적용한 세월호 담론 경쟁. **홍보학 연구**, 19(4), 83-115.

김왕배(2014). 트라우마의 치유과정에 대한 사회학적 탐색과 전망. **보건과 사회과학**, 37, 5-24.

박기묵(2015). 세월호 참사 희생자 부모들의 심리적 외상에 관한 기술적 접근. **한국콘텐츠학회 논문지**, 15(9), 134-145.

박순, 안명숙, 이명진, 이명훈, 이정선, 이정우, ….(2016). **상담학 질적연구방법론 사례집**. 서울: 시그마프레스.

박순용(2006). 연구자의 위치와 연구윤리에 관한 소고. **미래교육학연구**(19), 1-29.

송상근(2016) **세월호 보도의 취재원 사용에 대한 연구**. 성균관대학교 박사학위논문.

신명진(2016). **세월호 유가족의 사별경험**. 한양대학교 석사학위논문.

유숙(2016). **사회적 트라우마의 개성화와 자유를 위한 미디어 테라피 경험 연구**:

융(Jung)의 집단 무의식과 개성화 사유를 중심으로. 중앙대학교 석사학위논문.

윤택림(2013). **문화와 역사연구를 위한 질적역구 방법론**. 강원: 도서출판 아르케.

조영달(2005). **제도공간의 질적 연구방법론**. 서울: 교육과학사.

조용환(2012). **질적 연구 - 방법과 사례**. 경기: 교육과학사.

416 세월호 참사 시민기록위원회 작가기록단(2015). **금요일에 돌아오렴: 240일간 의 세월호 유가족 육성기록**. 경기: 창비.

Benedict, R. F. (2008). **문화의 패턴** (이종인 역). 서울: 연암서가 (원저 1958 출판)

Creswell, J. W. (2015). **질적 연구방법론: 다섯 가지 접근** (조흥식 외 역). 서울: 학지사 (원저 2013 출판)

Mason, J. (1999). **질적 연구 방법** (김두섭 역). 서울: 나남출판 (원저 1996 출판)

McCurdy, D. W., Spradley, J. P., & Shandy, D. J. (2005). The cultural experience: ethnography in complex society. Long Grove, IL: Waveland Press.

Spradley, James P. (2006). **참여관찰법** (신재영 역). 서울: 시그마프레스 (원저 1997 출판)

Wolcott, H. F. (2005). The Art of Fieldwork, CA: Altamira Press.

Zhang, S. & Wang, J. (2015). Analysis of South Korea Sewol Sunken Ferry Accident Based on Behavioral Safety. Journal of Coastal Research, 73, 611 – 613.

Kim, S. K. (2015). The Sewol Ferry Disaster in Korea and Maritime Safety Management. Ocean Development & International Law, 46(4), 345 – 358.

필 드 노 트

장 소		기록번호	이름 #01
일 시		시작/종료	00:00 ~ 00:00
작 성 자		참여자	
제목/주제			

관찰/기술(Description)	성찰(Reflection)
#1.	
#2.	
#3.	
#4.	

기타 사항

필 드 노 트

장 소	서울 광화문 세월호 광장	기록번호	차재옥 #03
일 시	2016년 10월 6일 (목)	시작/종료	14:10 ~ 19:35
작성자	차 재 옥	참여자	나희지, 윤성일, 임지수, 차재옥
제목/주제	광화문 세월호 가족농성장 <노란리본공작소> 참여관찰, 개별인터뷰 1인		

관찰/기술(Description)	성찰(Reflection)
#1. 오후 2시 5분, 광화문역 9번 출구를 통해 광장으로 나오다. 광장 밑 계단에서 장애인 집회를 잠시 서서 살펴본 후, 이순신 동상으로 향하다. 화창한 가을 날씨에 하늘은 푸르고 햇살도 따사롭다. 조원들과 만나 분향을 하고 바로 리본 공작소로 향하다. 대여섯 분이 작업을 하고 계신 곳을 지나 안쪽으로 들어가 네 사람이 자리를 잡고 앉다. 무조건 노란리본에 군번줄을 묶는 것으로 자연스럽게 참여를 시작하다.	우선 조원들과 함께 별 무리 없이 참여를 하게 되어 다행으로 여겨졌다. 많은 이들이 오가는 곳이기에 그래도 걱정했던 것과는 달리 매우 유연한 분위기여서 비교적 적응이 용이했던 것 같다.
#2. 평일인데도 오가는 사람이 많다. 조금 전 지하철 입구에서 광장으로 나오다 만났던 장애인들도 휠체어를 타고 광장에 왔다. 리본공작소 안에서 바라본 광장의 중앙부도 계속 되는 플래쉬 세례다. 관광명소를 방불케 하였다. 공작소 안에는 모두 다섯 사람이 고정	휠체어를 끌고 이곳까지 온 아이들과 그들을 관리하는 선생님들이 인상적이었다. 이 아이들도 세월호의 아픔을 함께 하기 위해 일부러 오다니 내심 부끄러움을 느끼게 되었다. 봉사하러 오거나 일이 있어 중도에 가

적으로 앉아있었고 한 사람은 다소 바쁘게 왔다 갔다 하였다. 공작소에서 대장급으로 있는 분이 연세 지긋한 어머니뻘의 '봄쌤'이고, 그 옆에서 계속 많은 일을 하는 한 분이 'S쌤', 그리고 어색해 하는 우리에게 계속 말을 걸어주고 전체 분위기를 화기애애하게 만들어 주는 분이 'Y쌤', 그리고 '아버님'으로 불리는 남성분(황영감님)과 왼쪽 손가락이 없는 상황실의 '터줏대감' 아저씨, 그리고 5시면 어김없이 아이들 밥을 주러 가셔야하는 '아기엄마', 마찬가지로 노란 가방을 들고 다니는 아담한 체구의 '안경잡이' 여성 한 분. 이렇게 대여섯 명이 리본과 스티커 작업을 하고 있었으며 늦은 시간엔 또 2부의 자원봉사자들이 온다고 하였다. 조원들은 두 시간 가까이 리본을 접으며 다음과 같은 이야기를 들었다.

- 바로 어제 세월호 특조위의 해산이 결정됨에 따라 광장 중앙의 천막 두 채가 철거됨.
- 해산에 따른 침잠된 세월호 광장의 분위기와 이에 따라 장기전이 될 거라는 분위기가 있다고 함.
- 천막이 생기게 된 역사와 진행과정 (그 당시에 쌍용자동차에서 집회를 하고 있었는데 세월호 사건이 있은 후에 그들이 유가족들에게 자리를 양보하였다고 함)
- 3년째 봉사를 해 오면서 고생한 기억

는 사람에게 자유롭고 자연스러웠으며 별다른 어려움이 없이 동화될 수 있었다. 그러나 왠지 모르게 경계한다는 느낌은 있었다. 세 번의 겨울을 나게 될 거라는 말과 여름에 너무 더워 힘들고, 겨울에 너무 추워 이불을 덥고 작업한다는 말에 억 소리가 났다. 분명히 대단한 사람들임에 틀림이 없다. 도대체 무엇이 이들을 이렇게 움직이게 하는 걸까? 나 살기도 바쁜 이 세상에... 다소 얼떨떨해졌다.

봄쌤이나 Y쌤은 나중에라도 인터뷰에 흔쾌히 응해주실 것 같다. 조원들에게 그런 기회를 만들어 주어야겠다는 생각이 들었는데, 왠지 사람들을 인터뷰 대상으로 고르는 것 같아 다소 불편함을 느끼고 있다.

들과 동료들의 이야기

이야기를 듣는 와중에도 오가는 손님이나 여러 나라에서 온 외국 관광객들, 그리고 학교 선생님으로 보이는 젊은 여성, 수녀님과 스페인 노부부, 학생들, 한복을 입고 나타난 사람들, 교복을 입은 단체 중학생에 이르기까지 모두 다량의 노란리본을 무상으로 지급했으며 심지어 인터넷으로 신청된 노란리본을 택배로 여러 상자 싸는 작업까지 천막 안은 매우 분주하였다. 떡이나 음료를 우리에게도 주어서 떡은 한입만 먹고 음료는 다 마셨다.

#3. 오후 4시가 넘자, 함께 온 조원들이 하나, 둘씩 갔고 우리의 작업량도 꽤 많아졌으며, 두 시간여의 시간은 빨리 지나갔다. 이 과정에서 천막 안에 있었던 사람들이 한 말이나 행동 중에 인상적인 것들만을 옮겨본다.

2시간을 넘어서면서 왼쪽 손가락이 벌게지며 껍질이 벗겨질 것 같았다. '이분들은 이렇게 오랫동안 어떻게 해오셨지' 싶어서 마음이 짠해왔다.

봄쌤: "우리가 이렇게 오랫동안, 이곳에서 3번의 여름을 날 줄은 몰랐어. 강정에서도 그래, 이 정권은 안 돼. 어떻게 추석 때 열일곱 살 먹은 애들 제사상을 내가 차리고 있냐 말이지…그 배가 거꾸로 서서 22시간 동안 가라앉는 걸 보면서 내가 얼마나 괴로웠는지…나는 컴퓨터를 켜놓고 일을 하는데 그날은 하루 종일 얼마나 힘들었는지 몰라…"
"우리 꼭 가족 같지요?" "잠깐만 계셔요. 여기 더 드릴게, 금방 만들어요. 아,

"사드에 대한 건 저쪽에 있어. 아니 그 위 상자에…" 이야기 중간에 봄쌤은 미사일 사드에 관련된 소품에 대해서도 몇 번을 언급하셨는데, 이때 나는 세월호 광장에 사드에 대한 홍보물건도 있다니 봄쌤은 혹시 직업적인 운동가인가…싶은 생각이 들었다.

뺏지도 여기 있어요..(리본을 원하는 사람들에게 무조건적으로 주면서)" S쌤: 말이 별로 없고 일만 하는 성실한 타입이다. 처음엔 미덥지 않은 시선으로 우리를 바라보았으나, 차차 맘을 열고 웃어보였다. 반면 말이 많고 일을 하다 말다를 반복하는 Y쌤에게 잔소리를 하였다. Y쌤: 낯선 이에게 가장 호의적이며 유머가 많고 해박한 지식을 뽐내는 사람이다. 거제에서 학생들에게 역사를 가르치다가 서울에 왔으며 봉사는 3년이지만 서울로 완전히 올라온 것은 한 달이 되었다고 하였다. 연세 드신 분들에게 어머님, 아버님하며 매우 살갑게 대했고, 우리에게도 가장 많은 관심을 표하며 여러 질문과 대답을 하였다. 아기엄마: "낮에 어떤 여자가 왔었어요. 등에 문신을 한 가득하고는 옷을 다 들어서 보여 주더라니까요?(타인의 고통이라고 쓰여진 큰 글씨 말고도 여러 글씨가 새겨진 사진을 보여줌) 상담하신다면서요? 이런 사람은 어떤거예요? ... 난 대단해 보이더라...어쩜 저렇게도 할 수 있나 싶어서..."	아기엄마가 보여준, 이름 모를 여인이 남기고 간 문신사진은 정말 쇼킹했으며, 어딘가 많은 문제점을 가진 이들이 이곳을 포커싱해서 많이도 오가는 구나 싶은 생각이 들었다.
#4. 오후 4시정도부터 광장에서 시청 쪽으로 연해있는 횡단보도 건너편 블록에서 "대한민국, 나의 조국~~"을 필두	중간키보다 작고 통통하며 동그란 뿔테 안경을 쓴 Y쌤은 통찰이 좋으나 무언가 숨기는 것이 많아 보였다. 때마침 차 한

로 울려 퍼지는 '어버이연합'의 음악소리와 연설이 크게 들려왔다. 5시가 되어가자, 지나가는 차 소리도 매우 커지고 말을 많이 하던 Y쌤이 다음날 면접시험이 있다고 일어선다 하였다. 내가 인사말로 섭섭하다 하였는데 그럼 차를 마시자 하여 함께 천막을 나와 대각선, 길 건너편 까페로 향했다.

잔을 하자고 하니 관찰자로서 정보 수집을 할 수 있는 절호의 기회인지라 냉큼 따라나섰다.

기타 사항

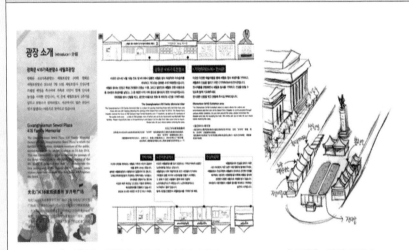

〈그림23〉 세월호 광장 소식지 지도　　　〈그림2〉 광장조감도

〈첨부_사진자료〉세월호 광장, 낮과 밤/ 20161006

인터뷰 동의서

안녕하세요. 저희는 연세대학교 상담코칭학과의 석사/박사과정 재학 중인 학생들입니다. 저희는 이번학기 정석환 교수님의 연구방법론 수업을 수강 중이며, 교수님의 지도 아래 문화기술지 연구 과제를 진행하고 있습니다. 저희가 준비하고 있는 연구과제의 주제는 세월호 광장의 문화에 대한 것입니다.

저희는 세월호 광장에 어떤 문화가 형성되었는가? 그리고 세월호 광장에서 이곳에서 나타나는 현장의 목소리는 무엇인가? 이 메시지는 사회에 어떻게 전달되고 있는가? 이와 같은 질문을 가지고 연구에 참여하고 있습니다. 저희는 세월호 광장과 연관된 자료를 바탕으로 해서 세월호 광장 참여자들의 시각과 목소리를 최대한 객관적인 연구물로 표현하고자 합니다.

이에 연구를 위해 인터뷰를 요청 드리고자 합니다. 여러분께서 저희 인터뷰에 응해주신다면 세월호 활동 참여자분들의 입장을 좀 더 깊이 이해하는 데 소중한 자료가 될 것입니다. 인터뷰에 참여하실 경우, 귀하께서는 한 차례의 인터뷰를 받게 되며 소요시간은 약 한 시간 정도로 예상됩니다. 인터뷰는 귀하께서 편리한 시간과 장소에서 진행되며, 인터뷰 내용은 녹음, 필사될 예정입니다. 귀하께서 제공하신 소중한 인터뷰 자료는 동료 연구자들과 공유하되, 안전하게 보관될 것이며 연구 종료 후에는 모두 파기됩니다.

저희 연구의 결과물은 저희 수업 지도교수님을 비롯한 수업에 참여하는 학생들과 공유 될 것입니다. 그러나 개인 정보의 보호를 위하여, 제출 시에는 귀하의 성함과 연령을 변경하는 등 신원 확인이 가능한 자료를 사용하지 않음으로써, 귀하의 신원을 보호하는데 최선을 다할 것입니다.

귀하께서 저희 연구에 귀중한 시간을 할애해 주시는 점에 대해 감사드리며, 다른 의문 사항이 있으시면 [연락처]로 연락주시기 바랍니다.

감사합니다.

위의 사실에 동의하시면 아래에 서명을 해주십시오.

날짜:

연구자: (인/서명)

연구참여자: (인/서명)

부록 3. 심층 면담 질문지

1) 참여 계기, 목적
- 처음 세월호 광장에 오게 되신 계기가 있었나요? 또는 함께 일하게 된 계기는 무엇인지요?
- 세월호 광장에서의 활동을 통해 이루고 싶은 일이 무엇인가요?
- 2년이 지나도록 이 집단에서 진짜 이야기하고 싶었던 것, 그리고 현재 이야기하고 싶은 것은 무엇일까요?
- 이 사회에 어떤 영향을 주고 싶은가요?

2) 지속적 참여의 원동력
- 지금까지 세월호 광장과 봉사자 집단이 지속할 수 있었던 원동력은 무엇일까요?
- 힘든 시간을 버틸 수 있게 도와주었던 원천은 무엇일까요?

3) 어려움과 해결방식
- 활동 중 가장 힘들었던 경험은 무엇이었나요?
- 사람들의 편견에 대해 어떻게 생각하며 어떻게 반응하고 있나요?
- 집단 내부에서는 어떤 구체적인 문제들이 있었고 어떻게 해결해 왔나요?
- 이러한 참여 활동이 가족 내 갈등이나 어려움은 없었나요?

4) 보람찬, 의미 있는 시간
- 이곳에서 일하시면서 가장 최고의 순간을 뽑는다면?
- 광화문 광장에서 가장 보람 있었던 경험은 무엇인가요?
- 이곳 사람들과의 교류가 어떤 의미를 주나요?
- 이곳에서 도움받고 있다고 느끼는 것이 있나요?

5) 특성

- 이곳에서 만난 다양한 사람들이 작업하고 교제하는 방식이 다른 곳과 어떻게 다른가요?
- 이와 유사한 문화가 있을까요?
- 사회문화적으로 다른 움직임과 상응할 수 있는 문화일까요?
- 세월호 광장 내 마지널리티(주변부, 변두리)의 문화는 무엇인가요?
- 세월호 광장에 지난 2년여 동안 다양한 사람들이 오가고 있습니다. 다양한 사람 중 인상 깊었던 사람이 있나요? 활발한 교류 가운데 어떤 문화가 형성되었나요?

6) 변화

- 세월호 참사를 떠올려보면 정말 가슴이 아픈데요, 그날이 우리에게 주는 의미는 무엇일까요? 그간의 활동으로 그 의미가 혹시 변화했나요?
- 처음 이곳에서 활동하실 때부터 지금까지 활동하는 동안 마음의 변화가 있으신지요?
- 있으시다면 지금, 바로 이 순간 가장 크게 다가오는 감정은 무엇인가요?
- 세월호 광장의 활동을 통해 새롭게 깨닫게 된 점은 무엇인가요?
- 훗날 이 장소가, 내가, 사람들이 어떠한 모습이었으면 하나요?

7) 일상 관련 주제

- 세월호 광장에서의 활동이 삶에 어떤 영향을 주었나요?
- 혹시 참여로 인한 부담감이나 고유생활을 방해받는다는 느낌도 있으신지요?
- 주변에서 응원해주거나 도와주는 자원이 있나요?
- 세월호 광장에서의 활동으로 인한 일상 속 불편함이 있나요? 그 불편함이 현재 자신의 삶에 어느 정도를 차지하는지요?
- 지금 이곳(세월호 광장)의 삶이 당신 삶에서 어느 위치를 점하고 있다고 느껴지시나요?

8) 사회에 대한 생각, 철학, 종교

- 인생에 있어 가장 중요한 덕목이 무엇이라고 생각하시나요? 그 가치를 실현하면서 살고 있나요?

- 혹시 종교가 있으신가요? 종교가 '이러한 일에 대해 어떤 일을 했으면 한다'하는 바람이 있으신가요?

- 이럴 때 신앙이 있는 분들과 없는 분들이 어떻게 다른지 혹시 느껴본 적이 있으신가요?

8) 마지막 질문

- 세월호 광장을 한마디로 표현해보자면? 나에게 세월호 광장은 (　)이다.

공저자약력

정석환 (감수)
연세대학교 연합신학대학원 상담코칭학과 교수

김선미
연세대학교 대학원 신학과 상담코칭학 전공 박사 재학

김하나
연세대학교 대학원 신학과 상담코칭학 전공 박사 재학

김효실
연세대학교 연합신학대학원 상담코칭학 전공 석사 졸업

방희조
연세대학교 대학원 신학과 상담코칭학 전공 박사 재학

성기정
연세대학교 대학원 신학과 상담코칭학 전공 박사 수료

주희연
연세대학교 대학원 신학과 상담코칭학 전공 박사 수료

차재옥
연세대학교 연합신학대학원 상담코칭학 전공 석사 졸업

질적인 문화기술연구방법론

초판발행	2019년 3월 2일
감수자	정석환
지은이	김선미·김하나·김효실·방희조·성기정·주희연·차재옥
펴낸이	노 현
편 집	김선민
기획/마케팅	노 현
표지디자인	김연서
제 작	우인도·고철민
펴낸곳	㈜ 피와이메이트
	서울특별시 금천구 가산디지털2로 53 한라시그마밸리 210호(가산동)
	등록 2014. 2. 12. 제2018-000080호
전 화	02)733-6771
f a x	02)736-4818
e-mail	pys@pybook.co.kr
homepage	www.pybook.co.kr
ISBN	979-11-89643-39-3 93370

정 가   17,000원

박영스토리는 박영사와 함께하는 브랜드입니다.